DBJ BOOKs

日本政策投資銀行 **Business** Research

スマート・ベニュー ハンドブック

スタジアム・アリーナ構想を実現する
プロセスとポイント

［責任編集］
日本政策投資銀行 常務執行役員
杉元宣文

［監修］
早稲田大学スポーツビジネス研究所 所長
早稲田大学スポーツ科学学術院 教授
間野義之

［著］
日本政策投資銀行 地域企画部
日本経済研究所
早稲田大学スポーツビジネス研究所

発行：ダイヤモンド・ビジネス企画　発売：ダイヤモンド社

本書の発刊に寄せて

　日本においてスポーツ施設は、これまで主に公共が整備し、その社会的な役割が強調されてきました。一方、海外に目を転じると、スポーツは「楽しむ」ものとしてビジネス化が進み、施設を含めてエンターテインメント性が高くなっています。「日本においても、スポーツ施設を経済的にも地域に貢献できる施設に出来ないだろうか」。その思いで、スポーツを核としたまちづくりを考える「スマート・ベニュー研究会」を株式会社日本政策投資銀行内に立ち上げたのが2012年12月のことでした。早稲田大学スポーツ科学学術院の間野義之教授を研究会委員長として招聘し、私自身も含めた各委員間で議論を重ねてきています。

　研究会の名称の「スマート」＝「賢い」、「ベニュー」＝「人々が集まり賑わいが生み出される場所」は、これからのスポーツ施設が、社会的にも経済的にも有用となる場所であって欲しいという想いを込めたものです。

　研究会の成果として、2013年8月には「スポーツを核とした街づくりを担う『スマート・ベニュー』〜地域の交流空間としての多機能複合型施設〜」を公表しました。その後、オリンピック・パラリンピック競技大会の開催地が東京に決定したこともあり、本レポートには、スポーツ関連事業者、特にスタジアム・アリーナ整備を目指す地方自治体、企業、プロスポーツチーム、経済団体等の皆様から多くの反響が寄せられました。

　続いて、2015年10月にはスポーツ庁が発足し、「日本再興戦略2016」、「未来投資戦略2017」、「未来投資戦略2018」、「成長戦略フォローアップ」といった政府の成長戦略において「スタジアム・アリーナ改革」が具体的政策目標として正式に掲げられ、民間活力導入による収益力向上や商業施設等との複合施設化等、スタジアム・アリーナから経済的価値が創出できるような新たな時代の整備計画を含め80か所以上が全国各地で構想されています。

　これまでに日本政策投資銀行グループでは日本のみならず米国、英国やイタリアなど国内外で50か所以上のスタジアムやアリーナ先進事例や構想について情報収集をして来ました。本書は、「スマート・ベニュー」実現に向けたビジョン策定、事業手法、資金調達や先進事例等を紹介しております。皆様方の構想の参考となり、「社会的価値」と「経済的価値」が両立するスタジアム・アリーナ実現への一助になりましたら幸いです。

2020年5月

株式会社日本政策投資銀行　常務執行役員　杉元 宣文

「スマート・ベニューハンドブック」の発刊にあたって

2015年のスポーツ庁の創設により、スポーツ政策が明治以来の文教政策から現代的な課題である産業政策、まちづくり、健康増進へと広がりを見せています。

2016年にはスポーツ庁と経済産業省が共管で「スポーツ未来開拓会議」を立ち上げ座長を仰せつかりました。具体的にはスポーツの成長産業化を諮るための施策を検討し、産業規模が約5兆円の現状から、2025年には15兆円を目指すための戦略を策定しました。

その戦略の冒頭では、スポーツ産業全体のインフラストラクチャーともいえるスタジアム・アリーナ改革を掲げ、現状の単一機能型から今後は多機能複合型である「スマート・ベニュー」への転換を促進することとしております。

「スマート・ベニュー」とは、商業・ホスピタリティ・娯楽・健康医療・福祉・防災などを備えた多機能複合型のスタジアム・アリーナであり、スポーツイベントの開催時以外でも賑わいを見せる、いわば地域活性化／地方創生の切り札となるセンターです。

NFL、NBA、MLB、NHLの4大プロスポーツをはじめ、スポーツ用具・用品、フィットネスなどにおいてもスポーツビジネスの最高・最先端であるアメリカでは、2000年頃から多機能複合型のスタジアム・アリーナが整備されてきています。

近代スポーツ発祥の地であるイギリスでも、サッカーあるいはラグビーのスタジアムの多機能複合型が進められており、ドイツ、オランダ、フランス、スペイン、イタリアなどでも同様の傾向がみられます。

日本でも2019年ラグビーワールドカップの成功を受けて、ゴールデン・スポーツイヤーズの良きレガシーの一つがスポーツの成長産業化であり、それをもたらす起爆剤がスマート・ベニューといえます。

そのためには、公共事業で赤字補填を前提としたこれまでの「陸上競技場・体育館」から、厳しい財政事情のなかでもサステナビリティを担保できるよう、投資回収のビジネスモデルに基づく民間活力の導入による「スタジアム・アリーナ」への転換が不可欠と言えます。

本書がスポーツを通じた持続可能な社会づくりに少しでも寄与できることができれば大変に嬉しく存じます。

早稲田大学スポーツビジネス研究所所長
早稲田大学スポーツ科学学術院教授
間野 義之

本書の構成

　本書は、さまざまな形でスタジアム・アリーナ事業に携わってきた著者が、それぞれ各章各節を担当して執筆したものである。

　以下、本書の構成を解説する。

　まず、第1章において、まちづくりやスポーツ施設の現状を紹介した後、第2章において、スマート・ベニューの概念や、スタジアム・アリーナがもたらす効果、スマート・ベニューを巡る国や地域の動向についてわかりやすく解説する。

　第3章は、スタジアム・アリーナ構想の当事者にとって本書の肝となる章である。スタジアム・アリーナの段階論から始まり、スタジアム・アリーナ事業の構想から整備、管理運営に至るまで、必要な検討事項が多岐にわたり詳しく記載されている。構想の当事者は、この章のみ目を通すことでも十分必要な知見を得ていただけるであろう。

　第4章は、国内外の先進事例について紹介する。国内事例は、3-1で紹介するスタジアム・アリーナの段階論における代表事例をまとめた。海外事例は、我が国の参考となるよう、比較的小さな事業規模・施設規模の事例も含め、掲載している。国内外事例いずれも、整備の経緯や施設概要の他、資金調達や設計、運営、収支、官民連携等の切り口で、事業の特徴と全体が把握できるようにまとめている。

　おわりに、スマート・ベニューの実現に向けた提言・まとめを行い、本書を締めくくっている。

　ハンドブックと銘打ったように、本書は、スタジアム・アリーナを構想している当事者が、知りたいと考える章や節から読んでいただければよいと考えている。

　時間のない方は、「スマート・ベニューの実現に向けた提言・まとめ」をお読みいただければ、本書の趣旨をより手軽にご理解いただけるであろう。ここを読んでいただくだけで、どのようなスタジアム・アリーナ構想であれば前進できるのか、あるいは前進できない構想とはどのようなものか、おわかりいただけると思う。具体的には、以下のような構想は、前進が難しいと思われる。

- ✓　事業用地確保の目途がつかない構想
- ✓　現実的な資金調達が検討されていない構想
- ✓　運営時の収支計画に市場調査が反映されておらず、十分な検討がなされていない構想
- ✓　地域住民、地方公共団体、ホームチーム（やその母体企業）など重要ステー

クホルダーの合意が得られていない構想
- ✓ プロジェクトを推進するリーダーや、実務を推進するプロジェクトマネジャー及び実務実施チームが不在の構想

　詳しくは「スマート・ベニューの実現に向けた提言・まとめ」に記載しているが、さらに詳細を理解されたい方々は、関連する各章各節をご覧いただきたい。
　このハンドブックによって、少しでもスタジアム・アリーナ事業の全容を把握いただき、検討すべき事項や検討方法、検討手順について理解を進めていただければ、幸いである。

2020年5月
日本政策投資銀行　地域企画部
株式会社日本経済研究所
早稲田大学スポーツビジネス研究所

目次

第1章　まちづくりとスポーツ施設

第2章　スマート・ベニューとは

第3章 スタジアム・アリーナ 実現のための検討事項

第4章　スマート・ベニューの先進事例

※各章各節における掲載写真において、出所明記がないものは執筆者にて撮影

第 1 章

まちづくりと
スポーツ施設

1-1 まちづくりを取り巻く現状

　我が国は、出生率低下に伴う人口減少や少子高齢化が進展している。地方公共団体においては医療・福祉関連費支出の増嵩(ぞうこう)等により歳出額に対して税収額が不足し続けており、地方財政状況も悪化している。また、居住地域の郊外化等に伴う中心市街地の空洞化も深刻化している。

　このような状況下において、分散している人口の集積及び住民サービス施設等を市街地に集中させるコンパクトシティの形成及び都市機能の集約は、国や地方公共団体のインフラ投資余力がなくなりつつある中で、まちづくりに必要不可欠な概念である。

1 少子高齢化

　国立社会保障・人口問題研究所によると、我が国の総人口は、すべての都道府県で2030年以後一貫して減少し、2045年までに106,421千人になることが推計されている。前回の国勢調査時の2015年における総人口が127,095千人であったことを踏まえ

図表1-1　都道府県別人口の推移

（単位：千人）

順位	2015年		2030年		2045年	
	全　国	127,095	全　国	119,125	全　国	106,421
1	東京都	13,515	東京都	13,883	東京都	13,607
2	神奈川県	9,126	神奈川県	8,933	神奈川県	8,313
3	大阪府	8,839	大阪府	8,262	大阪府	7,335
4	愛知県	7,483	愛知県	7,359	愛知県	6,899
5	埼玉県	7,267	埼玉県	7,076	埼玉県	6,525
⋮	⋮		⋮		⋮	
43	福井県	787	福井県	710	山梨県	599
44	徳島県	756	徳島県	651	徳島県	535
45	高知県	728	島根県	615	島根県	529
46	島根県	694	高知県	614	高知県	498
47	鳥取県	573	鳥取県	516	鳥取県	449

出所：国立社会保障・人口問題研究所「日本の地域別将来推計人口（平成30（2018）年推計）」を基に日本政策投資銀行作成

ると、今後30年で全人口のおおよそ16%が減少すると推計されている（図表1-1）。

　また、全国の年齢別人口を見ると、0-14歳、15-64歳の割合は今後一貫して減少する一方で、対照的に65歳以上の割合は増加する（図表1-2）。2045年には、東京都を含むすべての都道府県で65歳以上人口割合が30%を超えることが推計されている（図表1-3）。

2 中心市街地の空洞化

　人口減少とともに、中心市街地の空洞化も深刻な社会問題となっている。

　これまでの都市の拡大成長を前提としたまちづくりの結果、市役所、病院、学校の郊外移転や、郊外型ショッピングセンターの増加に代表されるようにさまざまな

図表1-2　全国の年齢別人口割合の推移

	2015年	2030年	2045年
0-14歳	12.5%	11.1%	10.7%
15-64歳	60.8%	57.7%	52.5%
65歳以上	26.6%	31.2%	36.8%

出所：国立社会保障・人口問題研究所「日本の地域別将来推計人口（平成30（2018）年推計）」を基に日本政策投資銀行作成

図表1-3　65歳以上人口割合の推移

順位	2015年		2030年		2045年	
	全　国	26.6%	全　国	31.2%	全　国	36.8%
1	秋田県	33.8%	秋田県	43.0%	秋田県	50.1%
2	高知県	32.9%	青森県	39.1%	青森県	46.8%
3	島根県	32.5%	高知県	37.9%	福島県	44.2%
4	山口県	32.1%	山形県	37.6%	岩手県	43.2%
5	徳島県	31.0%	福島県	37.5%	山形県	43.0%
⋮	⋮		⋮		⋮	
43	滋賀県	24.2%	滋賀県	28.7%	福岡県	35.2%
44	神奈川県	23.9%	神奈川県	28.3%	滋賀県	34.3%
45	愛知県	23.8%	愛知県	27.3%	愛知県	33.1%
46	東京都	22.7%	沖縄県	26.2%	沖縄県	31.4%
47	沖縄県	19.7%	東京都	24.7%	東京都	30.7%

出所：国立社会保障・人口問題研究所「日本の地域別将来推計人口（平成30（2018）年推計）」を基に日本政策投資銀行作成

都市機能が郊外へ拡散されていく一方で、中心市街地はシャッター商店街が目立つようになっている。

　中心市街地の空洞化によって、地域におけるコミュニティやアイデンティティが急速に失われつつあるのみならず、自動車依存型の都市構造による高齢者等の生活利便性低下、拡散した都市構造による各種公共サービスの効率性低下及び都市経営コストの増大、広域的都市機能の立地による想定外の交通渋滞の発生、都市機能の拡散に伴う公共交通の衰退及び自動車利用の増加に伴う環境負荷の増大、空き店舗及び空き地等の低未利用地の増加といったさまざまな弊害が生じている。

3　地方財政状況悪化

　少子高齢化及び中心市街地の空洞化に加え、地方財政の悪化も問題となっている。

　地方財源に関して、歳出と歳入の状況を見ると、平成の初めまでは両者がおおむねそろって増加をし、平成の前半においては、経済対策に伴う公共事業の拡大等により、歳出は歳入の伸びを超えて拡大している。1998年（平成10年）以降は歳出が抑制されてきているものの、人口減少及び超高齢化の状況の下、歳出と歳入の乖離傾向は継続している（図表1-4）。

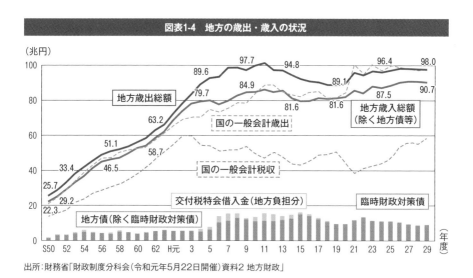

図表1-4　地方の歳出・歳入の状況

出所：財務省「財政制度分科会（令和元年5月22日開催）資料2 地方財政」

　一方で、歳出を性質別に見ると、人件費・扶助費等を中心とする義務的経費の増加に伴い、建設事業費等の投資的経費は減少傾向になっており、公有資産の老朽化に対応するためには投資的経費の確保が重要となるところ、その財源は限られている（図表1-5、1-6）。

4　コンパクトシティへの期待

　人口減少・超高齢化、中心市街地の空洞化、そして地方財政状況の悪化を踏まえると、分散している人口を集積させ、公共施設等を市街地に集中させるコンパクトシティの形成、都市機能の集約は、これからのまちづくりにおいて欠かすことのできない概念であり、地域社会にとって期待されている。

　コンパクトシティとは、市街地が集約され、諸機能が比較的小さなエリアに高密で詰まっている都市形態である。その目的は、人口減少、財政制約、社会資本老朽化対応等といったネガティブな課題を解決するものだけではなく、交流空間の創出やコミュニティの再構築の一助となることを期待するものである。

図表1-5　性質別歳出純計決算額の構成比と推移

（億円）	9	14	15	16	17	18	19	20	21	22	23	24	25	26	27	28	29
総額	976,738	948,394	925,818	912,479	906,973	892,106	891,476	866,915	961,064	947,750	970,026	964,186	974,120	985,228	984,052	981,415	979,984
その他の経費 (%)	26.9	29.0	30.1	30.9	30.8	31.6	32.3	33.8	37.1	35.4	36.5	36.3	35.8	34.8	35.2	34.6	34.1
繰出金	3.2	4.5	4.8	5.0					5.3	5.3	5.3	5.4	5.3	5.5	5.7	5.5	5.5
補助費等	6.3	7.2	7.6	7.5	8.4		9.0	8.4	11.1	9.9	9.2	9.5	9.7	9.5	10.0	10.0	10.0
投資的経費（単独事業費）	15.8	10.7	9.8	9.2	8.4	8.1	7.2	7.2	7.5	14.1	12.9	12.9	14.6	15.0	14.4	14.6	14.6
投資的経費（普通建設事業費・補助事業費）	28.4 / 11.3	22.0 / 9.7	19.7 / 8.5	17.9	16.7 / 6.8	16.0 / 6.8	15.2	14.5	15.0 / 6.1	5.9	5.9	5.7	6.4	6.4	7.3	6.5 / 7.3	6.4 / 7.5
公債費	10.5	13.7	14.2	14.3	15.4	14.9	14.6	14.6	13.4	13.7	13.3	13.5	13.4	13.5	13.1	12.8	12.9
扶助費	6.3	7.1	7.6	8.2	8.5	8.7	9.2	9.5	9.5	11.9	12.3	12.5	12.5	13.1	13.6	14.3	14.6
人件費	27.6	27.8	28.0	28.1	27.9	28.2	28.3	27.4	24.9	24.8	24.2	23.9	22.8	22.9	22.9	22.9	22.9

（右軸区分：その他の経費／投資的経費／義務的経費）

出所：総務省「平成31年版地方財政白書（平成29年度決算）」

ただし、物理的な都市機能としての施設の集約だけではコミュニティとしての一体感を醸成することは難しく、そこには世代を超えて多くの地域住民が交流できる空間を創出することが求められている。このような交流空間の創出には、多くの人々が価値観や感動を共有でき、地域に対するアイデンティティを感じられるようなコンテンツが必要となるだろう。

　そのようなコンテンツとして「スポーツ」が注目を集めている。スポーツは、観

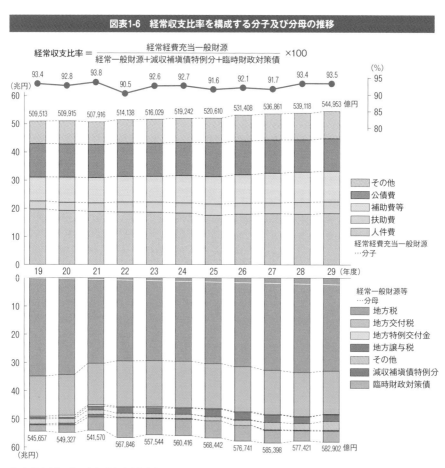

図表1-6　経常収支比率を構成する分子及び分母の推移

$$経常収支比率 = \frac{経常経費充当一般財源}{経常一般財源+減収補塡債特例分+臨時財政対策債} \times 100$$

出所：総務省「平成31年版地方財政白書（平成29年度決算）」

る者を引き付け、同じ感動を味わうことにより一体感を創出するだけでなく、地域
単位でのクラブチームの設立等により地域のアイデンティティの醸成も担うことの
できるコンテンツであり、スタジアム・アリーナ等のスポーツ施設は、スポーツと
地域を結び付ける交流空間となることが期待される。

　こうした考えの中、次節ではスポーツ施設を取り巻く現状についてみていきたい。

1-2 スポーツ施設を取り巻く現状

■ 我が国のスタジアム・アリーナの沿革と現状

　従来スタジアムやアリーナは、スポーツ振興や公共の福祉の増進という公共サービスを市民に提供するために、大半が地方公共団体によって整備・所有されてきた。換言すれば、「地方公共財」との位置付けである。例えば、スポーツ庁（2015）によると、国内における公共スポーツ施設は52,719カ所であるのに対し、民間スポーツ施設はその約3分の1の14,987カ所である。

　公共スポーツ施設は、1946年の国民体育大会（国体）の開催を契機に各地で建設計画が進み、1959年より制度化した国体施設への補助や、1961年に制定されたスポーツ振興法等による行政の後押しを受けて、全国的に整備されてきたという経緯がある。

　1960年代に入ると、国民・市民スポーツという考え方が胎動し、「する」ためのスポーツ施設整備が活発化した。背景には、東京オリンピックの開催（1964）、「国民の健康・体力増強対策について」(1964)、「体力つくり国民会議」(1965)、「体育の日」の制定（1966）といった施策の影響がある。1970年代には生涯スポーツを促進する観点から、日常生活圏における体育・スポーツ施設整備の推進がうたわれた。こうしたことを背景に、我が国には国体開催や市民の体力つくりを主目的として整備されたスポーツ施設が多く存在し、現在「観る」スポーツの興行の多くは、「する」スポーツのために造られた施設において開催されている（図表1-7）。

　興行型のスポーツは「立地産業」という要素が強い。つまり、施設の周辺環境や商圏人口といった立地条件によって、観戦者数や事業収入が大きく変化する。しかし、サッカースタジアムの立地特性を検証した齋藤・山本（2011）によると、大都市におけるスタジアムの最寄り駅から徒歩所要時間は平均11分、地方都市では平均33分であった。ターミナル駅からの距離は、大都市において平均4.1km、地方都市は平均7.3kmであり、中心市街地から離れた郊外に建設されているのが実態である。

　加えて、スポーツビジネスの特徴として、チームやリーグのプロダクトである「ゲーム（試合）」の供給スケジュールが固定化されているという点がある。ホームゲームの数は、プロ野球で約70試合、サッカーJ1で約20試合である。このような

スポーツ特有の制約から、いかに興行日以外の日に収益を高めることができるかを考えることは重要であり、ホームスタジアム・アリーナ等を中核とした事業の多角化が求められる。しかし、日本のスタジアム・アリーナ等の大部分は、ファシリティマネジメントのノウハウを持たない一般の行政職員によって、スポーツをする、あるいは興行をするための「場所貸し」として運営されてきた。「施設産業」

図表1-7 国内のスタジアム・アリーナ整備の沿革

年代	国内のスポーツ環境の変化	スタジアム・アリーナ等の整備・運営に関する沿革	スタジアム・アリーナ等の整備・運営に関する事例
1950年代	学校体育から社会体育へ	公共体育館の建設開始 国体施設への補助金制度の設立（1959）	国立霞ヶ丘陸上競技場（1958）
1960年代	高度経済成長の始まり 東京オリンピック開催（1964） 国民・市民スポーツの胎動	スポーツ振興法の制定（1961） 公共体育館の建設ラッシュ	駒沢オリンピック公園総合運動場・陸上競技場（1964）
1970年代	生涯スポーツの促進	日常生活圏における体育・スポーツ施設整備の推進（中央体育館から地域体育館へ）	東京都立夢の島総合体育館（現・東京スポーツ文化館）（1976） 横浜スタジアム（1978）
1980年代	バブル景気		東京ドーム（1988） 横浜アリーナ（1989）
1990年代	バブル景気の崩壊 Jリーグ開幕（1993）	国際イベントの開催可能な大規模公共体育施設の建設 民間資金等の活用による公共施設等の整備等の促進に関する法律（1999）	東京体育館（1990） ZOZOマリンスタジアム（1990） 茨城県立カシマサッカースタジアム（1993） 京セラドーム大阪（1997）
2000年代	地域密着型プロスポーツの発展 2002FIFAワールドカップ開催	スポーツ振興基本計画（2001） 指定管理者制度の導入（2003）	さいたまスーパーアリーナ（2000） 埼玉スタジアム2002（2001） 味の素スタジアム（2001） 札幌ドーム（2001）
2010年代	Bリーグ開幕（2016） ラグビーワールドカップ開催（2019） スタジアム・アリーナ改革 「スマート・ベニュー」の考え方を取り入れた多機能型施設の先進事例の形成支援（日本再興戦略2016） 全国のスタジアム・アリーナについて、多様な世代が集う交流拠点として、2025年までに新たに20拠点を実現する（未来投資戦略2017）	スポーツ基本法施行（2011） スポーツ基本計画（2012） スポーツ庁の設立（2015）	パナソニック スタジアム 吹田（2015） ミクニワールドスタジアム北九州（2017）

出所：上和田（1995）を参考に筆者作成

としての側面を有し、施設の整備状況によって大きく事業収入が変動するにもかかわらず、年間を通じて人を集めるような多機能複合型の設えを施されたものは稀である。

　以上を概括すると、これまでの日本におけるスタジアム・アリーナ等は行政主導で、郊外に立地する体育施設単機能型の施設として建設されてきたと言える。

　バブル経済が崩壊し、1990年代に入って以降、地方公共団体の財政状況は悪化の一途をたどってきた。このような中、地方財政を「官から民へ」と改革する潮流を受け公共スポーツ施設においても、運営の効率性を高めるためのさまざまな民営化方策の導入が進められてきている。

　2015年にスポーツ庁が設立されてからは、プロスポーツ観戦などの「観る」スポーツが、スポーツを地域産業のさまざまな分野を活性化する成長産業として捉え直されている。その基盤となるスタジアムやアリーナの管理運営・構想計画手法を「稼げる」施設へと見直そうという「スタジアム・アリーナ改革」が進められている。

2 公共スポーツ施設への民間活力導入の小史

　スタジアム・アリーナは、多様な世代が集う交流拠点や防災拠点となるためその公共性が強調されることが多いが、厳密には「純公共財」ではないため公共が一定の関与をしつつも民間領域で担える仕組みを検討すべきである。我が国では逼迫する地方財政と「小さな政府」への指向性の下、官民連携で住民ニーズに対応した付加価値の高い公共サービスを提供することが推進されている。そうした考えから、従来公共部門が整備・運営を行ってきた分野において、2000年代以降は民間の資金とノウハウを積極的に活用する方策が検討・導入されてきた。

　1999年に成立した「民間資金等の活用による公共施設等の整備等の促進に関する法律」によって公共スポーツ施設の整備にもPFI（Private Finance Initiative）の手法が導入されるようになり、民間事業者でも公共施設の設計・建設・運営を一体的に実施できるようになった。スポーツ関連施設におけるPFI導入案件は40カ所以上に上る（笹川スポーツ財団、2017）。国内初のPFIによるスタジアム整備事業は、2017年に竣工したミクニワールドスタジアム北九州である。

　従来、公共施設の管理・運営は、地方公共団体やその他の外郭団体、第三セクターに限定される管理委託制度であった。しかし、2003年に地方自治法の一部改正

によって、自治体が出資した法人以外でも公共施設の運営を可能とする指定管理者制度が導入された。これにより、現在までに15,000カ所を超えるレクリエーション・スポーツ施設において当該制度が導入されている（総務省、2019）。

MAZDA Zoom-Zoom スタジアム広島（以下、「マツダスタジアム」）や茨城県立カシマサッカースタジアム（以下、「カシマサッカースタジアム」）では、球団・クラブが指定管理者を担っており、収益力の強化に繋がっている。その他、都市公園法を拡大解釈してスポーツ施設と売店などのテナントを同一の施設と見なす管理許可制度も、民間ノウハウを導入する一つの工夫事例である。楽天生命パーク宮城は、管理許可制度を活用して球団自らが改修・管理・運営を担っており、ボールパーク構想を進めている。また、スタジアム等の文教施設に対し、所有権を公共主体に残したまま運営権を民間事業者に売却するコンセッションの導入についても検討がなされている。

3 主要リーグが開催される国内施設の現状

スポーツ興行（入場料有）で利用されたスタジアム・アリーナ等の基礎情報について以下にまとめた。2018-19シーズンにおいて、図表1-8のリーグ等の興行において利用された会場を対象としている。このうち、体育館等で行われる屋内球技のリーグ等で利用される施設を「アリーナ・体育館」として分類し、屋外球技は施設の構造が大きく異なることから、サッカー、ラグビー、アメリカンフットボール、ホッケーのリーグ戦で利用される施設を「スタジアム・球技場」とし、野球、ソフトボールのリーグ戦等で利用される施設を「野球場・ソフトボール場」として分類している。また、アイスホッケーのリーグ戦、フィギュアスケート、水泳の大規模大会で利用される施設を「その他」とし、全4類型としている（図表1-8）。

①施設

2018-19シーズンにスポーツ興行（入場料有）で利用されたスタジアム・アリーナ等のスポーツ施設は666施設である。施設別では、「アリーナ・体育館」がもっとも多い47.7%（318施設）を占めており、次いで「野球場・ソフトボール場」26.7%（178施設）、「スタジアム・球技場」23.0%（153施設）、「その他」2.6%（17施設）で

あった（図表1-9）。

②所有者

　これら666施設の所有者については、市区町村73.7%（491施設）、都道府県18.9%（126施設）と自治体が大半を占めており、独立行政法人、民間所有はそれぞれわずか0.3%（2施設）、4.7%（31施設）にとどまっている。その他の施設2.3%（15施設）の所有者は大学（学校法人）、財団法人、宗教法人であった。スポーツ興行で利用されているスタジアム・アリーナ等は、ほとんどが公共所有である（図表1-10）。

③築年数

　築年数については、50年以上が8.3%（55施設）、40年以上50年未満6.6%（44施設）、30年以上40年未満18.2%（121施設）、20年以上30年未満26.6%（177施設）、10年以上

図表1-8　対象としたスポーツ施設の4分類		
分類	競技	リーグ等
スタジアム・球技場	サッカー	Jリーグ
		日本フットボールリーグ（JFL）
		なでしこリーグ
	ラグビー	トップリーグ
	アメリカンフットボール	Xリーグ
	ホッケー	ホッケージャパンリーグ（HJL）
アリーナ・体育館	バレーボール	Vリーグ
	バスケットボール	Bリーグ
		Wリーグ
	ハンドボール	日本ハンドボールリーグ（JHL）
	フットサル	Fリーグ
	卓球	Tリーグ
野球場・ソフトボール場	野球	日本野球機構（NPB）
		独立リーグ
		女子リーグ
	ソフトボール	日本女子ソフトボールリーグ機構（JSL）
その他	アイスホッケー	アジアリーグ
	水泳	成人の国際・全日本大会
	フィギュアスケート	成人の国際・全日本大会

20年未満13.8%（92施設）、10年未満12.8%（85施設）、不明13.8%（92施設）であった。1980年代のバブル景気以前に建設された築30年以上の施設が3分の1を占めており、これらの施設は今後大規模な改修や建て替えを検討されるものも多く存在すると推測される（図表1-11）。

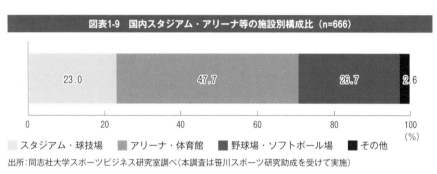

図表1-9　国内スタジアム・アリーナ等の施設別構成比（n=666）

出所：同志社大学スポーツビジネス研究室調べ（本調査は笹川スポーツ研究助成を受けて実施）

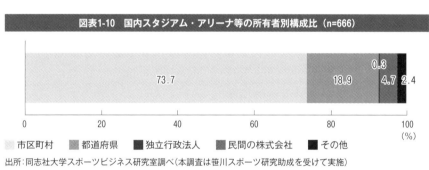

図表1-10　国内スタジアム・アリーナ等の所有者別構成比（n=666）

出所：同志社大学スポーツビジネス研究室調べ（本調査は笹川スポーツ研究助成を受けて実施）

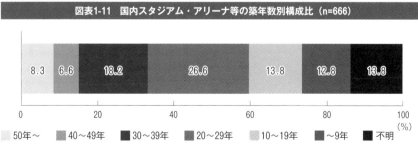

図表1-11　国内スタジアム・アリーナ等の築年数別構成比（n=666）

出所：同志社大学スポーツビジネス研究室調べ（本調査は笹川スポーツ研究助成を受けて実施）
（四捨五入の関係で構成比の合計値が100％になっていない箇所がある）

　最大収容人数については、施設別で見ると、「アリーナ・体育館」は不明を除くと3,000人未満の規模がもっとも多く、「スタジアム・球技場」では、20,000人以上の規模、「野球場・ソフトボール場」では10,000～19,999人の規模の割合がもっとも多かった。なお、常設座席数のみしか公表されていない場合は、「不明」に分類している（図表1-12）。

4 国の補助制度

　スポーツ施設の建設や改修にあたり、国は補助金制度を通じて関与してきた経緯がある。地方公共団体がスポーツ施設を建設・改修する際の財源は、主として一般財源、地方債、補助金、寄附金等で構成され、補助金も主要な財源の一つと見なされる。スポーツ施設に関連した補助金は国、都道府県、独立行政法人が運用元であり、国の補助金は文部科学省、国土交通省、経済産業省等の省庁が所管している（図表1-13）。

　国の補助金の中で活用頻度が高いのは都市公園事業費補助、社会資本整備総合交付金、公立社会教育施設整備費補助金、社会体育施設整備費補助金とされ、都道府

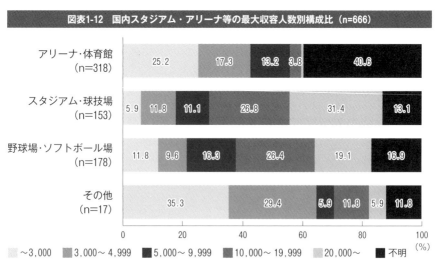

図表1-12　国内スタジアム・アリーナ等の最大収容人数別構成比（n=666）

	～3,000	3,000～4,999	5,000～9,999	10,000～19,999	20,000～	不明
アリーナ・体育館（n=318）	25.2	17.3	13.2	3.8		40.6
スタジアム・球技場（n=153）	5.9	11.8	11.1	26.8	31.4	13.1
野球場・ソフトボール場（n=178）	11.8	9.6	16.3	26.4	19.1	16.9
その他（n=17）	35.3	29.4	5.9	11.8	5.9	11.8

出所：同志社大学スポーツビジネス研究室調べ（本調査は笹川スポーツ研究助成を受けて実施）
（四捨五入の関係で構成比の合計値が100％になっていない箇所がある）

県が整備したスポーツ施設（n=345）のうち、都市公園事業費補助は13.6%、社会資本整備総合交付金は2.9%、公立社会教育施設整備費補助金は7.8%、社会体育施設整備費補助金は4.9%の施設の整備時に活用されたとの調査結果もある[1]。

スポーツ施設はなぜ郊外の公園に多い？

　補助金の活用頻度は時代に応じて変化しており、1960〜1970年代は社会体育施設を対象とした文部科学省の補助金の頻度が高く、1980年代以降は都市公園事業費補助など国土交通省の補助金がそれを上回る傾向を示している[1]。社会体育施設整備費補助金は、地域スポーツセンター建設、水泳プール、地域屋外スポーツセンター、地域武道センターを対象としており、学校体育や地域住民のレクリエーション利用を主眼とした施設の整備に活用される色合いが強い。

　一方、都市公園事業費補助は、都市公園の整備に伴って建設・改修されるスポーツ施設として、野球場、陸上競技場、サッカー場、テニスコート、水泳プールをはじめ全20種類が対象であり、学校体育や住民利用に加えて大規模なスポーツイベントやプロスポーツ興行にも供される施設の整備に活用が可能である。実際のところ、スポーツ施設が都市公園事業として建設・改修される例は数多く、地方都市の郊外には「総合運動公園」を多く目にする他、2019年のラグビーワールドカップ全12カ所の試合会場のうち、札幌ドームと味の素スタジアムを除く10カ所が都市公園である。なお、国土交通省は地方公共団体向けの個別補助金を一つの交付金に一括したことに伴い、都市公園事業費補助は2009年度で制度期間が終了し、2010年度から社会資本整備総合交付金が新たに運用されることになった。

　社会資本整備総合交付金は、大規模なスタジアムの建設・改修にも活用が可能であり、例えばラグビーワールドカップを機に建設された釜石鵜住居復興スタジアムでは整備財源として社会資本整備総合交付金約1.4億円が計上された他、広島市に新たに建設予定のサッカー専用スタジアムでも、同交付金の活用に努めることが同市の建設方針に明記されている[2]。2019年度の社会資本整備総合交付金の予算額は約1.7兆円であるが、個別交付金を一括化した「自由度が高く、創意工夫を生かせる総合的な交付金」[3]であることから補助対象が都市公園に限らず住宅、道路、河川、市街地など幅広く、スポーツ施設自体の建設・改修に投じられた金額を把握す

ることが難しい実情はある。

　国土交通省では、防災・安全交付金という補助金制度も設けており、予算額（2019年度）は約2.5兆円と社会資本整備総合交付金よりも規模が大きい。スタジアム・アリーナは災害時には住民の避難所としての機能も有しており、今後はスポーツ施設の建設・改修において防災・安全交付金の活用が図られる事例が増加する可

図表1-13　公共スポーツ施設整備補助制度

省	制度名称	制度期間	補助率	対象（全体）	対象（スポーツ施設）
文部科学省	体育施設整備費補助金	～1980	1/3	へき地の教職員住宅、特別支援学校、実験実習施設、学校給食施設、**地域スポーツセンター、地域水泳プール、地域屋外スポーツセンター、地域武道センター、**学校水泳プール、中学校武道場、学校クラブハウスなど	地域スポーツセンター、水泳プール、地域屋外スポーツセンター、地域武道センター　など
文部科学省	公立社会体育施設整備費補助金	1981～1983	1/3		
文部科学省	社会体育施設整備費補助金	1984～2005	1/3		
文部科学省	安全・安心な学校づくり交付金	2006～2010	1/3		
文部科学省	学校施設環境改善交付金	2011～	1/3		
国土交通省	都市公園事業費補助	～2009	用地 1/3　施設 1/2	園路広場、修景施設、休養施設、遊戯施設、**運動施設、**教養施設、便益施設、管理施設、その他の施設	野球場、陸上競技場、サッカー場、ラグビー場、テニスコート、バスケットボール場、スキー場、水泳プール、ボート場、スケート場、相撲場、乗馬場　など
国土交通省	まちづくり交付金	2004～2009	事業費に対しておおむね4割		
国土交通省	社会資本整備総合交付金	2010～	現行の法律等において補助率の規定がある場合はそれを適用。対応する法律等が無い場合は1/2		
経済産業省	電源立地地域対策交付金	1974～	発電用施設の設備、運転状況に応じ交付限度額を決定。充当額は市町村が判断	道路、港湾、漁港、都市公園、水道、通信施設、**スポーツ等施設、**環境衛生施設、教育文化施設、医療施設、社会福祉施設　など	体育館、水泳プール、運動場、公園、緑地、スキー場、スケート場、キャンプ場、遊歩道、サイクリング道路など
防衛省	特定防衛施設周辺整備調整交付金	1974～	充当額は市町村が判断	交通施設及び通信施設、**スポーツ又はレクリエーションに関する施設、**環境衛生施設　など	スポーツ又はレクリエーションに関する施設（体育館、運動場、公園など）
環境省	自然環境整備交付金	2005～	上限45%	国定公園整備事業、国指定鳥獣保護区の自然再生事業、**長距離自然歩道整備事業**	国定公園内の自然歩道（長距離自然歩道）
総務省	地域間交流施設整備事業	2002～（新設事業は2009年まで）	原則として補助対象経費の1/3以内	宿泊施設、**スポーツレクリエーション施設、**健康増進回復施設、資料展示施設、教育文化施設　など	スポーツレクリエーション施設

出所：笹川スポーツ財団：公共スポーツ施設整備財源に関する研究（2012）

能性もある。この他に経済産業省の電源立地地域対策交付金や、防衛省の特定防衛施設周辺整備調整交付金は、発電所や基地などが立地する地域におけるスポーツ施設の建設・改修の際に活用が見込まれる。

　国の補助金に関連して、文部科学省の所管で独立行政法人日本スポーツ振興センター（JSC）が管轄する「スポーツ振興くじ（toto）」の助成もある。この制度では、totoの対象試合を行うJリーグクラブのホームスタジアム新設を行う地方公共団体に対して、助成率3/4、30億円の限度額の範囲内で助成が可能であり、ガンバ大阪の本拠地であるパナソニック　スタジアム　吹田や、ギラヴァンツ北九州の本拠地であるミクニワールドスタジアム北九州の建設には各々30億円が助成された。

　今後に関して、Jリーグのスタジアム建設構想が公表されている地域では、本助成の活用も視野に入れながら整備財源の検討が行われている他、超党派のスポーツ議員連盟がtotoの対象にBリーグも加える法案を2020年の国会に提出するとの動きもあり、Bリーグのアリーナ新設にも本助成が活用される可能性がある。

1）笹川スポーツ財団：公共スポーツ施設の整備財源と維持補修費に関する研究, 2012.
2）広島市：サッカースタジアム建設の基本方針（令和元年5月）
　https://www.pref.hiroshima.lg.jp/soshiki/231/soccer-kihonhoushin.html
3）国土交通省：社会資本整備総合交付金と防災・安全交付金
　https://www.mlit.go.jp/common/001292248.pdf

参考文献
笹川スポーツ財団（2017）スポーツ白書2017：スポーツによるソーシャルイノベーション
スポーツ庁（2015）体育・スポーツ施設現況調査
総務省（2019）公の施設の指定管理者制度の導入状況等に関する調査
齋藤了一、山本俊哉（2011）日本の大都市におけるサッカースタジアムの立地特性と周辺開発との関連性、日本建築学会大会学術講演梗概集、2011年F-1分冊、pp635-636

第2章

スマート・ベニューとは

2-1 スマート・ベニューの概念

　これまでの日本国内におけるスポーツ施設は、公共的な役割の下、郊外に立地する単機能型体育施設として建設されてきた。これに対し、今後、まちづくりやコンパクトシティの中核を担う交流施設は、スポーツ施設としての機能以外にも多機能複合型、民間活力導入、まちなか立地、収益性向上等がキーワードになると考えられる。これらの要素を備えた交流施設として、2013年8月、日本政策投資銀行は「スマート・ベニュー」を提唱し、以下のように定義づけた（図表2-1）。本書では、なかでもスタジアム・アリーナ等に着目するものである。

　なお、サステナブルとは、当該施設の事業継続性が担保されることや周辺地域への外部効果を発揮することを示すと考えるものである。つまり、将来の世代に負担を残さない施設でなければならないということを意味している。

図表2-1　スマート・ベニューの定義

周辺のエリアマネジメントを含む、複合的な機能を
組み合わせたサステナブルな交流施設

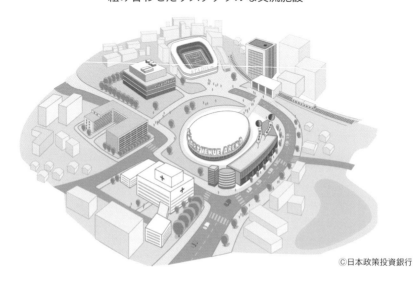

©日本政策投資銀行

2-2 スタジアム・アリーナ整備がもたらす効果

スタジアム・アリーナの整備が、費やされた公的資金を正当化するのに十分な効果を地域社会にもたらすかどうかについては、これまでさまざまな議論が展開されてきた。新スタジアム・アリーナの整備が検討されている地方自治体では、事業開始前に経済波及効果を試算することが多い。具体的な金額でその効果が示され、現地が活況を呈するかのようなイメージで語られることがある。

しかし、こうした試算を「楽観的な推定である」と疑問を投げ掛ける研究者は多く存在する。こうした研究者たちは、スタジアム・アリーナの建設効果を検証する際は、直接的な経済波及効果だけでなく、無形の便益にも着目する必要があると指摘している。以下に、スタジアム・アリーナ整備効果についての学術的知見を紹介したい。

1 経済効果

スタジアム・アリーナ整備の経済効果を扱った学術研究は多く存在するが、その多くがスポーツ施設の建設と地域の経済発展との間に有意な関係性がないと結論付けている。

実証的根拠が不在

初期の包括的な学術研究としては、メリーランド大学のコーツ教授とウエストバージニア大学のハンフリーズ教授が、1969～1994年の期間において、北米4大スポーツの新スタジアムやアリーナが開場したことにより、一人当たり市民所得が上昇したという事実はないことを実証している。さらに2008年、同教授らは査読付きの経済学誌における論文をレビューし、スタジアム・アリーナやスポーツフランチャイズが、地域の雇用、賃金、税収増加に繋がるという実証的根拠が存在しないことを報告した。地方公共団体やシンクタンクが報告する経済効果についてのレポート内容に反して、経済学では少なくともこの時期までに整備されたスタジアム・アリーナの経済効果に関するエビデンスはない。スタジアム・アリーナに対する税金投入は、チームオーナーやアスリートへの再分配であるとの批判もある。

注意が必要な経済波及効果の解釈

　経済効果として推計された額は、数字だけが独り歩きしかねないため注意が必要である。第一に、ある地域を活性化するために中心市街に新しいスタジアムが建設された場合、その効果の少なくとも一部は、旧スタジアム周辺の地域からもたらされたものである。すなわちトレードオフが存在する。第二に、プロスポーツに関連する消費支出の多くは、地元住民の娯楽費から生じている。最新鋭のスタジアムが整備され、スポーツに対する地元の娯楽費が増加した分、他の活動に対する節約をしている可能性が高い。第三に、経済波及効果の事前試算は、「前提」が変われば総額が大きく変わる。例えば、各所が出している東京オリンピック・パラリンピックの経済効果試算は、数字が1桁異なるものもある。これは計算の前提（試算対象期間や範囲）が異なるからである。また、経済波及効果は利益や所得でなく「売上」の合計である。利益と売上の意味合いは大きく異なる。第四に、スタジアム・アリーナに対する公的資金負担には機会費用があるということにも留意がいる。例えば、スタジアムの建設のために投入される税金は、スタジアムよりも高い投資対効果を持つ他の公共事業に使うことができた可能性がある。

近接地域には効果あり

　こうした事実から、近年ではスタジアム・アリーナ整備に対する公的資金投入の正当性や効果は異なる弁明で主張される。それが「周辺の不動産開発」である。スタジアム・アリーナが周辺エリアの再開発の「ハブ」や「エンジン」になるという考え方である。スタジアム・アリーナ単体が地域全体の経済様式を大きく変化させることはない。ただし、スタジアムやアリーナを集客マグネットとして起爆剤に利用しつつ、周辺の不動産開発が進み、例えば住居、オフィス、公園・広場、レストラン、カフェが軒を連ねる新たな複合エンターテインメント地区が誕生した場合は、スポーツファンに限らず大勢の消費者の関心を消費に変えることが可能となり、経済活動の集中と活性化が見込まれる。こうした、スタジアム・アリーナ整備による近接地域の不動産価値上昇を実証した学術論文は、近年増加傾向にある。

　ミシガン大学のローゼントラウブ教授は、「周辺開発の促進こそがスポーツの本当の価値である」と説く。したがって、スタジアム・アリーナに対する公的投資は

「補助金」でなく「投資」と位置付ける必要がある。併せて、スタジアム・アリーナ整備を地域のマスタープランの中に位置付けること、強力な集客力のあるアンカーテナントの存在、民間投資の誘発努力が必要である。

② 無形の便益

　上述したように経済効果に対する懐疑論は少なくない。にもかかわらず、多くの地方公共団体がスタジアム・アリーナに多くの公的資金を支出し、フランチャイズ誘致競争をしている。こうした背景から、スタジアム・アリーナの整備効果として無形の便益にも目が向けられている。

　オレゴン大学のハワード教授とテキサスA&M大学のクロンプトン教授は、プロスポーツのある街にはシビックプライド（プロチームのある街に住むという市民の誇り）が醸成されると報告している。また、アリゾナ州立大学のスウィンデル准教授とミシガン大学のローゼントラウブ教授の調査によると、インディアナポリス市民は、コンサートや文化イベントよりも、アメリカンフットボール、バスケットボール、自動車レースのほうが都市の知名度向上に繋がったと感じていた。

　クロンプトン教授は、こうしたシビックプライドの醸成や都市イメージの向上を包括して「サイキックインカム」という概念で示した。サイキックインカムとは、試合観戦をしていなくとも、市民が受け取る感情的・心理的便益を総称した考え方である。例えば、プロスポーツのある街の市民は、試合観戦をしなくとも、家族や

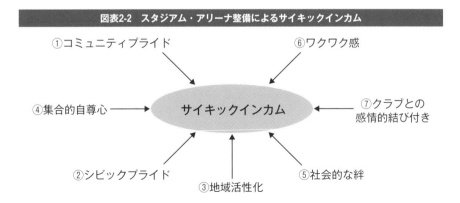

図表2-2　スタジアム・アリーナ整備によるサイキックインカム

①コミュニティプライド　⑥ワクワク感

④集合的自尊心　→　**サイキックインカム**　←　⑦クラブとの感情的結び付き

②シビックプライド　③地域活性化　⑤社会的な絆

友人とチームの活躍について会話をすることができる。大企業のオフィスが街に移転をしてきた場合、経済波及効果は見込めるが、そのような無形の便益はもたらされない。

クロンプトン教授は、サイキックインカムについて図表2-2のような枠組みを示し、7つの側面があることを提唱している。それらは、①試合の開催に伴いホームタウンが国内外で注目されることで生まれる地域に対する誇り（コミュニティプライド）、②「プロスポーツのある街」から生まれる市民としての誇り（シビックプライド）、③地域を再開発する取り組み（地域活性化）に対する誇り、④ホームクラブの活躍による集合的自尊心の向上、⑤市民交流の促進による社会的な絆の形成、⑥大勢の観戦者が創り出すワクワク感、⑦ホームクラブとの感情的な結び付きの強化、である。これらがスタジアム・アリーナの整備が地域にもたらす無形の便益であるという。

ヘドニック価格法による価値の見える化

では、こうした無形の便益はどのように測定できるのであろうか。費用対効果を考える上では、貨幣尺度による推計が必要である。ここではヘドニック価格法と仮想評価法を用いた学術研究をいくつか紹介したい。

スタジアム・アリーナの整備がもたらすさまざまな便益（サイキックインカム）や負の便益（騒音、交通渋滞など）には市場価格が存在しない。よって、これらを計測するためには、間接的な手法（市場）を用意する必要がある。ヘドニック価格法は、「環境の質は不動産価格という代理的市場に反映される」というキャピタリゼーション仮説に基づく便益評価法である。つまり、スタジアム・アリーナが整備されたことでどのような便益がもたらされているかは、不動産価格の比較や変化の観察により推計できるという考えに基づいている。

住宅価格は、部屋数や築年数、交通アクセス、周辺環境など、さまざまな属性によって決まっている。仮にスタジアムが近隣にあるという状況以外は、条件がすべて同じ2つの住宅があるとする。住宅Aはスタジアム近隣に位置しているが、住宅Bはそうではない地区に位置しているとする。スタジアムが近隣にあるという環境以外はすべて同じ条件なので、もし同じ価格で売り出されているならば、スタジアム

があるかないかの選好を判断することになる。住宅Aと住宅Bの価格の差は、スタジアムが近隣にあることのみによって生じているので、この差が代理市場におけるスタジアムの評価額ということになる。これがヘドニック価格法の基本的な考え方である。また、スタジアムが整備される前後における不動産価格の変化を観察することでもインパクト推計が可能である。

サンディエゴ大学のトゥ教授は、1997年にメリーランド州ランドーバーに建設されたFedExField（フェデックスフィールド）が、住宅価格に与えた影響を実証することで、地域にどの程度の便益がもたらされたのかを貨幣的に推計した。1992～2001年における約35,000の戸建て住宅の取引データを用い、スタジアム整備と不動産価格の関係性を分析した。その結果、スタジアム計画段階、着工段階、利用開始につれて、スタジアムから1マイル（約1.6km）圏内の不動産価格が上昇していることを明らかにした。スタジアムに近い住宅ほど、価格上昇が大きかった。そこからFedExField整備による純便益は約45億円であると推計された。無論、総工費（約420億円）やライフサイクルコストを大きく下回っているが、スタジアム整備はまちづくりと一体的に取り組むことで、しばしば懸念される騒音、渋滞、ゴミ問題といった負の便益を上回るほどの便益がコミュニティにもたらされる可能性が示唆された。

仮想評価法による価値の見える化

一方、仮想評価法は、「市場がないのであれば、仮想的な市場をつくってしまおう」という少々荒っぽい考えの下、市場で取引されない財の便益を貨幣評価する方法である。アンケートやインタビュー調査を通じて、何らかの状況変化に対する支払意思額を直接回答者に質問することによって価値を推計する。質問例としては、「この事業を実施するために、あなたの世帯は年間いくらまでなら負担してもよいと思いますか？」などが挙げられる。

仮想評価法の理論的な説明を加える。

仮想評価法の考え方を図表2-3で説明すると、ある個人の所得がi_0万円、現状の老朽化した体育館がq_0の状況の点Aにいるとする。ここで、最新鋭のアリーナを核としたまちづくり構想がある場合を考える。個人の所得はi_0万円のままである

として、スポーツ観戦環境やコミュニティ・エンターテインメント享受環境が q_+ になると、個人の状況は点Aから点Bに移動し、効用水準は μ_0 から μ_+ に上昇することが想定される。一方、点Cは点Aと同じ曲線上にある点であり、点Aに比べ所得は低いが、スポーツ観戦環境やコミュニティ・エンターテインメント享受環境は高い状況にある。同時に点Cは点Bから $i_0 - i_-$ に当たる金額を差し引いた状況でもある。つまり、スポーツ観戦環境等が q_0 から q_+ に増えても、$i_0 - i_-$ を支払うと、環境改善の行われない元の効用水準 μ_0 に戻る。この $i_0 - i_-$ が、スポーツ観戦環境やコミュニティ・エンターテインメント享受環境の向上に対して、個人の支払意思額であり、新アリーナ等の整備によりもたらされる便益を貨幣的に測定した金額である。

　センター・カレッジのジョンソン教授とアパラチア州立大学のホワイトヘッド教授は、ケンタッキー州レキシントン市にある老朽化したRupp Arena（ラップアリーナ）に代わるアリーナとして構想されているNew Rupp Arenaがどの程度の便益をもたらすのかを仮想評価法を用いて推計した。リサーチ会社を用いてランダムサンプリングしたレキシントン市の世帯に対して、New Rupp Arenaの構想や想定

図表2-3　仮想評価法の考え方

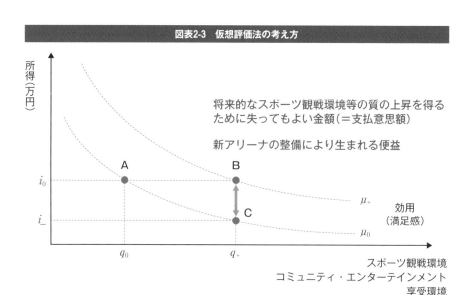

される効果を説明した後、「新アリーナ整備のために、新たに家計が負担する年間
○円の税金を支払っていただけますか？」（○にはランダムにいくつかの値段が提
示される）という質問を投げ掛けた。

　その結果、支払意思額の平均値は約700円であり、うち観戦することで得られる
便益が約500円、観戦しないでも得られる便益が約200円であると試算された。ここ
から、約40年の耐用年数を想定したNew Rupp Arenaの現在価値は、レキシントン
市の世帯数や割引率を勘案し4億～8億円であると推計された。建設予定費は約100
億円であったため、市債で建設する場合、圧倒的にコストが便益を上回るという結
果であった。

　以上に示した、スタジアム・アリーナ整備がもたらす無形の便益の貨幣評価につ
いては、まだ発展段階にある。我が国における研究蓄積は、今後ますます重要に
なってくるであろう。

参考文献

Coates, D., & Humphreys, B. R. (1999). The growth effects of sport franchises, stadia, and arenas. Journal of Policy Analysis and Management: The Journal of the Association for Public Policy Analysis and Management, 18 (4), 601-624.

Coates, D., & Humphreys, B. R. (2008). Do economists reach a conclusion on subsidies for sports franchises, stadiums, and mega-events. Econ Journal Watch, 5 (3), 294-315.

Crompton, J. (2004). Beyond economic impact: An alternative rationale for the public subsidy of major league sports facilities. Journal of sport management, 18 (1), 40-58.

Howard, D. R., & Crompton, J. L. (2013). Financing sport. Fitness Information Technology.

Johnson, B. K., & Whitehead, J. C. (2000). Value of public goods from sports stadiums: The CVM approach. Contemporary economic policy, 18 (1), 48-58.

Swindell, D., & Rosentraub, M. S. (1998). Who benefits from the presence of professional sports teams? The implications for public funding of stadiums and arenas. Public Administration Review, 58 (1), 11.

Rosentraub, M. S. (2014). Reversing urban decline: Why and how sports, entertainment, and culture turn cities into major league winners. Routledge.

Tu, C. C. (2005). How does a new sports stadium affect housing values? The case of FedEx field. Land Economics, 81 (3), 379-395.

2-3 スマート・ベニューを巡る国の動き

1 スポーツ庁の発足

2015年10月、我が国全体のスポーツ行政の司令塔であるスポーツ庁が、文部科学省の外局として発足した。旧組織である「スポーツ・青少年局」から体制を大幅に強化し、これまで教育政策の一環として展開されてきたスポーツ政策に、経済・産業政策的な施策が導入されることとなった。新たに参事官（民間担当）を置き、スポーツの成長産業化をめざす取り組みが事務分掌に加わった（図表2-4）。

2016年には、経済産業省と共同で「スポーツ未来開拓会議」を設置し、2025年までにスポーツ産業の国内市場規模を15兆円に拡大する政策目標を策定した。同年に政府が閣議決定した名目GDP600兆円に向けた成長戦略「日本再興戦略2016」にも、官民戦略プロジェクトの一つとして「スポーツの成長産業化」が位置付けられた（図表2-5）。

スポーツ産業には我が国の基幹産業になるポテンシャルがあるとの認識がなされたわけである。翌年以降の成長戦略「未来投資戦略」や「成長戦略フォローアップ」においても、この政策課題は引き継がれている。

2 スタジアム・アリーナ改革

こうした国を挙げてのスポーツ産業政策の中心的な施策に位置付けられているのが、スタジアムやアリーナの改革である。

図表2-4　スポーツ庁の組織構成

文部科学省 スポーツ・青少年局	スポーツ庁
スポーツ・青少年企画課 スポーツ振興課 競技スポーツ課 参事官(体育・青少年スポーツ担当) 　　　　　　　　　3課1参事官 　　　　　　　　（スポーツ関係）	政策課 健康スポーツ課 競技スポーツ課 国際課 オリンピック・パラリンピック課(時限) 参事官(地域振興担当) **参事官(民間スポーツ担当)** 　　　　　　　　　5課2参事官

　日本政策投資銀行およびスマート・ベニュー研究会の試算では、スタジアム・ア
リーナの新設・建て替え構想は全国各地に存在し、今後2兆円以上の市場規模と推
計されている。スポーツ庁の試算では2025年までに1.7兆円の積み上げがあること
が見積もられている（図表2-6）。こうした期待から「未来投資戦略2017」では、中
でも多様な世代が集う交流拠点となるようなスタジアム・アリーナを2025年までに
20カ所整備することを、政策目標として掲げている。

　また、2019年6月に閣議決定された「まち・ひと・しごと創生基本方針2019」に

図表2-5　名目GDP600兆円に向けた「官民戦略プロジェクト10」

プロジェクト	付加価値（達成目標年・年度）
第4次産業革命の実現〜IoT・ビッグデータ・AI・ロボット〜	30兆円（2020年）
世界最先端の健康立国へ	26兆円（2020年）
環境エネルギー制約の克服と投資拡大	28兆円（2030年度）
スポーツの成長産業化	15兆円（2025年）
既存住宅流通・リフォーム市場の活性化	20兆円（2025年）
サービス産業の生産性向上	410兆円（2020年）
中堅・中小企業・小規模事業者の革新	−
攻めの農林水産業の展開と輸出力の強化	10兆円（2020年度）
観光立国の実現	15兆円（2030年）
官民連携による消費マインド喚起策等	−

出所：内閣府「日本再興戦略2016」

図表2-6　我が国スポーツ産業の成長シナリオ

スポーツ産業の活性化の主な政策		現状※	2020年	2025年
（主な政策分野）	（主な増要因）	5.5兆円	10.9兆円	15.2兆円
スタジアム・アリーナ　▶　スタジアムを核としたまちづくり		2.1兆円	3.0兆円	3.8兆円
アマチュアスポーツ　▶　大学スポーツなど		−	0.1兆円	0.3兆円
プロスポーツ　▶　興行収益拡大（観戦者数増加など）		0.3兆円	0.7兆円	1.1兆円
周辺産業　▶　スポーツツーリズムなど		1.4兆円	3.7兆円	4.9兆円
IoT活動　▶　施設、サービスのIT化進展とIoT導入		−	0.5兆円	1.1兆円
スポーツ用品　▶　スポーツ実施率向上策など		1.7兆円	2.9兆円	3.9兆円

※日本政策投資銀行「2020年を契機としたスポーツ産業の発展可能性および企業によるスポーツ支援」（2015年5
月発表）に基づく2012年時点の値
出所：スポーツ庁、経済産業省「スポーツ未来開拓会議中間報告」

おいても、関係省庁が連携して「スポーツ・健康まちづくりの推進」が示された。スタジアムやアリーナについては、具体的に「これまでコストセンターとして捉えられていたスポーツ施設に対する固定観念・前例主義等のマインドチェンジを図り、スタジアム・アリーナなどの体育・スポーツ施設を地域資源と捉え、まちづくりや地域経済活性化の核とする取り組みを推進する」としている。

　それでは、スタジアム・アリーナ改革に向けてどのような政策手法が導入されているのか概説したい。政策目的を実現するべく社会に働き掛けるための手段・方法を政策手法という。一般的に、政策手法は、望ましい行為や状態への変化を促進する誘導的手法、サービス提供等により支援する支援的手法、関係者の意見・利害を調整する調整的手法、計画策定等を通じて目標等を明確にする計画的手法などがある。

図表2-7　スタジアム・アリーナ改革に向けた関係省庁の主な取り組み

政策手法	内容
誘導的	■ スタジアム・アリーナ改革推進事業(先進事例形成)(2017) ■ 民間資金等活用事業調査費補助事業(2016) ■ 地域経済牽引事業(2017)
支援的	■ スタジアム・アリーナ改革の推進に関する相談窓口(2019) ■ スタジアム・アリーナ改革セミナー(2019)
調整的	■ スポーツ未来開拓会議(2016~2017) ■ スタジアム・アリーナ推進官民連携協議会(2016) ■ スタジアム・アリーナ ガイドライン策定ワーキンググループ(2016) ■ スタジアム・アリーナ整備に係る資金調達手法・民間資金活用検討会(2017) ■ スタジアム・アリーナ運営・管理検討会(2017) ■ スタジアム・アリーナ効果検証モデル検討会(2018)
計画的	■ 日本再興戦略、未来投資戦略、成長戦略フォローアップ(2016~) ■ スポーツ未来開拓会議中間報告(2016) ■ スタジアム・アリーナ改革指針(2016) ■ スタジアム・アリーナ整備に係る資金調達手法・民間資金活用プロセスガイド(2017) ■ スタジアム・アリーナ運営・管理計画検討ガイドライン(2018) ■ スタジアム・アリーナ改革ガイドブック(2017) ■ スタジアム・アリーナ改革ガイドブック(第2版)(2018) ■ 報告書 社会的インパクト評価の手法を用いたスタジアム・アリーナ効果検証モデル(2019)

　誘導的手法としては、スポーツ庁のスポーツ産業の成長促進事業のスタジアム・アリーナ改革推進事業（先進事例形成）が挙げられる。2018年度までに14件のスタジアム・アリーナ整備計画に補助金交付をし、計画づくりを支援してきた。他には、内閣府の民間資金等活用事業調査費補助事業や、経済産業省の地域経済牽引事業といった補助事業が存在する。

　支援的手法としては、全国各地でスタジアム・アリーナ整備を構想・計画している地方公共団体等が、構想や事業計画の作成等を進められるようにスタジアム・アリーナ改革の推進に関する相談窓口が設置された。また、スタジアム・アリーナ改革に関する全国セミナーも開催されている。

　計画的手法としては、スタジアム・アリーナ改革の方向性を整理したスタジアム・アリーナ改革指針（2016）、民間資金活用のポイントを整理したスタジアム・アリーナ整備に係る資金調達手法・民間資金活用プロセスガイド（2017）、民間目線での収益性向上のポイントを整理したスタジアム・アリーナ運営・管理計画検討ガイドライン（2018）などが作成・公表された。これらはスタジアム・アリーナガイドブックとして取りまとめられている。

　調整的手法としては、上述の計画的手法を達成するためのワーキンググループや検討会が設置された。

　スタジアム・アリーナ改革に向けた関係省庁の主な取り組みは以上のようなポリシー・ミックスで進められている（図表2-7）。

2-4 各地の事例の動き

「スタジアム・アリーナ改革」の機運の中、国内各地でスタジアム・アリーナの新設や建て替え・改修の計画や構想が進んでいる。以下では、「完成運用」「建設着工」「計画構想」の3段階に分けて事例を紹介する（図表2-8）。

【完成運用段階】

「スタジアム・アリーナ改革」はスポーツ庁が設立された2015年以降に本格化したが、それ以前から建設構想が議論された末に完成運用に至り、スポーツ興行や音楽ライブ、イベント・催事等に活用されている施設も存在する。その代表例がアオーレ長岡である。

アオーレ長岡は、老朽化した長岡市厚生会館の建て替え事業として、市民協働・交流の拠点とするべく2008年に基本設計計画が着手され、2012年に完成した。施設はJR長岡駅に直結したアクセスに立地し、アリーナ、交流ホール、屋根付き広場、市役所の一部機能などが一体化した多機能複合型にその特徴がある。約131億円の建設費は長岡市が負担し、運営は民間（NPO法人ながおか未来創造ネットワーク）が担っている。

施設の稼働率は8割を超え（秋田、2017）、アリーナはBリーグの新潟アルビレックスBBのホームゲームをはじめ多目的に利用されている。利便性の高い立地と高い稼働率により、平日休日を問わず市民による集いやにぎわいの拠点となり、周辺歩行者数が1.5倍に増加し、周辺の空き店舗数が約半分に減少したとの調査結果もある。アオーレ長岡は、日本国内におけるスマート・ベニューの先駆的な事例として注目を集めている。

このスタジアムではリーグ昇格できない

完成運用段階にある施設の中には、Jリーグのスタジアム基準適合が一つの契機と見なせる事例も少なくない。ミクニワールドスタジアム北九州は、Jリーグのギラヴァンツ北九州の本拠地として2017年に完成した球技専用スタジアムである。同クラブは従来、北九州市立本城陸上競技場を本拠地としていたが、J1基準（収容

15,000人以上）を満たしていないことから、同基準を満たすことでJ1昇格が可能な条件を整えるとともに、まちのにぎわい創出の起点となる「まちなかスタジアム」の新設が進められた経緯がある。

　建設地はJR小倉駅から徒歩で行ける中心市街地圏内であり、Jリーグをはじめとするスポーツ興行やイベントの来場者が市街地に新たな回遊を生み出すことによる経済効果が期待されている。同スタジアムはPFIで建設され、スタジアム・アリーナ建設運営の新たな手法として、各地の計画構想に示唆を与えている。

　長野 Uスタジアムでは、AC長野パルセイロが2012年にJFL（日本フットボールリーグ）で優勝したものの、本拠地の南長野運動公園総合球技場がJリーグ基準を満たしていないことからJリーグ昇格の入れ替え戦の出場が見送られた経緯が関連している。その後、サポーターや市民の署名活動などの機運醸成も背景として、長野 Uスタジアムは約80億円の費用をかけて同球技場の改修として整備されて2015年に完成した。

　プライフーズスタジアムも、Jリーグ昇格をめざしていたヴァンラーレ八戸（2018年にJ3昇格）の本拠地としてJ3基準を満たすスタジアムとして整備された。サッカーを中心としたスポーツ施設であるとともに、災害有事には津波避難複合施設の機能も有している。

民間資金でもスタジアム・アリーナは実現する

　これらのスタジアム事例は、建設費の資金調達の主体は地方公共団体である一方、ガンバ大阪の本拠地として2015年に完成したパナソニック スタジアム 吹田は民間主導の資金調達の事例として注目される。ガンバ大阪は従来、万博記念競技場を本拠地としていたが、同クラブを中心にサッカー専用スタジアム建設の機運を醸成し、経済界や個人等から集められた約130億円の寄附金にスポーツ振興くじ（toto）の助成金などを加えた約150億円の費用を元に建設された経緯がある。建設後にスタジアムは吹田市に寄贈され、ガンバ大阪が指定管理者となり運営されている。

　2020年4月にJR八戸駅西地区に完成したFLAT HACHINOHEも民間主導の資金調達の事例にあてはまる。同施設はアイスホッケーやスケート向けのアリーナを核として、イベントやマルシェなど多様に利用できる広場（FLAT SPACE）や憩い

の場（FLAT PARK）も含めた整備が進められており、行政、民間企業、金融機関を中心とした新たな官民連携により実現している。八戸市が土地を無償提供し、クロススポーツマーケティングが建設運営を担い、日本政策投資銀行が出資によるファイナンス面のバックアップ役を果たしている。

完成運用段階に整備された施設は、日本で開催されるメガスポーツイベントとの関連も大きい。2019年のラグビーワールドカップ日本開催に伴い、試合開催地での専用スタジアム建設（釜石）や改修（熊谷、花園）が進められた。東京オリンピック・パラリンピック関連では、新国立競技場をはじめ、大井ホッケー競技場、有明アリーナ、東京アクアティクスセンター、武蔵野の森 総合スポーツプラザなどの新設が挙げられる（図表2-8［完成運用段階］）。

これらの完成運用段階に挙がる事例は、「スタジアム・アリーナ改革」以前から計画構想がなされていたものも含まれる。それに対して次の「建設着工段階」の事例は、「スタジアム・アリーナ改革」の機運とともに計画構想が進み、具体的に建設が進んでいる点に特徴がある。

【建設着工段階】

建設着工段階にある事例には、スマート・ベニューの思想を下に、①スポーツを「する」立場（競技者）よりも「観る」立場（観戦者）を重視する設計思想、②スポーツに限らず年間を通じた利用が見込まれる多機能多目的な空間づくり、③スタジアム・アリーナ周辺を含めたエリア開発の可能性、という特徴がある。

沖縄市では日本初の10,000人収容規模のアリーナとして沖縄市多目的アリーナの建設工事が進み、2020年秋の完成が予定されている。同アリーナはBリーグの琉球ゴールデンキングスの本拠地となり、臨場感ある座席配置や照明・音響設備に加えてVIPルーム、レストランエリアの充実など、「観る」立場からの設計が施されている。また、コンクリート打ち放しの床面により多目的利用を可能とすることで、スポーツ興行や音楽ライブをはじめ多彩なエンターテインメント催事の利用を想定している。

サンガスタジアム by KYOCERAも、サッカー専用スタジアムとしての設計に加えて、施設内にスポーツクライミング用の壁面や、VR・eスポーツエリアが設けら

図表2-8　完成運用・建設着工・計画構想の各段階別スタジアム・アリーナ一覧

施設名称	所在地	完成年
【完成運用段階】（2010年以降分）		
函館アリーナ	函館市	2015
プライフーズスタジアム	八戸市	2016
FLAT HACHINOHE	八戸市	2020
釜石鵜住居復興スタジアム	釜石市	2018
高崎アリーナ	高崎市	2016
熊谷ラグビー場　改修	熊谷市	2018
アダストリア みと アリーナ	水戸市	2019
新国立競技場	東京都千代田区	2019
東京ドーム　改修	東京都文京区	2019
大井ホッケー競技場	東京都品川区	2019
有明アリーナ	東京都江東区	2019
東京アクアティクスセンター	東京都江東区	2019
武蔵野の森 総合スポーツプラザ	調布市	2017
アリーナ立川立飛	立川市	2017
DOCK OF BAYSTARS YOKOSUKA	横須賀市	2019
長野 Uスタジアム	長野市	2015
長岡市シティホールプラザ アオーレ長岡	長岡市	2012
パナソニック スタジアム 吹田	吹田市	2015
東大阪市花園ラグビー場　改修	東大阪市	2018
ミクニワールドスタジアム北九州	北九州市	2017

【建設着工段階】		
北海道日本ハムファイターズ新球場	北広島市	2023
むつ市総合アリーナ	むつ市	2020
横浜スタジアム　改修	横浜市	2020
横浜文化体育館　再整備	横浜市	2024 （メインアリーナ）
町田GIONスタジアム　改修	町田市	2021
豊田合成新アリーナ	稲沢市	2020
サンガスタジアム by KYOCERA	亀岡市	2020
長居球技場　改修	大阪市	2021
テゲバジャーロ宮崎　新スタジアム	新富町	2020
沖縄市多目的アリーナ	沖縄市	2020

【計画構想段階】	
ブラウブリッツ秋田　新スタジアム	秋田市
CNAアリーナ★あきた(秋田市立体育館)　改修	秋田市
秋田県立体育館　建て替え	秋田市
モンテディオ山形　新スタジアム	山形市・天童市
福島市サッカー専用スタジアム	福島市
いわきFCスタジアム	いわき市
まえばしスタジアム(仮称)	前橋市
栃木県総合スポーツゾーン　新スタジアム	宇都宮市
つくば研究学園　都市アリーナ	つくば市
千葉ジェッツ 新アリーナ	船橋市
スクランブルスタジアム渋谷	東京都渋谷区
明治神宮球場　建て替え	東京都新宿区
秩父宮ラグビー場　建て替え	東京都港区
Bリーグ　ナショナルアリーナ	―
東京大学　多目的アリーナ	東京都目黒区
新・中野サンプラザアリーナ	東京都中野区
多摩ニュータウンスタジアム	多摩市・周辺市
日野レッドドルフィンズ　新スタジアム	日野市
DeNA川崎ブレイブサンダース　新アリーナ	川崎市
等々力陸上競技場　改修(第2期)	川崎市
鎌倉市　スタジアム	鎌倉市
湘南スタジアム	平塚市・周辺市町
ヴァンフォーレ甲府　新スタジアム	甲府市
信州ドリームパーク(仮称)	松本市
富山経済同友会サッカースタジアム構想	富山市
富山県 全天候型多目的施設構想	富山市
金沢市民サッカー場　建て替え	金沢市
アスルクラロ沼津　新スタジアム	沼津市
清水エスパルス　新スタジアム	静岡市
静岡県遠州灘海浜公園新野球構想	浜松市
豊橋市新アリーナ	豊橋市
パロマ瑞穂スタジアム　建て替え	名古屋市
愛知県体育館　新築移転	名古屋市
名古屋グランパスエイト　新スタジアム	名古屋市

【計画構想段階】	
三重県　サッカー協会スタジアム構想	―
(仮称)びわ湖アリーナ	―
万博記念公園駅前アリーナ	吹田市
奈良県アリーナ	奈良市
京大アメフトスタジアム	京都市
西宮市新中央体育館	西宮市
ノエビアスタジアム神戸　改修	神戸市
岡山市　新庁舎総合型アリーナ構想	岡山市
広島市中央公園サッカースタジアム(仮称)	広島市
新香川県立体育館	高松市
徳島市立体育館　新築移転	徳島市
FC今治複合型スマートスタジアム	今治市
SAGAアリーナ(仮称)	佐賀市
長崎スタジアムシティプロジェクト	長崎市
熊本ヴォルターズ　新アリーナ	熊本市
宮崎市アリーナ構想	宮崎市・延岡市
鹿児市サッカー等スタジアム	鹿児島市
鹿児島県　ドーム球場	鹿児島市
沖縄県サッカー専用スタジアム構想	那覇市

※スポーツ庁資料(2019年11月版)に記載の案件、施設名に準拠して作成

れ、サッカーの試合日以外の利用を見込んでいる。他にも、「観る」立場から既存の施設を改修する事例もあり、横浜スタジアム、町田GIONスタジアム、長居球技場（旧キンチョウスタジアム）などが挙げられる。

球音と笑い声が響く「まち」が出現する

　スタジアム・アリーナ周辺を含めたエリア開発の視点で注目されるのは、北海道日本ハムファイターズの新球場建設の事例である。同球団は、北広島市における新球場「北海道ボールパーク（仮称）」の建設構想を2018年に公表し、2020年に建設着工の見通しとなっている。開閉式の天然芝球場ではさまざまな観戦スタイルが可能とされ、野球の試合日以外にも来場者を獲得する仕掛けとして、BBQ、グランピングなどのアウトドア・アクティビティをはじめ、カフェ、ショッピング、サウ

ナ・スパなど一種のアウトドア型のテーマパークを開発する中にスタジアムを位置付けている点が特徴的である。

　新球場建設は北広島市の周辺エリアの開発に繋がり、ホテルをはじめとする宿泊施設やオフィスタワー、コンベンション施設、マンションなどの開発が誘発され、新たな「まち」が生み出される可能性も指摘できる。新球場を保有・運営する新会社「株式会社ファイターズ スポーツ＆エンターテインメント」は、株式会社北海道日本ハムファイターズ、日本ハム株式会社、株式会社電通の3社出資で設立されたが、民間都市開発推進機構を引受人とする第三者割当増資の予定も公表しており、新会社の公式サイトには「民間都市開発推進機構が株主に加わることによって、新球場を核としたまちづくりやボールパーク周辺の公共施設整備などさまざまな側面において、より一層の連携が期待されます」と記されている。

　このように、いくつかの事例が実際に建設着工されている（図表2-8［建設着工段階］）。

【計画構想段階】

　スマート・ベニューの思想に基づくスタジアム・アリーナの事例として、計画構想段階にあるものは図表2-8に示す通り全国に数多い。建設着工に至るには、ステークホルダー間の合意形成、建設予定地の選定、資金調達、事業者の選定など幾多のプロセスを踏む必要がある。その中から、開発規模が大きく、具体的に建設着工が予定されている事例として、広島市中央公園サッカースタジアム（仮称）と長崎スタジアムシティプロジェクトを取り上げる。

　広島市中央公園サッカースタジアム（仮称）は、建設の是非や建設地の選定を巡って議論が長期間続けられてきた経緯がある。その結果、建設地は広島市中央公園広場に決まり、サッカーの国際大会の開催も念頭に30,000人収容規模のスタジアムを2024年に完成させる計画が公表された。建設管理の主体は広島市が担い、建設費の財源は寄附金、国の交付金、市債、地方公共団体からの支出が見込まれている。上述の北広島市や八戸市の建設予定地と比べて、広島市中央公園広場は他の施設や住宅地に周辺を囲まれ、スタジアムと周辺エリアの一体的な開発が難しい条件下にはある。ただし、平和記念公園や市内の中心市街地と近接しており、北九州市

の事例と同様にスタジアム来場者による市街地での新たな回遊効果が期待される。

長崎スタジアムシティプロジェクトは、JリーグのV・ファーレン長崎の主要株主である株式会社ジャパネット・ホールディングスが主導する事例として注目される。同プロジェクトの構想は、三菱重工業長崎造船所幸町工場の跡地に新スタジアム、ホテル、マンションなどを建設するもので、総工費約700億円の全額を株式会社ジャパネット・ホールディングスが負担し、2023 ～ 2024年の完成をめざしている。予定地の近隣には九州新幹線の新駅が造られることに加えて、夜景で有名な稲佐山のロープウェイをプロジェクト予定地に移設させる構想も実現すれば、新たな人の流れの拠点となり、スタジアム、ホテル、マンションの高い稼働率による収益性の確保が期待される。

スタジアム・アリーナの建設運営スキームとして、今後は同プロジェクトや北海道日本ハムファイターズの新球場など、収益性を生む複合施設との一体的な開発を前提として、民間が建設管理をすべて行う「民設民営」の事例が増えることも想定される。企業の参画の視点で言えば、Bリーグの千葉ジェッツは株式会社ミクシィと資本提携して新アリーナ構想を発表しており、今後の動向が注目される。

「民設民営」への注目が集まる一方、その成立は収益性の確保が大前提となるため、計画構想段階にある各地のあらゆる事例が「民設民営」により進むことは現実的とはいえない。スタジアム・アリーナの本拠地チームの集客力や多目的利用の種類や頻度、収益性の高い関連施設の整備の可否、周辺環境への配慮など、多くの要素を踏まえながら、計画構想段階の事例が推移していくと考えられる（図表2-8［計画構想段階]）。

参考文献
秋田涼子, 公共施設複合化の実際～アオーレ長岡からの考察～, 一般財団法人日本経済研究所, 2017.

第 3 章

スタジアム・アリーナ
実現のための検討事項

3-0 スタジアム・アリーナ実現のための検討事項

　本章では、スタジアム・アリーナ事業の実現のために必要な、具体的検討事項を記載する。

　スタジアム・アリーナを実現させるためには、さまざまなフェーズにおいてさまざまな事項を検討する必要がある。図表3-1の「スタジアム・アリーナ事業 官民実施事項とスケジュールのイメージ」は、スタジアム・アリーナ構想の主体を地方公共団体、事業手法をPFIと想定した場合に、官民それぞれが実施すべき事項とそのスケジュール及び検討事項について記載している。

　本章では、図表3-1下部に記載する検討事項を、3-1から3-16の各節にまとめ、詳述している。なお、補論として、スタジアム・アリーナにおけるスポーツ・コンテンツを担う、プロやアマチュアのアスリートに関するトピックスも2つ取り上げているので、参考とされたい。

第1節　スタジアム・アリーナ実現のための段階論
第2節　スタジアム・アリーナのステークホルダー（利害関係者）
第3節　スタジアム・アリーナのビジョン・コンセプト・ビジネス方針の策定
第4節　事業用地の選定
第5節　市場環境分析・市場動向調査
第6節　スタジアム・アリーナ実現へのプロセス検討
第7節　スタジアム・アリーナ実現への資金調達・助成
第8節　ターゲットとする効果の分析
第9節　スタジアム・アリーナ実現のための事業手法
第10節　スタジアム・アリーナに関する法規制
第11節　スタジアム・アリーナの収支モデルの検討
第12節　スタジアム・アリーナに関するリスクとその対応策
第13節　スタジアム・アリーナに必要な機能・施設
第14節　スタジアム・アリーナの管理運営
第15節　スタジアム・アリーナ事業に参画する日本企業の動向

　補論1　アスリートのセカンドキャリア

　補論2　一般社団法人大学スポーツ協会（UNIVAS）について

　図表3-1「スタジアム・アリーナ事業　官民実施事項とスケジュールのイメージ」は、構想の主体を地方公共団体、事業手法をPFIと想定して作成しているが、構想の主体が民間事業者であったり、他の事業手法であったりしても、参考になるものと思われる。

　また、スケジュールはあくまで目安であり、実際には事業ごとに異なる。

　スケジュールを短縮する場合は、基本構想や基本計画と事業手法検討等を同時に行うことなどが考えられるが、スタジアム・アリーナのような大規模集客施設は、まちづくりや地方財政に大きな影響を与える事業であるため、十分な検討が必要であることも忘れてはならない。なお、スタジアムやアリーナ整備は、地方公共団体の首長の評価にも影響するため、首長の選挙のスケジュールに左右される場合も多いとみられる。

実施事項／実施のフェーズ	当該実施事項における留意点	1年目				2年目	
		第1四半期 4~6月	第2四半期 7~9月	第3四半期 10~12月	第4四半期 1~3月	第1四半期 4~6月	第2四半期 7~9月
当初の企画・構想	ゆるやかな構想段階。ステークホルダーとの協議に関しては、官民連携協議会等、定例的な検討会開催も考えられる。次年度からの基本構想策定に向け、必要に応じ、国等からの助成金の検討も始めるとよいと思われる。助成金は、基本構想策定～設計・建設～管理・運営の各フェーズで使えるものがあるため、1年目のみならず、継続的に検討するとよいであろう。また、各助成金の応募期間、助成対象期間は、助成金ごと、年ごとに変わったり、準備に時間がかかるものも多いため、早めに検討することが望ましい。	他事例の検証　ステークホルダーとの協議　市場環境分析　助成金検討					
基本構想策定	構想の検討項目は、事業ビジョン（目的、目標）、事業コンセプト（主要ステークホルダー、候補地、利用用途、収容人数、規模・機能（概要）、事業者・専門家ヒアリング、事業費概算、制約条件、想定される事業方式及び資金調達方法、事業スケジュールなど。併せて、市民アンケートやワークショップの実施、官民連携協議会の開催も考えられる。コンサルティングファーム（以下、「コンサル」）等の支援を求める場合は、コンサル発注のための見積もり作成、予算の確保、コンサル募集及び選定の作業も必要となる。		コンサル発注のための予算措置　コンサル募集要項の作成、募集及び選定の実施			基本構想策定、	
基本計画策定	検討項目は、計画地の諸条件、規模・機能（詳細）、施設設計画、運営計画など。設計コンサル等の支援を求める場合は、コンサル発注のための見積もり作成、予算の確保、コンサル募集及び選定の作業も必要となる。					コンサル発注の　コンサル募集要項の作成、募	
事業手法検討、民活導入可能性調査実施方針及び業務要求水準案の作成	調査検討項目は、収支シミュレーション、事業手法検討、資金調達方法、民間事業者意向把握、官民リスク分担など。この時期に実施方針及び業務要求水準案の作成ができれば、次年度、スムーズにスタジアム・アリーナ事業実施者募集のフェーズに移行できる。						
事業者の募集・選定	コンサルは事業手法検討調査で活用した事業者を随意契約する場合も多い。事業者選定のフェーズとしては、PFIの場合であれば実施方針や募集要項の策定・公表、質疑応答、審査会の実施、提案審査、事業契約等のフェーズがある。						
事業者選定委員会	PFI等の民活手法を導入した事業者選定の場合、外部有識者を含む選定委員会を開催することが多い。						
（必要に応じ）事業用地に関する調査、整備、手続き等	必要な調査・工事に関しては早めに想定し、予算措置を行って募集要項前に実施することが望ましい。都市計画の変更や用地地域の変更が必要な場合は、事業遅延のリスクを避けるため、事業実施者募集前が望ましい。						
（必要に応じ）条例改正・制定	事業者選定委員会条例の制定、新スタジアム・アリーナの施設設備管理条例の制定などが必要。						
議会における議決	地方公共団体の議会（定例会）は通常年4回、地方公共団体ごとに会期が異なるが、おおむね6月、9月、12月、3月といった間隔で実施されている。		予算、補正予算の承認			予算、補正	
設計・建設～管理・運営に係るモニタリング	事業者提案の通りに事業が進捗しているかどうか等の確認が必要となる。						
その他（実施主体は地方公共団体、民間企業、経済団体、市民等）	その他の実施事項としては、機運醸成のためのシンポジウムの開催や、建設費の寄附金集めなども考えられる。これらを実施するためには、施設のコンセプトなどが一定程度まとまっていたほうがよいと思われるため、基本構想の後などが望ましいと思われる。	スタジアム・アリーナ整備に関する署名活動（市民やスポーツチームのファンなどによるものが想定される）					

官側の実施事項

		3年目						4年目				5年目			
第3四半期	第4四半期	第1四半期	第2四半期	第3四半期	第4四半期	第1四半期	第2四半期	第3四半期	第4四半期	第1四半期	第2四半期	第3四半期	第4四半期
10～12月	1～3月	4～6月	7～9月	10～12月	1～3月	4～6月	7～9月	10～12月	1～3月	4～6月	7～9月	10～12月	1～3月

官民連携協議会の開催等

ための予算措置

集及び選定の実施　　基本計画策定

コンサル発注のための予算措置

事業手法検討、民活導入可能性調査
実施方針及び業務要求水準書案の作成

コンサル募集要項の作成、募集及び選定の実施　　事業者選定

コンサル発注のための予算措置

PFI特定事業の選定、事業実施者募集要項等資料の作成及び募集の実施

コンサル募集要項の作成、コンサル募集及び選定の実施　　事業者の決定

実施方針及び業務要求水準書案の公表　　官民対話、Q&Aの実施　　事業提案書の審査　　官民基本協定、事業契約の締結

審査基準に関する協議(通常1～2回)　　事業提案に係る審査会(通常2～3回)

予算措置　　測量、ボーリング調査、造成工事等

都市計画の変更、用途地域の変更等

事業者選定委員会条例の制定準備　　手続き

予算の承認　　予算、補正予算の承認　　予算、補正予算の承認　　条例制定の議決　　募集要項報告、債務負担行為の議決　　事業契約の議決

シンポジウムの開催

募金団体の立ち上げ　　スタジアム・アリーナの設計・建設に係る市民や民間企業等からの寄附金募集

実施事項／実施のフェーズ	当該実施事項における留意点	6年目 第1四半期 4〜6月	第2四半期 7〜9月	第3四半期 10〜12月	第4四半期 1〜3月	7年目 第1四半期 4〜6月	第2四半期 7〜9月
当初の企画・構想	ゆるやかな構想段階、ステークホルダーとの協議に関しては、官民連携協議会等、定例的な検討会開催も考えられる。次年度からの基本構想策定に向け、必要に応じ、国等からの助成金の検討も始めるとよいと思われる。助成金は、基本構想策定〜設計・建設〜管理・運営の各フェーズで使えるものがあるため、1年目のみならず、継続的に検討するとよいであろう。また、各助成金の応募期間、助成対象期間は、助成金ごと、年ごとに変わったり、準備に時間がかかるものも多いため、早めに検討することが望ましい。						
基本構想策定	構想の検討項目は、事業ビジョン（目的、目標）、事業コンセプト（主要ステークホルダー、候補地、利用用途、収容人数、規模・機能（概要））、事業者・専門家ヒアリング、事業費概算、制約条件、想定される事業方式及び資金調達方法、事業スケジュールなど。併せて、市民アンケートやワークショップの実施、官民連携協議会の開催も考えられる。コンサル等の支援を求める場合は、コンサル発注のための見積もり作成、予算の確保、コンサル募集及び選定の作業も必要となる。						
基本計画策定	検討項目は、計画地の諸条件、規模・機能（詳細）、施設設計画、運営計画など。設計コンサル等の支援を求める場合は、コンサル発注のための見積もり作成、予算の確保、コンサル募集及び選定の作業も必要となる。						
事業手法検討、民活導入可能性調査実施方針及び業務要求水準書案の作成	調査検討項目は、収支シミュレーション、事業手法検討、資金調達方法、民間事業者意向把握、官民リスク分担など。この時期に実施方針及び業務要求水準書案の作成ができれば、次年度、スムーズにスタジアム・アリーナ事業実施者募集のフェーズに移行できる。						
事業者の募集・選定	コンサルは事業手法検討調査で活用した事業者を随意契約する場合も多い。事業者選定のフェーズとしては、PFIの場合であれば実施方針や募集要項の策定・公表、質疑応答、審査会の実施、提案審査、事業契約等のフェーズがある。						
事業者選定委員会	PFI等の民活手法を導入した事業者選定の場合、外部有識者を含む選定委員会を開催することが多い。						
（必要に応じ）事業用地に関する調査、整備、手続き等	必要な調査・工事に関しては早めに想定し、予算措置を行って募集要項前に実施することが望ましい。都市計画の変更や用地地域の変更が必要な場合は、事業遅延のリスクを避けるため、事業実施者募集前が望ましい。						
（必要に応じ）条例改正・制定	事業者選定委員会条例の制定、新スタジアム・アリーナの施設設置管理条例の制定などが必要。						
議会における議決	地方公共団体の議会（定例会）は通常年4回、地方公共団体ごとに会期が異なるが、おおむね6月、9月、12月、3月といった間隔で実施されている。						
設計・建設〜管理・運営に係るモニタリング	事業者提案の通りに事業が進捗しているかどうか等の確認が必要となる。	設計の進捗・内容確認、民間事業者からの申請等への対応 →					
その他（実施主体は地方公共団体、民間企業、経済団体、市民等）	その他の実施事項としては、機運醸成のためのシンポジウムなどの開催や、建設費の寄附金集めなども考えられる。これらを実施するためには、施設のコンセプトなどが一程度まとまっていたほうがよいと思われるため、基本構想の後などが望ましいと思われる。	スタジアム・アリーナの設計・建設に係る市民や民間企業等からの寄附金募集 →					

		8年目				9年目			
第3四半期	第4四半期	第1四半期	第2四半期	第3四半期	第4四半期	第1四半期	第2四半期	第3四半期	第4四半期
10〜12月	1〜3月	4〜6月	7〜9月	10〜12月	1〜3月	4〜6月	7〜9月	10〜12月	1〜3月

施設設置管理条例制定の準備　手続き

竣工・開業等スケジュールに合わせ、このあたりまでに
施設設置管理条例制定の議決及び指定管理者の承認

工事の進捗・内容確認等　　完成検査の実施　管理・運営モニタリングの実施

開業

57

図表3-1　スタジアム・アリーナ事業　官民実施事項とスケジュールのイメージ（民側実施事項）1/2

実施事項／実施のフェーズ	当該実施事項における留意点	1年目				2年目	
		第1四半期 4~6月	第2四半期 7~9月	第3四半期 10~12月	第4四半期 1~3月	第1四半期 4~6月	第2四半期 7~9月
その他（実施主体は地方公共団体、民間企業、経済団体、市民等）	その他の実施事項としては、機運醸成のためのシンポジウムなどの開催や、建設費の寄附金集めなども考えられる。これらを実施するためには、施設のコンセプトなどが一定程度まとまっていたほうがよいと思われるため、基本構想の後などが望ましいと思われる。	スタジアム・アリーナ整備に関する署名活動（市民やスポーツチームのファンなどによるものが想定される）					
応募に関する事項	官側の募集に応じ、官側との意見交換・質疑応答やコンソーシアムの構築、資金調達の検討、提案書の作成、（選定された場合）SPC設立や契約締結など、多岐にわたる実施事項がある。		事前の情報収集、官側との意見交換、コンソーシアムの構築、資金調達の検討（スポーツチームが検討している場合は、親会社との協議等も含む）				
設計・建設にかかる事項	官民事業契約締結後、民側による設計・建設が行われる。大型集客施設であるため、設計・建設にあたっては、他施設に比して時間がかかる場合が多いとみられる。また、周辺への交通渋滞や騒音等のリスクが考えられることから、地域への事前説明等については丁寧に行う必要がある。						
管理・運営にかかる事項	管理運営計画は、管理・運営事業者や利用者等の意見を設計に反映すべく、設計と同時に検討する必要がある。						
各フェーズにおける検討事項　本章各節にて詳細を記載		3-1　スタジアム・アリーナ実現のための段階論　3-2　スタジアム・アリーナのステークホルダー（利害関係者）　3-3　スタジアム・アリーナのビジョン・コンセプト・ビジネス　3-4　事業用地の選定　3-5　市場環境分析・市場動向調査　3-6　スタジアム・アリーナ実現のためのプロセス検討　3-7　スタジアム・アリーナ実現のための資金調達・助成				3-8　ターゲットと　3-9　スタジアム・ア　3-10　スタジアム・　3-11　スタジアム・　3-12　スタジアム・	

民側の実施事項

		3年目				4年目				5年目			
第3四半期	第4四半期	第1四半期	第2四半期	第3四半期	第4四半期	第1四半期	第2四半期	第3四半期	第4四半期	第1四半期	第2四半期	第3四半期	第4四半期
10〜12月	1〜3月	4〜6月	7〜9月	10〜12月	1〜3月	4〜6月	7〜9月	10〜12月	1〜3月	4〜6月	7〜9月	10〜12月	1〜3月

シンポジウムの開催

募金団体の立ち上げ　→　スタジアム・アリーナの設計・建設に係る市民や民間企業等からの寄附金募集　→

官民基本協定、事業契約の締結

事業提案書の作成、官民対話、Q&A

SPCの設立準備及び設立

各種近隣調査、用地測量、地質調査等

方針の策定
する効果の分析

リーナ実現のための事業手法

アリーナに関する法規制
アリーナの収支モデルの検討
アリーナに関するリスクとその対応策
　　　　3-13　スタジアム・アリーナに必要な機能・施設
　　　　3-14　スタジアム・アリーナの管理運営

図表3-1　スタジアム・アリーナ事業　官民実施事項とスケジュールのイメージ（民側実施事項）2/2

民側の実施事項

実施事項／実施のフェーズ	当該実施事項における留意点	6年目 第1四半期 4~6月	第2四半期 7~9月	第3四半期 10~12月	第4四半期 1~3月	7年目 第1四半期 4~6月	第2四半期 7~9月
その他（実施主体は地方公共団体、民間企業、経済団体、市民等）	その他の実施事項としては、機運醸成のためのシンポジウムなどの開催や、建設費の寄附金集めなども考えられる。これらを実施するためには、施設のコンセプトなどが一定程度まとまっていたほうがよいと思われるため、基本構想の後などが望ましいと思われる。	スタジアム・アリーナの設計・建設に係る市民や民間企業等からの寄附金募集 →					
応募に関する事項	官側の募集に応じ、官側との意見交換・質疑応答やコンソーシアムの構築、資金調達の検討、提案書の作成、（選定された場合）SPC設立や契約締結など、多岐にわたる実施事項がある。						
設計・建設にかかる事項	官民事業契約締結後、民側による設計・建設が行われる。大型集客施設であるため、設計・建設にあたっては、他施設に比して時間がかかる場合が多いとみられる。また、周辺への交通渋滞や騒音等のリスクが考えられることから、地域への事前説明等については丁寧に行う必要がある。	各種近隣調査、用地測量、地質調査等 →		基本設計、実施設計、官庁申請関係 地域への事前説明会 連動・連携して実施		埋蔵文化財調査 →	
管理・運営にかかる事項	管理運営計画は、管理・運営事業者や利用者等の意見を設計に反映すべく、設計と同時に検討する必要がある。				ホームページ作成準備及び開設（開業前から情報を掲載する場合は早めに実施）		→

各フェーズにおける検討事項

本章各節にて詳細を記載

3-13　スタジアム・アリーナに必要な機能・施設

3-14　スタジアム・アリーナの管理運営

3-7　スタジアム・アリーナ実現のための資金調達・助成

		8年目				9年目			
第3四半期	第4四半期	第1四半期	第2四半期	第3四半期	第4四半期	第1四半期	第2四半期	第3四半期	第4四半期
10～12月	1～3月	4～6月	7～9月	10～12月	1～3月	4～6月	7～9月	10～12月	1～3月

工事 → 完成検査 →

工事監理 →

備品搬入 →

管理運営計画の作成 →　開業　管理・運営実施 →

スタッフ募集・研修 →

各種マニュアル作成（個人情報、危機管理等）→ マニュアル調整 →

官、施設利用者、地域企業等とのステークホルダーとの協議（優先利用、地域活性化等）→

管理・運営セルフモニタリングの実施 →

3-1 スタジアム・アリーナ実現のための段階論

　スタジアム・アリーナ事業の構想者は、構想の初期段階において、ステークホルダーとの協議や市場環境分析を行うことが望ましい（図表3-1「スタジアム・アリーナ事業　官民実施事項とスケジュールのイメージ」参照）。そのためには、目的や規模、設置場所の他、整備・所有・管理運営を誰が担い、どのような利用者を想定するのか、大まかなモデルを想定する必要がある。

　これらのモデルは、「スポーツを核とした街づくりを担う「スマート・ベニュー」」や、「スタジアム・アリーナ改革ガイドブック＜第2版＞」の運営・管理形態モデル論においても紹介されてきたが、本節では、これらを踏まえた上で、スマート・ベニューの理想型へ向かう新たな発展段階モデルを提示する。

【第1段階（ハコ貸し主体）】

　主に地方公共団体等が整備・所有・運営する施設で、かつてのスタジアム・アリーナはほとんどがこのモデルだったと思われる（図表3-2）。多くが国体開催や市民利用を目的とし、地方公共団体により整備・所有・管理運営される施設であるため、サービスや収益の向上が困難な施設とみられる。

【第2段階（ホームチーム（関連企業含む）以外の民間事業者による管理運営）】

　第1段階にあった多くのスタジアム・アリーナは、業務委託や指定管理者制度の導入により、管理運営を外郭団体や民間事業者に任せるようになった。指定管理者制度により民間事業者が管理運営を行う場合は、複数者での競合となることが多い

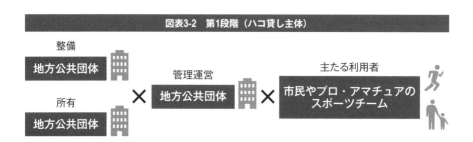

図表3-2　第1段階（ハコ貸し主体）

整備　地方公共団体
所有　地方公共団体
✕　管理運営　地方公共団体　✕　主たる利用者　市民やプロ・アマチュアのスポーツチーム

ため、地方公共団体等の直営施設に比べ、管理運営に係る費用削減とサービスの質の向上が期待できる。

　現在では多くのスタジアム・アリーナがこのタイプであると思われる（図表3-3）。

　民間事業者による整備・所有の数少ない事例としては、ゼビオアリーナ仙台がある。仙台市内最大規模の再開発事業であった仙台副都心「あすと長町地区」における、ゼビオ株式会社の提案事業であり、ゼビオが施設を整備・所有し、貸館業務は同社を含む13の企業団体が出資する有限責任組合が中心となって実施している（図表3-4）。

【第3段階（ホームチーム（関連企業含む）による管理運営）】

　主に地方公共団体が施設を整備・所有し、施設の主たる利用者であるホームチームが管理運営者となるモデルである（図表3-5）。ホームチームが、施設の指定管理者として管理運営を行うケースや、都市公園内における管理許可の手法を用いて施設の管理運営を行うケースが考えられる。著名な事例としては、広島東洋カープが指定管理者となっているマツダスタジアムや鹿島アントラーズが指定管理者となっているカシマサッカースタジアム、東北楽天ゴールデンイーグルスが宮城野原公園

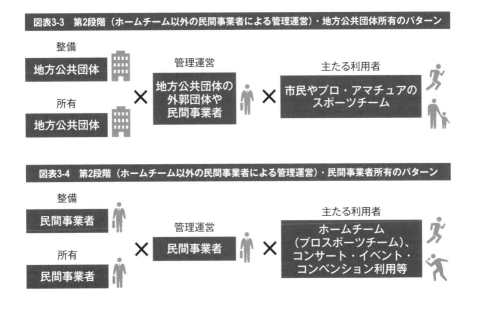

図表3-3　第2段階（ホームチーム以外の民間事業者による管理運営）・地方公共団体所有のパターン

整備　地方公共団体
所有　地方公共団体
× 管理運営　地方公共団体の外郭団体や民間事業者 × 主たる利用者　市民やプロ・アマチュアのスポーツチーム

図表3-4　第2段階（ホームチーム以外の民間事業者による管理運営）・民間事業者所有のパターン

整備　民間事業者
所有　民間事業者
× 管理運営　民間事業者 × 主たる利用者　ホームチーム（プロスポーツチーム）、コンサート・イベント・コンベンション利用等

総合運動場内で管理許可を受けて管理運営をしている楽天生命パーク宮城などが挙げられる。

特にJリーグでは、指定管理者制度の活用により、ホームスタジアムの管理運営に乗り出しているクラブが多い（図表3-6）。その理由としては、試合日程の調整のしやすさや、ホームスタジアムの管理レベルの向上、試合開催時におけるサービス向上による集客・収入の向上等をめざしているためと考えられる。

一方、民間事業者が施設を整備し、負担付寄附という手法で、施設の管理運営権を得る条件の下、施設の所有権を地方公共団体に引き渡す事例もある（図表3-7）。

図表3-5　第3段階（ホームチーム（関連企業含む）による管理運営）

図表3-6　指定管理者となっているJリーグクラブとスタジアム

指定管理者となっているJリーグクラブ	スタジアム名
モンテディオ山形（J2）	NDソフトスタジアム山形
鹿島アントラーズ（J1）	茨城県立カシマサッカースタジアム
横浜F・マリノス（J1） ※以下の事業者とのJV 公益財団法人横浜市体育協会、株式会社ハリマビステム、東京ビジネスサービス株式会社、シンテイ警備株式会社、西田装美株式会社、株式会社協栄　（2020年3月末時点）	日産スタジアム
アルビレックス新潟（J2） ※公益財団法人新潟県都市緑花センターとのJV	デンカビッグスワンスタジアム
ガンバ大阪（J1）	パナソニック スタジアム 吹田
セレッソ大阪（J1）（一般社団法人セレッソ大阪スポーツクラブ） ※長居公園全体の指定管理を、以下の事業者とのJVにより実施 一般財団法人大阪スポーツみどり財団、株式会社NTTファシリティーズ、関西ユニベール株式会社、シンコースポーツ株式会社、モリタスポーツ・サービス株式会社、タイムズ24株式会社	大阪市立長居球技場
ヴィッセル神戸（J1）	ノエビアスタジアム神戸

例えば、パナソニック スタジアム 吹田においては、ガンバ大阪を含む募金団体が設計・整備を実施したが、吹田市に所有権を移転することで、大阪府から賃貸している地代の半減、施設整備へのスポーツ振興くじ（toto）の助成金の活用、施設所有に係る固定資産税等の免除というメリットを得た。ただし、負担付寄附により施設を市の所有（公共施設）とすることで、市民利用の優先やネーミングライツが所有者に入るなど、事業者の運営に一定の制約がかかる可能性もあることを理解する必要がある。横浜スタジアムや横浜アリーナも負担付寄附の手法を使って整備されている。

　また、セレッソ大阪スポーツクラブでは、ガンバ大阪と同様の手法で、ホームである大阪市立長居球技場の改修を実施する「桜スタジアムプロジェクト」を推進中である（「4-1 日本国内の先進事例」**1**参照）。

【第4段階（ホームチーム（関連企業含む）による建設・所有・管理運営の一体経営）】

　施設の主たる利用者であるホームチーム（あるいはその関連会社）が施設を整備・所有し、管理運営も行うモデルである（図表3-8）。施設の初期投資を担い、施設を所有し続けるモデルであることから、土地取得費・整備費・管理運営費（固定資産税・減価償却費・大規模修繕費等）等の重い負担があるため、我が国では、プロ野球やJリーグクラブの一部など、資金力の高い大企業の母体企業を持つプロスポーツチームが実現してきたモデルである。プロ野球では阪神甲子園球場やメットライフドーム、京セラドーム大阪等、Jリーグではヤマハスタジアムや三協フロンテア柏スタジアム等が挙げられる。

図表3-7　第3段階（ホームチーム（関連企業含む）による管理運営）・負担付寄附のパターン

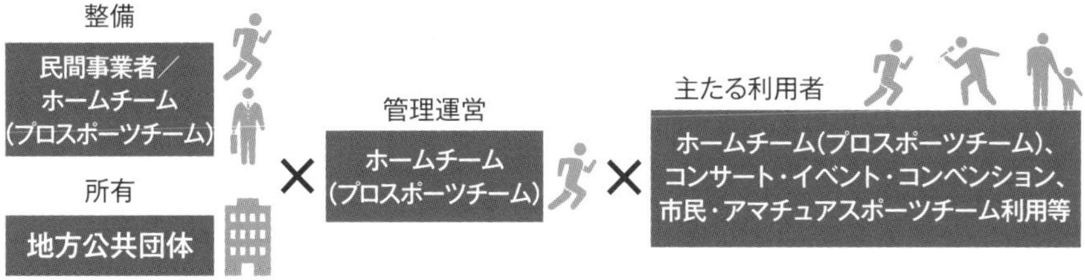

一方、アリーナでは、ゼビオグループであるクロススポーツマーケティングが、アイスリンクを軸に、バスケットボール等の屋内競技やイベントなど多目的に使用できる施設として八戸市に開発した。施設名称は「FLAT HACHINOHE（フラット八戸）」で、同社が所有しアジアリーグアイスホッケーに所属する東北フリーブレイズのホームアリーナとなる（4-1 **2**参照）。

【第5段階（公共施設や商業施設等との複合施設化）】

第4段階の一体経営に加え、スタジアム・アリーナと、公共施設や商業施設等との複合施設化が行われるモデルである（図表3-9）。我が国ではまだ事例が少ないが、福岡PayPayドーム（2020年2月29日に改称）が相当すると考えられる（4-1 **3**参照）。また、現在構想中の長崎スタジアムシティプロジェクトにおいても、オフィス・商業施設・ホテル・マンション等の周辺開発が想定されている。

【第6段階（その先へ）】

スタジアム・アリーナが周辺エリアと連携し、不足する都市機能を補完したり、コンパクトシティの形成等、あるべきまちづくりの実現に貢献したりするモデルである。スタジアム・アリーナが地域の課題解決に貢献するモデルで、ダウンタウン等の再開発事業の一環でスタジアム・アリーナを整備することの多い欧米の事例によくあるモデルである。英国ロンドンのWembley Stadium（ウェンブリースタジアム）や、米国カリフォルニア州のPETCO Park（ペトコパーク）などが挙げられる。

国内事例では、アオーレ長岡や、横浜スタジアム（4-1 **4**参照）がこれに相当す

図表3-8 第4段階（ホームチーム（関連企業含む）による建設・所有・管理運営の一体経営）

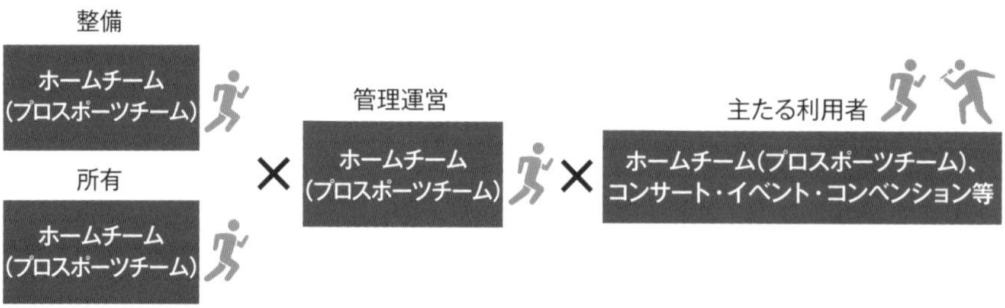

ると思われる。

　スタジアム・アリーナの段階論に着目するのは、段階が進むにつれて、施設の所有者がより多くの集客・収益を得るとともに、スタジアム・アリーナがまちづくりや地域活性化に貢献する施設に変貌すると考えられるためである。段階論に伴う収益向上の詳細については、「3-11 スタジアム・アリーナの収支モデルの検討」を参照されたい。

　一方で、民間所有の施設については、所有にかかる公租公課や減価償却費が費用として発生するため、初期投資の回収を含む収益を上げるためには、大規模コンサート・イベントの実施可能な立地・規模、収益力の高いスポーツチームの利用といった条件がそろう必要がある。

図表3-9　第5段階（公共施設や商業施設等との複合施設化）

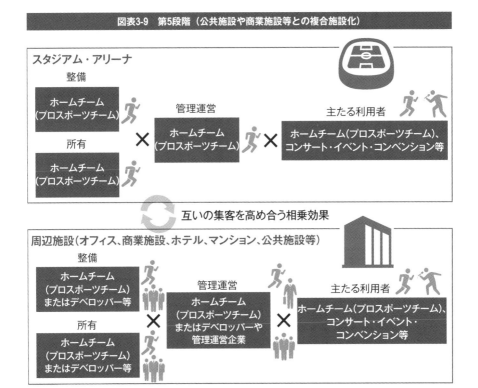

3-2 スタジアム・アリーナのステークホルダー（利害関係者）

スタジアム・アリーナは、多くのステークホルダーが存在するため、構想の企画者は、これらのステークホルダーとの協議が必須となる。

本節では、早稲田大学スポーツ科学学術院講師の舟橋弘晃氏の論文「スタジアム整備構想におけるステークホルダーの特定と類型化：北九州スタジアムのケース・スタディ」を参考としつつ、独自の分類を行うことにより、協議において優先度の高いステークホルダーや、早期の協議や情報提供等が必要となるステークホルダーについて検証する。

〈ステークホルダーの分類例〉

ここでは、スタジアム・アリーナの構想に関係するステークホルダーを念頭に、一例として図表3-10のような分類を試みた。

図表3-10　ステークホルダーの分類例

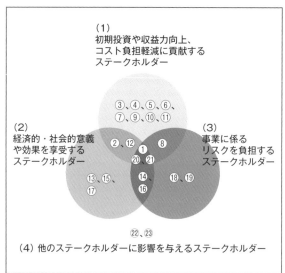

①地方公共団体
②ホームチーム
③ホームチームのオーナー・母体企業・関連企業
④地元経済界
⑤デベロッパー・設計・建設事業者
⑥管理運営事業者
⑦スポンサー企業
⑧金融機関・投資家
⑨国・助成金提供団体
　（日本スポーツ振興センター等）
⑩コンサルティング組織
⑪地権者
⑫大学
⑬プロスポーツリーグ
⑭地元商店街・商業事業者
⑮ファン
⑯市民
⑰地元スポーツ団体
⑱近隣住民
⑲警察
⑳首長
㉑地方公共団体職員
㉒議会（議員）
㉓マスメディア

1 初期投資や収益力向上、コスト負担軽減に貢献するステークホルダー

　スタジアム・アリーナ構想においては、効果・貢献の大きなステークホルダーから順に協議・交渉すべきと考えられ、「(1) 初期投資や収益力向上、コスト負担軽減に貢献するステークホルダー」がもっとも優先度の高いステークホルダーと考えられる。

①地方公共団体(後ほど、「首長」「地方公共団体職員」「議会(議員)」毎に詳述)

　地方公共団体は、(1) のみならず、(1) ～(3)のすべてのカテゴリに当てはまる可能性が高い、重要ステークホルダーである。

　地方公共団体は、スタジアム・アリーナの整備・所有を担うことが多く、初期投資や管理運営における資金提供を担う可能性が高い。一方で、スタジアム・アリーナが地域外から集客したり、ホームチームによるシビックプライドの醸成などが行われれば、地域活性化に繋がり、「(2) 経済的・社会的意義や効果を享受するステークホルダー」ともなり得る。同時に、資金の出し手として需要リスクを負ったり、騒音や渋滞等の課題解決を担ったりすることで、「(3) 事業に係るリスクを負担するステークホルダー」でもある。

　いかなる事業スキームにおいても、非常に優先度の高いステークホルダーであることは間違いない。

②ホームチーム
(当該スタジアム・アリーナをホームとして利用するプロスポーツチーム)

　主たる利用者となるホームチームがある場合、ホームチームは、初期投資における資金提供や、定期的な利用者としての利用料金納入など、(1) のカテゴリに属するとともに、主たる施設利用者としての立場を享受し、(2) のカテゴリにも属するステークホルダーである。

　さらに、資金力がある場合は、主たる施設利用者として初期投資を行う可能性があり、また利用料の納付も行うなど、管理運営段階の収益向上にも大きく資するス

テークホルダーである。

　ホームチームはスタジアム・アリーナの整備・改修推進や資金拠出を地方公共団体等へ求めファンとともに署名活動を行ったり、ホームチームの収益力や観戦客満足度向上といった観点から、整備・改修におけるアイデアをスタジアム・アリーナ所有者に提言することもあったりと、地域において一定の意見力を有することから、地方公共団体は構想段階からホームチームと協議しておくことが望ましい。

　ホームチームが運営を担う場合は、ホームチームのコンテンツ力や企画力、資金力、ネットワーク、ノウハウを活かした集客、ネーミングライツの獲得や管理運営費に係るリスクの一部負担など、収益向上に貢献する場合もある。一方で管理運営費の一部負担や利用料の減免を、地方公共団体等のスタジアム・アリーナ所有者に求めてくる可能性もある。

　実際、ホームチーム自身が、施設の資金調達・整備・管理運営に深く関わるケースは増えてきている。資金調達から整備・管理運営まですべてに深くコミットしている、パナソニック スタジアム 吹田のガンバ大阪や、桜スタジアムプロジェクトとしてホームの大阪市立長居球技場の大改修と管理運営を掲げるセレッソ大阪、ホームの楽天生命パーク宮城を毎年のように改修している東北楽天ゴールデンイーグルスなどが挙げられる。

③ホームチームのオーナー・母体企業・関連企業

　主たる利用者あるいは管理運営者となるホームチームがある場合、当該ホームチームの母体企業や、関連会社等が、資金調達に影響力を及ぼしたり、スタジアムやアリーナのネーミングライツを取得したりすることも多い（例：パナソニック スタジアム 吹田、マツダスタジアム、楽天生命パーク宮城等）。VIPエリアの利用等も考えられ、スタジアム・アリーナの権利ビジネスを担う可能性も考えられることから、こうした企業とも構想段階から協議する必要がある。

④地元経済界

　地元経済界は、事業用地購入費や整備費などの初期投資に関する資金調達への協力や、設計・運営等に係る企業やスポンサー企業、地方公共団体等とのネットワー

クなどの点から、重要なステークホルダーとなる。

　例えば、マツダスタジアムでは、地元経済界が整備費の10%超の資金を集め、パナソニック スタジアム 吹田では、施設整備の募金集めの際に、関西経済連合会がガンバ大阪に協力したことにより、効果的な資金収集が可能となった。

⑤デベロッパー・設計・建設事業者

　スタジアム・アリーナ整備においては、効果的なランドスケープデザインや施設構成、建物内外のデザインは、顧客経験価値を高め、収益性を高めるために必要不可欠な業務であり、これらを担うデベロッパーや設計・建設企業は重要なステークホルダーとなる。

　構想段階から事業の企画者や管理運営事業者、地域住民等と意見交換を重ねることが望ましく、実際の施設管理を行う管理運営者、ホームチームやプロモーター等の施設利用者、観客、スポンサー、地域住民のいずれにとっても最適な施設となるよう、スタジアム・アリーナに関する知見や経験が豊富で、ステークホルダーとの意見交換の手間暇を惜しまず事業に取り組む事業者が望ましい。

⑥管理運営事業者

　管理運営事業者は、収益向上策を検討する上で重要なステークホルダーである。我が国では、施設整備後に、指定管理者の募集などにより管理運営事業者に接触する場合も多いと考えられるが、施設利用者の使いやすさや、観客・スポンサー企業等の顧客経験価値を高めるような管理運営をするためには、構想段階からデベロッパーや設計・建設事業者と協議し、管理運営企業の意向を設計に反映する必要がある。

　我が国においては、スタジアム・アリーナ専門の管理運営事業者はまだ確立されていないように思われるが、収益向上のための優れたノウハウやネットワーク、人材を持つ管理運営事業者が望ましい。

　近年は、優れた管理運営能力を持つホームチームが管理運営者となることで、収益がより高められる傾向にあるが、スポーツ以外の施設活用においては、コンサート・イベントプロモーターやコンベンション企画会社等を活用できることも重要で

ある。

　利用料金を中心にメインアリーナが運営される予定の横浜文化体育館再整備事業（横浜市）では、収益力が高いことで知られる横浜アリーナの運営を手掛ける株式会社横浜アリーナが運営事業者として参画している。

　スポーツ施設初のコンセッションが導入されている有明アリーナでは、株式会社アミューズのようなコンサート・イベント興行等を手掛ける大手芸能事務所や、Live Nation Japan合同会社といった、米国の大手イベントプロモーター会社の関連会社が参画している。いずれの事業においても、電通が管理運営の代表的な役割を担っており、我が国のスタジアム・アリーナ事業におけるプレゼンスを高めつつある。

　一点、留意しておかなければならない点として、管理運営事業者とホームチーム等の主たる利用者が別々の事業者である場合は、利用料をできるだけ多く徴収したい管理運営事業者と、できるだけ利用料支払いを少なくしたいホームチーム等との間で、利用料やスタジアム・アリーナの優先予約といったスタジアム・アリーナの利用裁量を巡って対立する事例もあることである。

　詳細は3-1 スタジアム・アリーナ実現のための段階論の節で述べるが、管理運営事業者とホームチーム等の主たる利用者が一致・連携していることが望ましい。

⑦スポンサー企業

　施設のネーミングライツ取得やVIPエリアの確保を希望する可能性がある民間企業とも、構想段階から連携しておく必要がある。これにより、資金調達や管理運営時の収入源が確保できる。

　また、スポンサー企業が積極的なアクティベーションを行う場合は、スポンサーが権利を持つエリアをスポンサーカラーにしたり、スポンサーの商品を設置できる場所を確保したりするなど（例：自動車メーカーであれば自動車を展示するなど）、ハード面におけるスポンサーへの多様なサービスも想定できるため、設計事業者との協議も欠かせない。

　さらに、地元有力企業の場合、設計・建設や管理運営における協業事業者となる可能性も高いと思われるため、やはり構想段階からの連携が望ましい。

⑧金融機関、投資家

我が国のスタジアム・アリーナ案件では、金融機関や投資家の関わりは、資金調達への貢献、資金調達を通じたスタジアム・アリーナ事業への信用供与のほか、事業計画へのセカンドオピニオン、ビジネスパートナーの紹介、地方公共団体や地元経済界との橋渡し役、事業期間中のモニタリングの役割を果たすなど、重要なステークホルダーであると考えられる。

⑨国・助成金提供団体（日本スポーツ振興センター等）

各省庁において現在、構想から管理運営段階までさまざまな支援策があることから、早期に相談し、支援を受けることも一法であろう。

例えば、スポーツ庁は、スタジアム・アリーナ改革に向けた取り組みの中で、スタジアム・アリーナ整備・管理運営をめざす事業主体に対し、先進事例形成や知見の共有に係る支援策を行っている。

この他、国土交通省や経済産業省、内閣府や、日本スポーツ振興センター（JSC）において、スタジアム・アリーナ事業に利用可能なハード面、ソフト面に対するさまざまな補助制度がある（「3-7 スタジアム・アリーナ実現のための資金調達・助成」参照）。

⑩コンサルティングファーム

スタジアム・アリーナ構想を進めるにあたっては、地方公共団体、ホームチームや管理運営事業者等といったスタジアム・アリーナの所有者・管理運営者・利用者だけで検討するには事業規模、地域への影響・効果、関係者の範囲が多岐にわたることから、コンサルティングファームを活用して、実現に向けた事業計画等企画書の作成や参考事例の情報収集を行うケースも想定される。

コンサルティングファームには、スタジアム・アリーナの所有者・運営者・利用者等が頭の中で思い描いているニーズや考えを上手く汲み取って文字化し、利害関係者への説明のサポート役を担うことが求められる。

⑪地権者

「観る」スポーツのためのスタジアム・アリーナにおいては、立地は、集客や収益向上、まちへの回遊効果等において、極めて重要なファクターである。また、舟橋氏の論文にあるように、スタジアム・アリーナのような大規模建築プロジェクトは、関係地権者の協力や善意があって初めて成し遂げられる事業である。

そのため、地権者との間で、スタジアム・アリーナ整備の可否、借地条件（期間・料金等）等に関し、早期に協議を行うことが重要である。

⑫大学

大学は、その公的な立場から、地方公共団体やホームチームとの連携が図りやすい主体と考えられ、スタジアム・アリーナを相互利用する可能性や、スポンサーとなる可能性があると考えられる。例えば、Bリーグのサンロッカーズ渋谷は、青山学院記念館を主たるホームアリーナとしている。

資金や利用者としての立場の享受という点から、（1）と（2）の2つのカテゴリに所属する重要ステークホルダーと考えられるが、現段階では、スポーツ施設の相互利用等の観点などを持っている大学は限定的とみられ、連携の事例もまだ少ない。

2 経済的・社会的意義や効果を享受するステークホルダー

当該ステークホルダーは、効果を享受する主体として、主に企画者にさまざまな要請を出してくる主体と考えられる。施設の目的に応じ、説明や協議の場が望まれる。1に記載した①地方公共団体、②ホームチーム、⑪大学は、2にも含まれると考えられる。

⑬プロスポーツリーグ

JリーグやBリーグなど、我が国のメジャーなスポーツリーグにおいては、所属ディビジョンにおけるスタジアムやアリーナの施設条件を設定しているため、ホームチームがある場合は、これらの条件に適合させるべく、リーグとの情報交換や協議も必要となる。

Jリーグは、スタジアムに係るさまざまな知見の共有（海外視察の企画や報告書

の作成）やアドバイスを行う等、スタジアムの企画者のサポートを積極的に行ってきた経緯もある。

また、寄附集めなど、資金調達への協力を依頼する場合も考えられる。パナソニック　スタジアム　吹田においては、募金団体にJリーグが名前を連ねたことにより、信頼性が増したものと思われる。

⑭地元商店街・商業事業者

地元の商店街や商業施設は、スタジアム・アリーナの集客を活用した活性化を享受できる可能性がある一方で、外部から大量の人々が一時的に流入することによる治安の悪化、騒音等のリスクを負う可能性により、施設整備への懸念が強く打ち出される可能性もあることから、早期に協議すべきステークホルダーである。

⑮ファン

ホームチームへの忠誠心が強いファンがいる場合は、ファンが署名活動をするなどして施設の新設や改修を強く求めている場合もある。通常、ファンの大部分が近隣在住の市民であることが想定され、マスコミへの一定の影響力も考慮する必要があることから、施設の構想や整備に関する丁寧な説明や意見の聴取等、ファンとのコミュニケーションも早期から大事にしておくことが望ましい。

⑯市民

市民は、スタジアム・アリーナが整備されることによる利便性やエンターテインメントの享受の可能性がある一方で、地方公共団体による税金投入や事業リスク負担がある場合、将来的に市民がそれらを負担することになる重要ステークホルダーである。

また、市民の意思は、スタジアム・アリーナ整備に係る決定権を持つ可能性のある議会の意思に大きく影響するため、早期から丁寧な説明を行う必要がある。

⑰地元スポーツ団体

地元スポーツ団体には、体育協会・スポーツ協会や、各種競技の地域団体が考え

られる。舟橋氏の論文にあるように、地元スポーツ団体がスタジアム・アリーナの建設を求める背景には、地元のスポーツ振興への寄与や、団体の活動場所の確保が挙げられる。

　しかしながら、これらの団体は資金力があまりなく、初期投資や運営時の収益確保への貢献は期待できないと考えられる一方、スタジアム・アリーナの定期的な利用者となる可能性もあり、ホームチームとの間で休日の利用日調整などを行わなければならないこともある。

❸ 事業に係るリスクを負担するステークホルダー

　当該ステークホルダーは、リスクを負担する主体として、施設整備に対し懸念を示してくる可能性のある主体と考えられ、場合によっては反対運動への発展や、施設整備が困難と判断されかねないため、早期の説明や協議の場が望まれる。❶や❷に記載した①地方公共団体、⑬地元商店街・商業施設、⑮市民も含まれると考えられる。

⑱近隣住民

　スタジアム・アリーナのような巨大集客施設は、近隣住民にとっては、渋滞や騒音、振動などの被害をもたらす存在となり得るため、事業主体は、環境影響調査などを行い、構想段階から、スタジアム・アリーナのメリット・デメリット及びデメリットへの対応策に関する丁寧な説明を行い、十分な理解を得る必要がある。

⑲警察

　警察は、スタジアム・アリーナを建設した場合の人や車の動線や、それに基づく交通網の再整備に関し、協議する必要がある。事業用地が手狭な場合や、十分な動線が確保できない場合など、懸念がある場合は、特に早めの協議が望ましい。

⑳首長

　地域においては、スタジアム・アリーナ整備構想が首長の公約になることもある。公約になっていないとしても、首長がスタジアム・アリーナ整備に賛成していると、地元経済界、議会や住民のキーパーソンへの説明、国への補助金獲得申し入

れ等を首長自ら行ってくれる場合もあり、スタジアム・アリーナ整備構想を進めやすくなると思われる。

㉑地方公共団体職員

㉑において首長の支持がスタジアム・アリーナの整備構想に良い効果をもたらす旨を記載したが、首長が整備賛成・構想推進を掲げても、職員が具体的実務・調整を行わなければ、図表3-1のような官側の実施事項は前に進まない。

また、案件によっては、スタジアム・アリーナ整備が地域へ経済波及効果・社会的効果があると考え、職員自らがホームチームスタッフと連携して、スタジアム・アリーナ整備を推進するケースもあり、首長と同様に職員も味方にしておくことが望ましい。

4 他のステークホルダーに影響を与えるステークホルダー

当該ステークホルダーは、それ単体というよりも、他のステークホルダーに影響を与えるという点で重要なステークホルダーである。適切な説明や情報提供、コミュニケーションを怠った場合、事業の進捗に大きな影響を及ぼす可能性がある。

㉒議会（議員）

地方公共団体が、初期投資や運営時において一定の資金負担や、借地料、固定資産税の減免を行ったりする場合、あるいは民間事業者との事業契約を行う場合、負担付寄附を受ける場合は、議会承認が必要となることから、議会への早期の説明は欠かせない。スタジアム・アリーナ整備には多額の財政支出を伴うことから議会審議での大きな論点になりやすい。財政支出の意義を事前に丁寧に説明しておかないと整備構想に反対されることにもなりかねない。また、議員は、地方議員や地元選出の国会議員それぞれのメンバーが地元住民・商工業事業者・各種団体を代表していることから、地元への配慮という意味でも議会（議員）対応は重要である。

なお、議会対応をスムーズに進めるポイントとしては、以下のような点が挙げられる。

定例会ごとに進捗を報告する	スタジアム・アリーナのような、投資の規模が大きく地域に与える正負の効果も大きな事業については、特に議会に諮る事項がない場合も、定例会ごとに進捗を報告することにより、安心感を与えることができる。
整備・運営手法について詳しく説明する	整備や運営手法がPFIやコンセッションなどの場合、仕組みがよくわからない議員が多いと思われる。よくわからない手法というだけで不安が募るケースが多いと思われるため、手法の仕組みから丁寧に説明する必要がある。同様に、庁内関係者にも丁寧なレクチャーを行うことで、庁内調整が図りやすくなる。
地域の仕事や雇用が守られる条件とすることなどを説明する	例えば、事業者の募集条件や選定条件において、地域の事業者をなるべく参画できるスキームとすることや、地域の雇用や地域での消費や税収が増えるような提案を評価することなどを伝えることで、安心感を与えることができる。
事業用地周辺のメリット及びデメリット（リスク）について説明する	事業用地周辺が得られるメリット（交流人口・消費の増加など）とともに、事業用地周辺が負担するリスクの想定（騒音、振動、渋滞など）と対応策に関する丁寧な説明を行うことで安心感を与えることができる。

㉓マスメディア

　スタジアム・アリーナ事業は、莫大（ばくだい）な費用がかかることや、地域へのさまざまな正負の効果が考えられることから、大きく報道されることが多い。報道内容は市民や議会の意向に少なからず影響すると思われることから、マスメディアへの適切な説明や情報交換を日頃から行うことで、スタジアム・アリーナ整備の目的や効果を深く理解してくれる記者を増やしておくことが大切であろう。

3-3 スタジアム・アリーナの
ビジョン・コンセプト・ビジネス方針の策定

　スタジアム・アリーナの整備を検討するためには、目的を明確にした上で、ス
テークホルダーとなるスタジアム・アリーナの関係者とともに、ビジネスの方針を
見据え、魅力的な施設になるためのビジョン・コンセプトを具体化していくこと
が、最も重要である。

1 目的の明確化の必要性

　スタジアム・アリーナを整備するプロジェクトは、構想から実現までに長期間を
要するプロジェクトであり、関係者がともに推進していくためには、プロジェクト
の初期段階で目的を設定・明確化し、ステークホルダー間での合意形成を図ってい
くことが重要なポイントとなる。

　例えば、プロスポーツチームのホームアリーナ、またはホームスタジアムとし
て、プロスポーツのコンテンツ力を最大限に活用した「市民が観るスポーツとエン
ターテインメントを楽しめる拠点」、あるいは「市民スポーツの場や市民の交流拠
点の提供」、「高齢者や障がい者スポーツの発展のための拠点」などさまざまな目的
が考えられる。

　これらの目的は結果的には、一つに絞れない場合もある。例えば、アオーレ長岡
のアリーナは、隣接する市民交流広場と一体となって市民交流拠点として活用され
ているが、Bリーグチーム（新潟アルビレックスBB）のホームアリーナとして、

図表3-11　目的の明確化の必要性

目的が不明確		目的を明確化
●ステークホルダー間の合意形成が図れず、ビジョン・コンセプトが定まらない ⇒施設の機能や構成、運営方針が定まらない	→	●ステークホルダー間の合意形成が図られ、ビジョン・コンセプトが定まる ⇒施設の機能や構成、運営方針が定まる

観るスポーツとエンターテインメントの提供の場としても活用されている。また、岩手県紫波町に所在するバレーボール専門コート「オガールアリーナ」は、国際試合が開催可能な規格で整備されており、国内外の代表チームの合宿等に利用されているほか、日常的には幅広い年代の市民がバレーボールを楽しむ場として活用されている。

なお、目的が不明確な場合は、ステークホルダー間の合意形成を図れず、ビジョン・コンセプトが定まらないことから、スタジアム・アリーナの機能や構成、運営方針を定めていくことが困難となったり、運営内容がブレてしまったりする場合がある。

2 目的からビジョン・コンセプトへ

スタジアム・アリーナ整備の目的を設定した上で、それを踏まえて、スタジアム・アリーナのビジョンやコンセプトを具体化していくプロセスが、構想・計画を検討する上で、重要な工夫点である。

「目的」、「ビジョン」、「コンセプト」は、しばしば明確な区別なしに使用されることも多い概念であるが、ここでは、次のように考える（図表3-12）。

「目的」：最終的に目指す事柄、狙い

スタジアム・アリーナであれば、例えば「スタジアム・アリーナのまちなかでの整備・運営を通じて、中心市街地への来街者数増加に貢献する」というような、長期的に目指す事柄が挙げられる。

「ビジョン」：将来の構想や未来像

図表3-12　目的・ビジョン・コンセプトの通常の流れ

目 的	ビジョン	コンセプト
長期にわたって大きくめざすもの	目的を具体的な内容にしたもの	具体的な整備内容や利用内容の方向性を示したもの

スタジアム・アリーナであれば、例えば「世界中のアスリートから選ばれるスタジアムを目指そう」「日本一収益力の高いアリーナに」というような将来構想が挙げられる。

「コンセプト」：ビジョンを踏まえて具体的な整備内容や利用内容の方向性を示したもの

スタジアム・アリーナであれば、例えば「J1リーグのホームゲームが開催可能なスタジアム」や「スポーツイベントと音楽イベントの両方に対応できるアリーナ」というような具体的な内容があげられる。

プロジェクトを構想する段階では、主要なステークホルダー間で、まず「目的」について合意した上で、目的を実現するための、スタジアム・アリーナのビジョンやコンセプトを検討し、スタジアム・アリーナの姿を具体化していくことが重要である。

しかし、現実的には、スポーツコンテンツや、市民からの要望等で、ビジョンやコンセプトが先行して提案される場合も多くある。その場合には、ビジョン・コンセプトについて妥当性や実現性を検討すると同時に、そのようなスタジアム・アリーナを通して、何を目指すのか、どうなりたいのかという「目的」をビジョン・コンセプトから立ち返って検討することが必要である（図表3-13）。

図表3-13　具体的にコンセプトを検討する際に目的に立ち返って検討する流れ

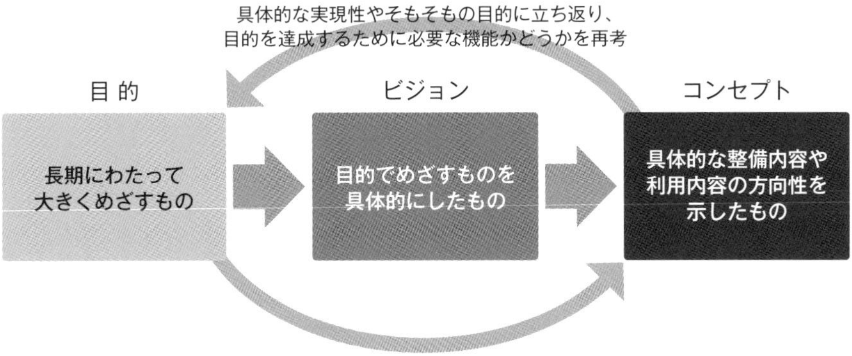

具体的な実現性やそもそもの目的に立ち返り、
目的を達成するために必要な機能かどうかを再考

目的	ビジョン	コンセプト
長期にわたって大きくめざすもの	目的でめざすものを具体的にしたもの	具体的な整備内容や利用内容の方向性を示したもの

3 ビジネスの方針

　ビジョンやコンセプトを踏まえて、スタジアム・アリーナが事業として継続していくためには、収益確保のためのビジネスの方針を明確にすることが重要となる。ビジネスの方針は、ビジョンやコンセプトと深く関わりがあるので、ビジョンやコンセプトの策定は、ビジネスの方針を見据えながら検討することが肝要である。

　ただし、スタジアム・アリーナの多くは、収益力の低い施設であることから、収益確保といっても、施設単体で、施設の整備・維持管理運営費までを含めた費用全体を上回る売上を得ることは困難である。

　スタジアム・アリーナにおける「収益」とは、施設単体から生み出される収益だけでなく、市民の生活満足度向上や地域商業施設の経済波及効果といった、地域全体としての「プロフィット」化を目指すべきである。

4 ビジネス方針策定時における収益構造の検討

　ビジネス方針を検討する場合は、スタジアム・アリーナの収益構造を理解しておくことも重要である。

　スタジアム・アリーナの収益パターンは3つに大別される。
①初期投資及び維持管理運営費が、売上（利用料やチケット収入等）でほぼ回収
　できるパターン
②維持管理運営費が売上（利用料やチケット収入等）で回収できるパターン
③維持管理運営費が売上（利用料やチケット収入）で回収できず、公共等からの
　補てん（指定管理料など）を受けるパターン

　検討しているスタジアム・アリーナが、①～③のどのパターンになり得るかを想定し、収益力向上のために、ホームチームの試合利用だけでなく、多様な利用シーンを想定し、その想定に合致した施設の仕様や設備を考えておく必要がある。

　具体的には、スタジアム・アリーナのビジネスのターゲットについて、ホーム

チームの試合の他、他の利用として何を想定するのか（例：コンサート、イベント、コンベンション）によって、施設の仕様も変わってくる。こうしたビジネスの方針は、近隣の類似施設の立地状況や、地域事情、あるいは国内外の興行動向などを踏まえて検討することが必要であり、有識者やコンサルティングファーム等を活用することも有効である。

3-4 事業用地の選定

スタジアム・アリーナがまちづくりの核となり、集客やイベント効果を大きくするためには、まちなかの立地がもっとも適していると考えられる。ただし、まちなか立地を実現するためには、用地の確保というまちなか立地の課題を克服する必要がある。

1 スタジアム・アリーナの立地場所のパターン

スタジアム・アリーナの立地場所には、（1）まちなか、（2）郊外、のパターンが想定でき、それぞれにメリット・デメリットがある。立地によって、インフラ面等での課題も変わってくる。また、集客の効果の周辺への波及も大きく異なってくる。

また、スタジアム・アリーナの特徴的な立地として、都市公園内の立地もある。

スタジアム・アリーナの整備には、まとまった規模の用地が必要となるが、用地の確保のみならずインフラ面等での課題も含めたメリット・デメリット、集客の効果の周辺への波及も含めて、立地を検討することがとても重要である。

立地によるメリット・デメリット・留意点を整理すると図表3-14の通りである。

まちなか立地は、集客が街のにぎわいに結び付きやすく、街のにぎわいの中核施設になることができるというメリットがあるが、駐車場を含めた用地の確保や、騒音・振動・多くの人通りなど、周辺への配慮が求められる。

郊外立地は、逆に用地の確保がまちなか立地に比べて容易であるが、街のにぎわいに結び付きにくく、集客のためにはアクセスの悪さを克服する方法を具体的に検討することが重要である。

なお、「まちなか」や「郊外」という立地場所による区分に関わらず、スタジアム・アリーナの立地の特徴として「都市公園内」の立地であるか否かという区分も存在する。

都市公園内に立地する場合には、日常的な市民利用者のある公園に、非日常利用の観戦者が集まることから起こる課題を想定して、方策を検討することが重要となる。

＊注　本節で「まちなか」「郊外」と述べているのは、スタジアム・アリーナの立地の違いを典型的に示して、メリットやデメリット・留意点を検討するために筆者が便宜的に用いるためであり、それぞれのスタジアム・アリーナが、「まちなか」立地であるか「郊外」立地であるかを厳密に分類し、判断を下すことを目的としているわけではない。

なお、具体的な「まちなか」「郊外」のイメージは次の通りである。
「まちなか」：まちの中心市街地から内、またはごく近くの場所
「郊　　外」：まちの中心市街地から、一定以上の距離にある場所

図表3-14　立地によるメリット・デメリット・留意点

	メリット	デメリット	留意点
まちなか立地	・スタジアム・アリーナの集客が街のにぎわいに結び付きやすい ・スタジアム・アリーナの集客効果が街に波及しやすい ・スタジアム・アリーナが街のにぎわいの中核になることができる	・そもそもまちなかに大規模施設を整備する用地が不足していることが多い ・用地取得費用が高額になりがちである ・騒音・振動、多くの人通り（によるにぎわいやゴミ問題）に対する周辺住民からの苦情や反対があり得る	・再開発や既存施設の更新・建て替えに際して、街の中核施設としてのスタジアム・アリーナを計画することが有効と考える ・スタジアム・アリーナの集客を街のにぎわいや活性化に繋げるための方策を計画段階から具体的に検討することが重要である
郊外立地	・大規模施設を整備する用地の確保が比較的容易である ・用地取得費用もまちなか立地よりは安価になり得る ・余裕ある用地が取得できることから、大規模駐車場や、サブアリーナ、練習場、合宿施設など関連施設の整備も可能となることが多い	・スタジアム・アリーナの集客が街のにぎわいに結び付きにくく、スタジアム・アリーナの立地効果が乏しくなりがちである ・道路等の公共インフラが不十分な郊外に、大きな集客施設が立地することで、渋滞等が起こる ・観戦者は、帰路の渋滞を避けるため早めに退場する等の行動をとり、集客効果を地域が十分に享受できない場合がある	・スタジアム・アリーナを訪れる人のにぎわいを地域で活用するための方策を計画段階から具体的に検討することが重要である ・特に、アクセスの不便さを克服する方法や地域へマイナスにならない方策（渋滞回避等）を検討することが重要となる
都市公園内立地	・新たな用地の取得の必要がなく、都市公園法の建ぺい率の範囲内で、公園管理者が施設整備を決定できる ・公園とスポーツ施設は親和性が高い ・都市公園法の設置許可・管理許可制度を活用することで付帯する民間施設の設置も可能 ・スタジアム・アリーナ整備には社会資本整備総合交付金の助成金対象となる可能性がある	・日常的な市民利用者のある公園に、一時的に非日常利用の観戦者が集まることで、駐車場、道路、その他利便施設での利用者の使い方の違いが引き起こす問題が生じる場合がある ・スタジアム・アリーナの建設は、都市公園法に定める建ぺい率の上限が障壁となりやすい	・日常的な憩いの場・楽しむ場としての公園に、非日常利用者が一時的に多く集まることから起こる課題を想定して、方策を検討することが重要となる

2 まちなか立地

　日本政策投資銀行では「スポーツを核とした街づくりを担う「スマート・ベニュー」」報告書において、我が国の今後の人口減少や高齢化の進展に鑑みて、分散している人口を集積させ、住民サービス施設等を市街地に集中させるコンパクトシティの形成、都市機能の集約が街づくりにおいて欠かすことのできない概念であるとした上で、世代を超えて多くの地域住民が交流できる空間として、スポーツ施設を核とし、公共機能や商業施設等が併設された多機能複合型の施設として、「スマート・ベニュー」を提案している（図表3-15）。

　「スタジアム・アリーナ改革ガイドブック〈第2版〉」（平成30年12月 スポーツ庁、経済産業省）では、「スタジアム・アリーナは利便性の高い場所に立地すべきであり、駅や道路等のアクセスルートの整備や周辺エリアとのネットワーク形成等の一体的な開発が図られることが重要である。」としている。

　ガイドブックでは、利便性の高い場所に立地するためには、土地取得に要するイニシャルコストは上昇することになるが、仮に、施設による地域活性化等の潜在力

図表3-15　スマート・ベニューの概念

「スマート・ベニュー®＊」の定義

> 周辺のエリアマネジメントを含む、複合的な機能を組み合わせたサステナブルな交流施設

＊ベニュー：行為発生地、（スポーツ大会・政治会議等の）開催指定地。
出所：ランダム英和辞典

「スマート・ベニュー」の概念

- 単機能型
- 行政主導（公設公営等）
- 郊外立地
- 低収益性

スマート・ベニュー化

- 多機能型（商業施設複合等）
- 民間活力導入
- まちなか立地
- 収益力向上

＋
周辺エリアのマネジメント

出所：スマート・ベニュー研究会、日本政策投資銀行 地域企画部「スポーツを核とした街づくりを担う「スマート・ベニュー®」」
＊「スマート・ベニュー」は日本政策投資銀行の登録商標〈商標登録5665393号〉です

が発揮できない立地を選択した場合のマイナス点として、①利用者の利便性が悪化する、②高齢者、障害者等の交通弱者にとって、アクセスへの支障となる、③その結果、トータルとして集積性や公益性が低下する、ことを指摘し、まちなかのスタジアム・アリーナの整備を進めている。

まちなかにおけるスタジアム・アリーナは、土地の取得費用だけでなく、騒音、振動、交通渋滞、観客の住宅地への入り込みやマナー違反等のマイナスの効果もあるのが実情である一方、集客しやすいため、地域の消費や、にぎわい創出などの効果が見込まれ、スタジアム・アリーナを核として周辺がにぎわっていくというメリットがある。また、まちなかの交通利便性の高い場所に立地していることで、公共交通機関を利用することができるため、広大な駐車場整備が不要なこともメリットである。

まちなかアリーナの例として、シティホールプラザ「アオーレ長岡」という長岡市が長岡駅前の旧厚生会館跡地に整備した複合施設内のアリーナがある。アオーレ長岡の整備により、「街に来る人を増やす」、「街に住む人を増やす」、「街で活動する人を増やす」という複数の効果が得られている（「3-8 ターゲットとする効果の分析」参照）。

【まちなかアリーナの事例：シティホールプラザ「アオーレ長岡」】

● まちなか立地に至った経緯

現在のアオーレ長岡の位置に立地していた旧厚生会館が老朽化していたこと、

アオーレ長岡
写真：長岡市提供

市内の市役所が中越地震で防災拠点としての耐震性に欠けることが明らかに
なったこと、合併により市役所のスペース不足が課題になっていたことから、
駅前の当地に市役所を含めた複合施設を整備することとした。

●まちなかに整備した施設
市民のための屋根付広場「ナカマド」を中心に、アリーナ・市民交流ホールと
市役所が一体となった複合施設

●アリーナ整備の効果
3-8参照

【まちなかスタジアムの事例：広島市中央公園スタジアム（仮称）】

●まちなか立地に至った経緯
・広島市、広島県、広島商工会議所、サンフレッチェ広島により、新スタジアム
建設が検討されてきた（図表3-16）。
・2014年12月には、「旧広島市民球場跡地」と「広島みなと公園」の2カ所が候補
地とされたが、アクセスや面積の制限等により断念した。
・その後、「中央公園広場」を3カ所目の候補地として追加した。

●まちなか立地のための工夫
・その後、住民説明会などを実施するとともに、各種検討を重ね、2019年5月に
「中央公園広場」を建設地として決定した。
・市内中心部に位置する一等地に新スタジアムを整備することとなり、サンフ
レッチェ広島のホームスタジアムとしての利活用の他、年間を通じてスタジア
ムが利活用され、都心部の活性化にも寄与するにぎわい機能の導入が検討され
ている。天然芝のスタジアムという制約下において、収益性を高める施設の整
備と運営の工夫も求められる。

・2020～2023年に基本設計、実施設計、建設工事、開業準備、2024年の開業をめ
ざしている。

図表3-16　広島市サッカースタジアム建設候補地の比較評価

項目			広島みなと公園	旧広島市民球場跡地	中央公園広場
サッカースタジアムに関する事項	スタジアム利用	公共交通アクセス	●バス・路面電車と宇品港発着のフェリー等が徒歩での利用圏内にあるが、路線数が少なく、短時間でアクセスできるエリアは限定される ●便数も少なく公共交通の輸送力に課題はあるが、路面電車の臨時便やシャトルバスを高頻度に運行すれば、試合時の大量の観客の輸送に対応可能である	●バス・路面電車の多くの路線やアストラムラインが徒歩での利用圏内にあり、多方面から短時間でアクセスできる ●便数が多く、試合時の大量の観客の輸送にも対応できる	●バス・路面電車の多くの路線やアストラムラインに加え、ＪＲも徒歩での利用圏内にあり、多方面から短時間でアクセスできる ●便数が多く、試合時の大量の観客の輸送にも対応できる
		観客の動線・滞留場所の確保	●敷地に余裕があるため、観客の動線や滞留場所が確保できる	●敷地が狭く、敷地一杯にスタジアムが配置されることから、観客の動線や滞留場所の確保が困難であり、観客の安全に加え一般歩行者の通行の確保が課題となる	●敷地に余裕があるため、観客の動線や滞留場所が確保できる
			敷地面積 約10ha、スタジアム必要面積 約3.2ha	敷地面積 約3.9ha、スタジアム必要面積 約3.2ha	敷地面積 約7.9ha、スタジアム必要面積 約3.2ha
		スタジアムの魅力づくり	●スタジアムの多機能化や、敷地内での大規模な複合施設の設置（例えば、ホテル、MICE施設等）により、年間を通じて多くの人が訪れる魅力ある場所とすることが可能である （多機能化・複合開発） ・スタジアムのスタンド下の余剰スペース（約7千㎡）を活用した多機能化が可能である ・大規模な複合開発が可能である ※多機能化・複合開発に都市公園法の制約はない	●スタジアムの多機能化・複合開発が制限されるため、敷地内を、年間を通じて多くの人が訪れる魅力ある場所とすることが難しい （多機能化・複合開発） ・スタジアムのスタンド下の余剰スペースが十分確保できず（約2千㎡）、多機能化は制限される ・敷地が狭いため、複合開発はできない ※多機能化は都市公園法の範囲内で可能	●スタジアムの多機能化や複合開発（例えば、オープンスペースにおける子どもの遊び場、中小規模の飲食店等憩いの機能の導入など）により、年間を通じて多くの人が訪れる魅力ある場所とすることが可能である （多機能化・複合開発） ・スタジアムのスタンド下の余剰スペース（約7千㎡）を活用した多機能化が可能である ・オープンスペースを活用した複合開発が可能である ※多機能化・複合開発は都市公園法の範囲内で可能
	周辺への影響	住民の生活環境	●騒音問題は対応可能であるが、渋滞による車両への影響の抑制が課題であり、公共交通の輸送能力の拡充や交差点改良などの対策により解決を図る必要がある	●業務・商業機能が高度に集積したエリアであり、スタジアムの建設によって大きな影響はない	●北側住宅地の生活環境を確保するため、騒音、渋滞問題などの解決が必要だが、観客席全面を屋根で覆うことや観客用駐車場を設けず公共交通利用を促進することなどの対策を講ずることでいずれも対応可能である
		事業者の活動	●自動車での来場が多いと予測されるため、渋滞による港湾関係車両への影響の抑制が課題であり、公共交通の輸送能力の拡充や交差点改良などの対策により解決を図る必要がある		●スタジアムに観客用駐車場を設けないことから、大きな渋滞は発生せず、都心のバス交通事業者への影響は小さいと考えられる
		地元の活性化	●スタジアム周辺や宇品の路面電車沿線に新たな店舗の立地が進むことなどが期待できる	●地下街シャレオの空き店舗の解消、売上増などが期待できる	●白島地区や基町地区等に新たな店舗の立地が進むことなどが期待できる

	項目	広島みなと公園	旧広島市民球場跡地	中央公園広場
サッカースタジアムに関する事項	建設事業費（概算）	約192億円 ・スタジアム本体整備費 　約180億円 ・道路関連整備費（歩道橋） 　約12億円	約260億円 ・スタジアム本体整備費 　約161億円 ・掘り込み関連費用 　約99億円	約190億円 ・スタジアム本体整備費 　約172億円 ・道路関連整備費（歩道橋） 　約12億円 ・広場の再整備費等 　約6億円
（経費）	年間管理運営収支	・管理・運営費 　2.6億円／年 ・利用料金収入 　2.1億円／年 ﹜0.5億円の赤字 ※その他収入 1.2億円／年	・管理・運営費 　2.6億円／年 ・利用料金収入 　2.5億円／年 ﹜0.1億円の赤字 ※その他収入 1.1億円／年	・管理・運営費 　2.6億円／年 ・利用料金収入 　2.4億円／年 ﹜0.2億円の赤字 ※その他収入 1.4億円／年
		年間管理運営費の赤字分を「その他収入」で賄った場合の余剰金は0.7億円	年間管理運営費の赤字分を「その他収入」で賄った場合の余剰金は1.0億円	年間管理運営費の赤字分を「その他収入」で賄った場合の余剰金は1.2億円

出所：広島市「サッカースタジアムの建設候補地の比較評価」（平成31年2月6日）

❸ 郊外立地

　スタジアム・アリーナの整備には一定のまとまった用地が必要なことから、郊外立地が検討される場合もある。

　郊外立地の場合には、用地取得が比較的容易であることから、周辺に例えばホームチームのクラブハウスや練習施設など関連施設を立地させることもできるなどのメリットがある。また、騒音等に対する住民の反対等もまちなかよりは少ないと思われる。

　一方、公共交通機関が十分でないこと、道路や大型駐車場整備が必要なこと等、これまで一時的に多くの人が集まることが想定されていないため、インフラ面での課題がある場合もある。また、スタジアム・アリーナに集まってきた人たちの活気やにぎわいを、受け入れる商業施設等が少なく、その効果を地域で享受できないというデメリットもある。

　郊外での立地を検討する場合には、駐車場や道路等のインフラの問題だけでなく、集客施設の立地による効果を、どのように地域活性化に結び付けていくことができるかという点での検討が非常に重要である。郊外立地の場合には、イベントの終了時にはいちどきに出庫する車が集中するため渋滞が発生し、それを避けようとする人による途中退出などの動きが出てしまうということもある。公共交通機関、

それも定時走行の軌道系を整備できれば、渋滞等の解消策になるが、その実現が難しい場合もある。

　周辺への効果の点を見ると、郊外立地の場合は、観戦後の観客は、渋滞や交通の便の悪さから早めに現地を離れようとし、スタジアム・アリーナ周辺での集客の効果は限定的になる可能性がある。

【郊外スタジアムの事例：埼玉スタジアム2002】

　さいたま市緑区の埼玉スタジアム2002公園内に所在するサッカー専用スタジアムであり、浦和レッズのホームスタジアムとして、また、国内最大のサッカー専用競技場として国際試合等に活用されている。

●立地の説明

　埼玉高速鉄道浦和美園駅から徒歩15分の位置に立地している。

　Jリーグ等大規模試合時には、浦和駅、東浦和駅、北越谷駅及び浦和美園駅（往路のみ）からシャトルバスが運行されているが、もっとも近い駅の浦和美園駅からのシャトルバスが往路だけのこともあり、自家用車利用によるスタジアムへの来訪者も多くなっている。

●イオンモール浦和美園の駐車場対策

　埼玉スタジアム2002の近隣には、イオンモール浦和美園という大規模ショッピングセンターが立地しており、スタジアムが、埼玉高速鉄道の駅から距離があること、スタジアムの収容能力（63,700人）に対して駐車場が少ないこと（650台と大型バス100台　※Jリーグ等大規模イベント開催時には駐車場の利用制限有り）から、イオンモールの駐車場（4,300台）を利用しようとする人が多く存在するのが実態である。

　イオンモールはそもそも、買い物や飲食をする顧客を対象とした駐車場を整備しているのであり、サッカー観戦のための駐車利用を原則断る方針であるものの、買い物、飲食もするサッカー観戦者を排除することはできない実情があり、このため、イオンモールではサッカー試合開催日には、駐車料金を引き上げる方策をとっている。

　具体的には、通常日（平日・土日祝・年末年始）は最初の5時間無料の駐車場

が、埼玉スタジアムイベント開催日は無料時間を2時間とした上に、通常日は無料時間を超えた場合に30分ごとに100円の加算金額が、イベント開催日には500円の加算金額の設定となる。買い物金額に応じた無料時間は同じである（3,000円以上で2時間無料）。

サッカー観戦者の駐車によって、イオンモールの顧客が駐車できないという弊害を避けたいという考えと、それでも駐車する人からは高い金額を取るという方針が表れている。

【郊外アリーナの事例：沖縄市体育館の例】

● 立地の説明

沖縄市体育館は、沖縄市の街の中心部から少し離れたコザ運動公園内にある。コザ運動公園は、スタジアム、陸上競技場、庭球場など、さまざまな運動施設を整備した公園である。

沖縄市のBリーグクラブ「琉球ゴールデンキングス」の試合も、新しい沖縄市多目的アリーナが完成（2020年10月予定）するまでは、この体育館をホームアリーナとして開催している。

コザ運動公園全体で1,000台以上の駐車場が整備されていることもあって、自家用車で試合観戦に行く人が多く、地元沖縄市の繁華街へのイベントでの集客による波及が大きくならないことが課題となっている。また、琉球ゴールデン

図表3-17　沖縄市体育館への無料シャトルバス

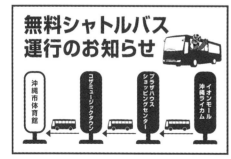

■臨時駐車場
・イオンモール沖縄ライカム 駐車場
　https://okinawarycom-aeonmall.com/
・プラザハウスショッピングセンター 駐車場
　https://plazahouse.net/
・ミュージックタウン音市場 駐車場
　http://www.kozamusictown.com/

■運行時間
試合開始2時間前から試合終了後1時間
（7分～12分間隔で運行）

出所：琉球ゴールデンキングス公式サイト

キングスの試合の集客が増えるにしたがって、公園の駐車場では不足し、路上駐車も問題となっている。

● 街の中心部との送迎バスの運行

そもそも県内に軌道系の公共交通機関が少ない地域であり、基本的に自家用車利用が多いが、「ミュージックタウン」を掲げている沖縄市では、観戦前後にまちの中心部で楽しんでもらいたいと考えている。琉球ゴールデンキングスでは、こうした沖縄市の課題を踏まえて、沖縄市体育館と街の中心部であるコザミュージックタウンを結ぶシャトルバスを運行している。

● 駐車場からの送迎バスの運行

周辺のショッピングセンターと協力し、イオンモール沖縄ライカムと、プラザハウスショッピングセンターの駐車場に車を駐車し、そこからシャトルバスを使って観戦できるように、送迎バスを運行している（図表3-17）。

4 都市公園内立地

スポーツと公園に親和性があること、公園内にスペースさえあれば地方自治体が比較的容易に立地を決められること、新たな用地取得の必要性がないことなどから、都市公園内にスタジアム・アリーナが整備されている事例が多くある。都市公園法の規制の範囲内であれば、用地取得も不要である。ただし、都市公園法に定める建ぺい率等に留意する必要がある（「3-10 スタジアム・アリーナに関する法制度」参照）。

また、都市公園には、設置許可・管理許可制度があり、これらの制度の活用により、スポーツチームにスタジアムやアリーナの管理を委ねること、スタジアム・アリーナ周辺に集まる人を対象とした民間施設（収益施設）の設置も可能である（3-10参照）。

都市公園内にスタジアム・アリーナを整備することによって、都市公園を訪れる人が増える、にぎわいが都市公園内にも波及するなどのメリットもあるが、スタジアム・アリーナの一時的な集客で、道路や駐車場が混雑して日常的な都市公園利用者への影響がある、都市公園周辺の住宅地への影響がある、等の課題が生じることがある。日常的な市民の憩いの場、身近にスポーツを「する」場としての都市公園

と、スタジアム・アリーナというにぎわい施設、「観る」スポーツを楽しむ場という違いによる影響があるという点を認識することが重要と考える。

　郊外立地の事例で紹介した埼玉スタジアム2002も、さいたま市緑区の、県営の公園である「埼玉スタジアム2002公園」内のスタジアムに立地しており、都市公園内立地のスタジアムである。

【都市公園内スタジアムの事例：等々力陸上競技場】

　等々力陸上競技場は、川崎市中原区の等々力緑地（都市公園）内にある、Jリーグの川崎フロンターレのホームスタジアムである。

　川崎市という都市部の住宅地にある公園に立地していること、最寄り駅から少し距離のある立地であることから、駐車場や騒音については、さまざまな取り組みを実施している。

●駐車場問題への対応

　等々力緑地には、公園利用者のための駐車場が複数カ所あるが、基本的には公園内施設の日常的な利用のための施設で、川崎フロンターレの試合の観戦者が利用するには、量的不足がある。また、川崎フロンターレの試合の観戦者が独占してしまうと、日常的な公園利用者が駐車場を使えなくなるという問題も生じる。

　川崎フロンターレでは、東急バスと連携して、試合日に最寄り駅の一つである武蔵小杉駅（横須賀線口）から、直行臨時バス（有料）を運行し、公共交通機関での試合観戦を推奨している。

●騒音問題への対応

　サッカーの試合では、運営規則を定めており、「拡声器の応援統率以外（審判、選手、観客及び関係者への誹謗、中傷、サイレン音等のノイズを含む）での使用、ピッチに向けての使用」を禁止しているのに加え、太鼓をたたいての応援の時間制限なども実施している。

●周辺への配慮

　公式サイトでの掲載、サポータークラブ等を通して、観戦前後に最寄り駅を利

用する際に、最寄り駅までの間について、ゴミ捨て、騒音、交通マナーなどを守り、近隣へ配慮した良識ある行動をとってもらえるように呼び掛けを行っている。

【都市公園内スタジアムの事例：横浜スタジアム】

横浜スタジアム（横浜市中区）で6,000席を増設する改修計画に関し、横浜市は横浜公園限定で建ぺい率の上限を引き上げて対応している。

横浜市では、横浜スタジアムの改修は、公園施設としての機能向上や利用者の利便性向上につながり、五輪開催や周辺地区のにぎわいづくりに貢献する提案と判断し、球場のある横浜公園限定で建ぺい率の上限を緩和するよう横浜市公園条例を改正した。従来の条例では建ぺい率は2％、運動施設等は特例で10％上乗せできることになっているが、改正では横浜公園に限って建ぺい率を7％、上乗せ分を31％とし、最大38％までを認めるものである。

横浜スタジアムの増築部分を含めた新たな建ぺい率は37.3％となり、条例の改正によって増設が可能となった。

3-5 市場環境分析・市場動向調査

スタジアム・アリーナのビジョン・コンセプトを策定する上で、市場環境や市場動向の分析・調査を通じた、地域特性の把握や需要予測が欠かせない。事業用地の選定やターゲットとすべき効果を検討するためにも、当該地域の市場環境を正確に理解することが求められる。

❶ 市場環境分析・市場動向調査の手法

スタジアム・アリーナのビジョン・コンセプトを具現化する上で、市場の環境や動向の調査・分析は欠かせない。事業環境を分析し、長期的な戦略を立てることによって、スタジアム・アリーナを継続可能な事業として成立させることが可能となる。

戦略立案にあたっては、まず、環境を内部と外部とに分け、それぞれの現状把握、または将来予測を行う。本節は、このうち主に外部環境の分析について説明するものである。

分析を行う際には、作業を円滑化するために、データの解釈に一定の枠組を与えるフレームワークと呼ばれるツールを用いることがある。フレームワークの種類は多様だが、代表的な例として、下表（図表3-18）のようなものが挙げられる。

下記のフレームワークは、外部環境をそれぞれ異なる切り口で分析するものであり、スタジアム・アリーナを整備・運営しようとする主体が、自身の置かれた市場

図表3-18　代表的なフレームワーク

PEST分析	政治・法令(Politics)、経済(Economics)、社会(Social)、技術(Technology)の面から、スタジアム・アリーナに影響を与える要素を抽出する。直近の要素だけでなく、中長期のロードマップとして整理することが、より有用である
5FORCE分析	買い手(顧客の交渉力)、売り手(供給者の供給力)、代替品(代替品の脅威)、新規参入者(新規参入者の脅威)から、市場の評価を行う
3C分析	自社(Company)、顧客(Customer)、競合(Competitor)の面から、市場構造を分析する(「自社」は内部環境の分析)
SWOT分析	外部環境/内部環境、＋要因/－要因の4象限で、強み(S)、弱み(W)、機会(O)、脅威(T)それぞれの要素を整理します。整理した要素をさらに整理し直すことで、強みと機会を活かす、弱みと脅威を回避する、等の打ち手を検討することに適している

をよく理解するには、複数のツールを使うことも有用である。

　一方、検討に必要な視点を突き詰めると、「需要」と「供給」とに整理できる。これはまた、「顧客」と「競合施設」と言い換えることもできる。

　需要と供給の中で、実現しようとする施設の規模やスペック、コンテンツ、価格設定等のハード・ソフトの計画が定まる。そして、そうした計画に応じて、収支計画を立案することが可能となる。

　現実的な計画を立てるためには、市場環境分析が基礎となるため、客観的で説得力のある分析を行うことが重要である。

2 分析の手順

　本節では、「需要」と「供給」（「顧客」と「競合」）の分析にあたって「自社」を加えた、3C分析を例として説明する。

①自社

　ここで言う自社とは、すなわち対象とするスタジアム・アリーナである。自分自身がどのようなポテンシャルを有しているかについて、例えば、次のような項目から整理できるだろう。スタジアム・アリーナ事業を展開していく上で、どのような条件が整っており、どのような資源が投入できるのか、客観的に見定めることが必要である。

　・立地及びアクセス性
　・コンテンツとして想定される利用者、団体（スポーツチーム等）
　・候補地の状況（住民の反対が懸念されていないか、行政からの配慮が期待できるか等）
　・整備又は維持管理運営に関わる地元の関係事業者の有無
　・周辺の観光資源
　・適用可能な補助金 等

なお、これらの視点に加えて、当地でスタジアム・アリーナ事業を行うべき理由、行政による方針や上位計画の策定状況、市民や行政・議会の合意形成の状況、といったことが整理されているか否かが重要であることにも付言したい。

②顧客

　立地やコンテンツ等から、獲得が期待できる顧客（需要）について、把握する。

　スポーツ興行については、プロスポーツや社会人リーグであれば、規定の試合数から稼働日数を算出できる。また、各種の競技団体や市民等による大会等であれば、周辺での実施実績から想定ができるだろう。これら以外の市民利用については、どのような施設を整備するかにもよるが、例えば周辺の中・高・大学の部活動等について、どの程度ニーズがあるか、事前にヒアリングすることも考えられる。

　なお、例えば新規にスポーツチームを立ち上げる場合等、新たなコンテンツについては需要の想定が難しい。こうした場合、既にスポーツチームが存在する類似地域における動向（例えば、30km圏内の人口に対する観客の割合）を参照するなどして、推計を行うことになる。この際、我が国の人口減少のトレンドを踏まえて、今後需要の減衰が起こりうることも、分析にあたって留意すべきである。

　エンターテインメント等のスポーツ以外の興行については、各民間事業者、利用団体及び業界団体等に対してヒアリングを行うことで、採算が合うような一定の集客が見込めるコンテンツ、及びその集客数と稼働日数を想定することができるだろう。

　需要の分析は、すなわち収入を見込むことであり、また、施設の規模、スペックを規定することを通じて、整備費や運営・維持管理費等の支出を推し量ることにもなる。スタジアム・アリーナ事業に「実現性」を与える重要な分析段階であり、理念や思いだけで計画を進めないためにも、何度も精査しながら行う必要がある。

③競合

　ここで言う競合とは、周辺に存在する既存施設、または、周辺で計画されている新設施設である。

　各スタジアム・アリーナはその規模と機能の違いにより、商圏に差があると考え

られる。プロスポーツを前提とすると、都道府県に1箇所程度の施設が想定されるが、コンサート等のエンターテインメントを考慮すると、より広い範囲でみるか、あるいは範囲によらず人口密度の高い場所にしか適地が存在しないかもしれない。

　こうした、対象とするスタジアム・アリーナの商圏のなかに、類似の機能を持った施設又はその整備計画が存在するならば、当然、その競合関係のなかでしか需要を取り込むことはできない。そうした競合施設とどのように差別化を図るか、ということを戦略として考えていかなければならない。

　まずは、周辺の類似施設についてリストアップし、どのようなコンテンツでどの程度集客しているか、といった基礎的なデータを整理することから始めることとなる。また、施設利用料の設定方法や、施設利用者・観客のためにどのような利便性を提供しているかといったことも、参考にすべきである。例えば、競合施設の利用料金が低廉であれば、よほど高機能の施設でなれば、料金を抑制せざるを得ない。あるいは、周辺駅からスタジアム・アリーナまでのアクセス手段、十分な駐車場台数の確保も重要だろう。

　競合施設は当然に対象とするスタジアム・アリーナの需要に影響を与える。したがって、競合分析は、顧客分析と一体で行うこととなる。現実的には、何らかの競合施設が存在することが専らであろうが、新規需要の獲得を目指すのであれば、本書が掲げるスマート・ベニューの概念に則って、多様な施設との複合化や、より高品質な顧客体験価値が提供できる施設設計等を取り入れることも考慮して、分析を行うことも考え得るだろう。

3-6 スタジアム・アリーナ実現へのプロセス検討

　我が国では、まだ、スタジアム・アリーナは、首都圏の一部等を除き、地方公共団体が整備するものが主となっている。

　地方公共団体がスタジアム・アリーナを整備運営する場合は、基本構想策定、基本計画策定、事業手法の検討、整備費等についての予算確保、運営主体の検討、運営主体等の公募や設計、建設、運営といった、他の公共事業と同様のプロセスを踏む場合が多いと考えられる。

　ここでは、スタジアム・アリーナ実現のためのプロセスを示したのち、主要な官民連携手法の手続きを紹介する。

１ 構想段階

　スタジアム・アリーナの検討では、構想・計画段階が非常に重要となる。設計・建設はいわば、構想・計画を体現するためのプロセスである。

　構想段階では、次の①〜④を行うことが必要である。

①スタジアム・アリーナについて検討する組織を立ち上げる

　検討組織は、公共側で立ち上げることもあるが、この段階でコンテンツとなるスポーツチームや、参画が期待できる民間事業者を入れておくことができればよりよいと考えられる。

　スタジアム・アリーナ整備プロジェクト検討に関しては、図表3-19に記載する5つの立場の主体が想定でき、施設によっては、すべての主体を検討組織に入れる必要はない。

②目的・ビジョン・コンセプトの検討

　「3-3 スタジアム・アリーナのビジョン・コンセプト・ビジネス方針の策定」で述べたように、スタジアム・アリーナ整備の目的を設定したうえで、それを踏まえてビジョンやコンセプトを具体化していくことが必要である。

　また、ビジョンやコンセプトを検討するプロセスにおいて、必要に応じて目的に

立ち返ることが求められる（「3-3 スタジアム・アリーナのビジョン・コンセプト・ビジネス方針の策定」参照）。

③ビジネスの方針の検討・明確化

ビジネスの方針の検討・明確化においては、スタジアム・アリーナで実施するスポーツコンテンツ及びイベントの興行内容・回数の検討、顧客分析、具体的な収益確保方策を明確にすることが非常に重要である。

スタジアム・アリーナの構想段階では、スタジアム・アリーナの規模や施設等についてのハード面での検討が、具体的にイメージしやすいことから、先行しがちである。しかし、本来は、具体的な利用者想定、顧客分析、利用料金の想定等を踏まえた上で、適切な規模や施設内容が決まってくる。つまり、スタジアム・アリーナの市場分析を行い、収益構造を考えることが、ハード面を検討する上でも非常に重要となってくる。

つまり、スポーツコンテンツの利用日数、観客数、スポーツコンテンツ以外の利用者数と料金想定を具体的に考え、次に、そのための施設や設備、規模等を想定することが望ましい。

④具体的な検討項目

事業の目標、目的を踏まえて、主要ステークホルダー、候補地、利用用途、収容人員、規模、機能の概要などを具体的に想定する。併せて、事業者や専門家のヒアリングを行い、事業費の概算、制約条件、想定される事業方式や資金調達方法、事業実現までのスケジュール、事業にかかるリスクなどを検討する。

検討にあたっては、事業者や専門家へのヒアリングの他、市民アンケートや想定利用者を含めたワークショップの開催、官民連携協議会の開催、コンサルタントファームの活用など、多方面からの意見聴取や協議が重要となる。

⑤構想段階における民間事業者の関わりの重要性

官民が連携したスタジアム・アリーナを整備・運営していくためには、構想段階から、スポーツチームや、設計や運営に関わる民間事業者が主体的に関与していく

ことが重要である。なぜなら、整備・運営を実際に担う可能性のある民間事業者が関わることで、より利用者ニーズに合致した施設になると考えられるためである。

　ここでは、構想段階から、主要ステークホルダーである広島東洋カープの意見を取り入れ、さらに設計段階でも同球団の意向を踏まえて設計提案競技を行ったマツダスタジアムの事例を紹介する。

【事例：マツダスタジアムの整備の流れ】

●背景

旧広島市民球場は、施設が老朽化しており、観客サービスや選手諸室等の機能面で多くの課題があり、プロ野球界の再編論議の中で、市民・県民・経済界において新球場建設の機運が高まった。経済界から建設促進の要望もあり、2004年に官民で組織する「新球場建設促進会議」が設置され、2005年3月に同会議が新球場建設の方向性を取りまとめた。

●現在地建て替えからヤード跡地への変更

2005年に取りまとめられた方向性では、建設場所を現在地でプロ野球を開催しながら建て替えることとしていたが、技術的検討を行った結果、「取りまとめ」の基本理念を満足する施設の整備が難しい点、また、広島東洋カープ側も観客減少等経営上の課題がある点、利用しながらの建て替えで観客や選手の安全確保について懸念を持っている点が明らかになり、2005年9月に、建設場所をヤード跡地とする「新球場建設の基本方針」を公表した。

●新球場建設に関する懇談会の実施

基本方針を踏まえて、経済界、体育関係団体及び広島東洋カープの意見を聞き、事業推進に資するための懇談会を組織した。また、施設利用者や観客等から幅広く意見を聞くための「新球場建設に関する意見を聞く会」も開催された。

●技術提案競技の選考

新球場建設の事業予定者を選定する「新球場設計・技術提案競技」の実施にあたり、「選考委員会」が設置され、2005年11月から2006年3月にかけて提案競技を実施した。

この委員会で条件を付して選考されたHATグループの案について、市では資金調達の確実性について不安を持った。また、広島東洋カープはグラウンドを見渡せるコンコース幅が狭く設置場所が限られていること、内野2階席が長大すぎること、諸室面積が狭く外野席数が極端に少ないこと、など厳しく評価しており、この案で今後50年間にプロ野球興行を行っていく自信が持てないと評価した。

これを踏まえて市では設計者の選定を行う「新球場設計提案競技選考委員会」を改めて設置し、2006年10月に株式会社環境デザイン研究所を選定し、契約を締結した。

● 基本設計

基本設計では、市民団体や応援団、広島東洋カープなどの意見を反映して、レフトスタンドの座席数を当選案と比較して200席増、女子トイレ数を現球場の2倍以上とするなどの変更が行われている。

設備投資の多くの部分まで含めた投資回収が可能となっているという点で、その収益力の高さが評価されているマツダスタジアムは、上述の通り、場所の選定、事業者の選定等についても、市民や応援団、カープ球団の意見を聞き、それを確実に計画に反映させてきている。

図表3-19　検討組織における5つの立場

作る立場	設計・整備事業者
観る立場	スポーツ観戦者／イベントの観客
する立場	イベント出演者／スポーツチーム／イベント運営者
利用する立場	地域住民／観光客
支える立場	施設維持管理事業者／スポンサー／メディア／金融機関／地域経済界／地方自治体／議会／交通機関／警察／消防

注:検討するスタジアム・アリーナが、スポーツ愛好家等、プロスポーツチーム以外の利用も想定する場合には、地元スポーツ団体等を検討組織に加えることも想定される。

❷ 計画段階 —— その1 施設計画、運営計画、収支計画の立案・検討

①施設計画の立案・検討

　検討計画地の諸条件を整理した上で、施設の規模や詳細機能を検討する。構想段階で検討した事柄を、さまざまな制約条件と照らし合わせて、具体的に実現可能な計画に具体化していく検討となる。

　また、施設計画を具体化することで、より詳細な事業費が把握可能となる。

　この段階で、設計コンサルタント等の専門家を活用することも有効である。

②運営計画と収支計画の立案・検討

　構想段階で検討した事柄と、①の施設計画を踏まえて、運営計画（誰がどのように施設を運営していくか）を検討する。

　運営計画の検討には、施設計画を踏まえた収支計画の検討が重要となる。

　収支計画のおおよそを検討してきた時点で、スタジアム・アリーナの収益性が低いことが明らかになることも、しばしば見受けられる。施設稼働率アップ、利用料金収入増、あるいはコストダウンのための、施設・設備の変更、あるいはノウハウを持つ運営主体の参画などを検討し、具体的な収益性の改善方策を検討することが必要となる。つまり、収支計画と、施設・設備の計画は、スタジアム・アリーナの利用想定と同時に検討すべき事項となる。

　収益改善を考えて計画を見直す場合、スタジアム・アリーナ整備の目的は達成可能か、公共としての整備を行う行政施策としての必要性について、具体的な収益構造や、それを踏まえた計画の検討が進んだ段階でも、再確認することが必要である。

　計画の検討の段階で、時折、当初考えていたスタジアム・アリーナ整備の目的は、この検討で達成できるのか否かを確認することも必要である。

❸ 計画段階 —— その2 事業手法・事業方式の検討

　計画段階には、もう一つ、大きな課題としてどのような事業手法・事業方式をとるかという課題がある。

　事業手法・事業方式・事業スキームと資金調達方法には密接な関連がある。構想・計画段階で、官民がどのようにスタジアム・アリーナに関わり、プロジェクトを立ち上げていくかという議論が十分になされていることが重要である。

①事業手法の検討のための官民役割分担の検討・明確化

　構想・計画段階で、官民がどのようにスタジアム・アリーナに関わり、プロジェクトを立ち上げていくかという点でなされた議論に基づき、官民の役割分担を検討し、明確にすることが必要である。具体的には、用地提供、設備投資、設計・建設・維持管理・運営業務の官民の役割を検討することが必要である。この検討が事業手法を選択する基本的な考え方になる。官民役割・業務の分担は、資金の分担に繋がっていく。

②事業方式の検討のための資金調達方法、官民の費用負担の検討

　官民の役割分担の検討を踏まえて、スタジアム・アリーナの整備、及び維持管理運営に関する費用の官民分担を検討する必要がある。官民の役割分担、資金調達方法、費用分担の検討が、事業方式を選択する基本的な考え方となる。

　その際に、**2**計画段階の②の収支計画の検討で想定している費用を踏まえ、官民の役割分担を、具体的なプロジェクトの事業収支計画にしていくことで、問題点や課題が明らかになると考えられる。

　事業収支計画を検討しながら、資金調達の方法、事業として成り立たせるための条件の見直しを図っていくことで、資金調達方法、官民の役割分担をブラッシュアップしていくことが重要である。

　これまでの公共プロジェクトにおいては、公共側で、施設計画・運営計画を含めた基本計画を検討したのち、この計画を実現するための事業方式を検討するプロセスで、初めて官民連携手法の活用が検討されることが多く見られている（図表3-20）。

　しかし、スタジアム・アリーナのプロジェクトの場合には、スタジアム・アリーナの事業内容、利用者想定、顧客想定、収益計画など、事業収支計画に繋がる基本計画の検討が、施設計画にも反映されていくことが重要である。また、事業収支計

画を踏まえた事業手法の検討は、行きつ戻りつ（フィードバック）しながら、計画をブラッシュアップし、持続可能な収益確保をめざすスタジアム・アリーナのプランと、その官民連携による、実現可能な事業スキームを作り上げていくことが必要となる（図表3-21）。

4 主要な官民連携手法の手続き

自治体のプロセスとしては、基本構想策定、基本計画策定、事業手法の検討、整備費等についての予算確保、運営主体の検討、運営主体等の公募や指定管理等条例の制定といった、他の公共施設と同様になる。

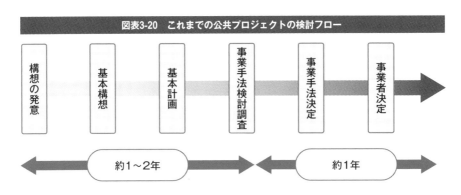

図表3-20 これまでの公共プロジェクトの検討フロー

構想の発意 → 基本構想 → 基本計画 → 事業手法検討調査 → 事業手法決定 → 事業者決定

約1〜2年　約1年

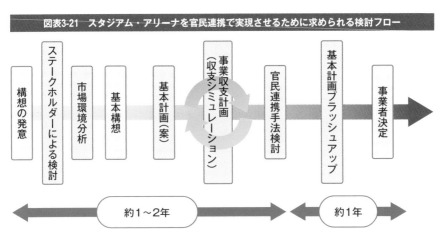

図表3-21 スタジアム・アリーナを官民連携で実現させるために求められる検討フロー

構想の発意 → ステークホルダーによる検討 → 市場環境分析 → 基本構想 → 基本計画（案） → 事業収支計画（収支シミュレーション） → 官民連携手法検討 → 基本計画ブラッシュアップ → 事業者決定

約1〜2年　約1年

PFI方式やコンセッション方式を採用する場合には、事業手法決定から事業化までに、手法特有のプロセスを経る必要がある。

①指定管理者制度の場合

指定管理者制度は2003年に地方自治法の改正で創設された制度で、地方公共団体が指定する法人その他の団体に公の施設の管理権限を委ね、包括的に管理を行わせる制度である。

指定管理者制度の導入のためには、1) 方針の決定・選定準備、2) 指定管理者の選定、3) 指定議案の議決・指定の3つのプロセスが必要で、条例の制定や、指定議案等の議決も必要なことから、議会スケジュールとの調整が求められる（図表3-22）。

②PFI方式の場合

PFIの手続きとしては、PFI導入可能性の検討、事業者選定及び契約プロセス（実施方針、要求水準書案の公表とQA、特定事業の選定、募集要項公表とQA、提案書受付、審査委員会による提案書審査、事業者選定、基本協定の締結、契約交渉と事業契約締結）などがある。

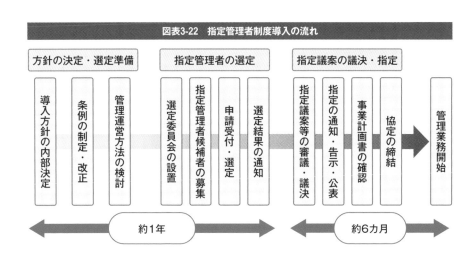

図表3-22　指定管理者制度導入の流れ

従来の公共調達手法と比べた場合、導入可能性の検討の必要性等から長期の準備期間が必要になる場合もあるが、簡易化する方法もある。

　また、従来の手法の場合には、基本設計・実施設計・建設工事委託・維持管理業務・運営業務それぞれについて、公共側で予算確保→入札手続き→契約手続きが必要となるが、PFIはそれらを一括して長期の事業契約をする手法であり、準備期間に時間を要したとしても、その後の個別または単年度から数年度に一度、繰り返される契約手続きは不要となるというメリットが行政側にある（図表3-23）。

③コンセッション方式の場合

　コンセッションは、利用料金の徴収を行う公共施設について、施設の所有権を公共主体が有したまま、施設の運営権を民間事業者に設定するPFIの中の一つの類型であり、2011年のPFI法改正により導入されている。

　公的主体が所有する公共施設等について、民間事業者による自由度の高い運営を可能とする手法である。具体的には施設の改修や改変など投資を民間事業者が自らの判断とリスクで行い、質の高いサービスを提供し、利用者から相応の料金を徴収

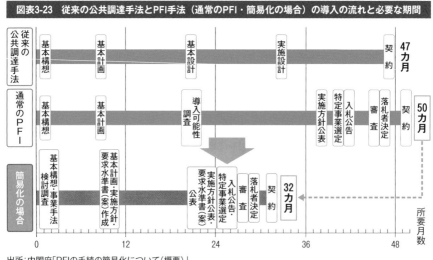

図表3-23　従来の公共調達手法とPFI手法（通常のPFI・簡易化の場合）の導入の流れと必要な期間

出所：内閣府「PFIの手続の簡易化について（概要）」

する仕組みが想定される。

　コンセッションの導入のためには、民間事業者に運営権を設定するためのデューディリジェンス（資産評価）や、民間事業者の自由な発想や提案を取り入れるための、守秘義務契約を締結した上での競争的対話など、コンセッションを有効に機能させるための特有のプロセスがある。このため、事業開始までPFIの導入より、長期間を有することになる（図表3-24）。

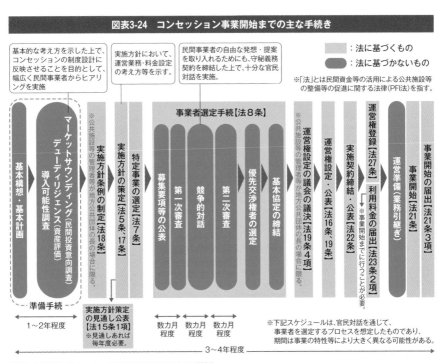

図表3-24　コンセッション事業開始までの主な手続き

出所：内閣府「コンセッション事業開始までの主な手続」

5 PFI法に基づく民間提案

PFIの民間提案制度は、2011年のPFI法の改正時に組み込まれた。

◆2011年改正 民間資金等の活用による
公共施設等の整備等の促進に関する法律施行規則

✓民間事業者は、公共施設等の管理者等（国立大学法人も対象。以下同じ。）に対して特定事業（PFI事業）の提案をすることができる。【法第5条の2第1項】

✓提案を受けた公共施設等の管理者等は、提案について検討し、遅滞なく、その結果を民間事業者に通知しなければならない。【法第5条の2第2項】

その後「PFI事業実施プロセスに関するガイドライン」、「PFI事業民間提案推進マニュアル」が示されている。しかし、民間提案制度を活用したPPP/PFI事業の事例はまだ非常に少ないのが現状である（図表3-25）。

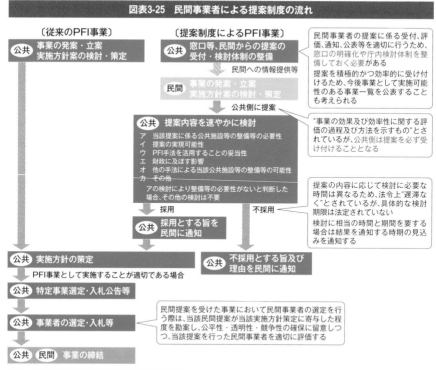

図表3-25　民間事業者による提案制度の流れ

出所：内閣府「民間事業者による提案制度の概要」

　民間提案制度は、2011年のPFI法改正により、PFI事業を実施しようとする民間事業者が、公共施設等の管理者等に対し、PFI事業に係る実施方針を定めることを提案することが可能となった制度である。提案を受けた行政においては、新たに当該提案の検討と結果の通知が義務付けられている。

　民間事業者は、公共サービス水準の向上に資する提案、公共負担の削減に資する提案、公共資産の有効活用に資する提案など、自らのノウハウや創意工夫に基づいた提案を民間提案制度に則り行うことができる。これに対して公共は、提案内容を速やかに検討し、その提案内容を採用するか否かを検討しなければならない。

　民間提案の内容を採用し、公共側がPFI事業として実施することとした場合には、実施方針を策定し、公募プロセスに移行することになる。民間提案を受けた事業について、実施方針、公募を行ったうえで事業者選定を行う場合には、提案した民間事業者が実施方針策定に際して寄与した程度を勘案するとともに、公共事業としての公平性・透明性・競争性の確保に留意しつつ、提案を行った民間事業者の評価を検討することとされている。

　また、民間提案の内容は不採用とする場合には、理由とともに提案者である民間事業者にそれを通知しなければならない。

　スタジアム・アリーナのプロジェクトに関して、民間提案制度を考えた場合には、例えばスポーツチーム側がこの制度を活用し、自らが主要コンテンツとなり得るスタジアム・アリーナを提案することが想定できる。

　スポーツチームが、主要コンテンツを持つスタジアム・アリーナの運営者として、民間提案を行うことは、自らがスタジアム・アリーナの整備・運営に主体的に取り組むことを示すことになる。

3-7 スタジアム・アリーナ実現への資金調達・助成

1 スタジアム・アリーナ実現への資金調達

　スタジアム・アリーナ構想を進めるに当たり、直面する大きな課題のひとつが資金調達である。スタジアム・アリーナの構想を具体化しても、建設資金調達の目途がつかなければ、絵に描いた餅になるからである。

　現状、我が国のスタジアム・アリーナにおいて、十分な収益を上げられる施設は限定的であり、特に民設民営で整備運営する場合に、整備費の資本金集めや借り入れに苦労する場合が多いと思われる。

　一方、公設民営であったとしても、建設資金総額を地方公共団体の一般財源から全て捻出するのは現実的ではなく、様々な助成金や特例債、基金などを活用したり、PPP/PFIの活用により民間事業者に資金調達をしてもらい、サービス対価という形で初期投資額や運営費の不足分を「延べ払い」する地方公共団体も多いと思われる。

　ここでは、スタジアム・アリーナ建設を実現するための資金調達の種類について、資金調達主体、資金調達手法の二つの観点から述べることとしたい。

1. 主な資金調達主体

①地方公共団体

　　地方公共団体がスタジアム・アリーナを所有するケースにおいて想定し得る資金調達である。

　　地方公共団体による財政支出のほか、一部資金調達に国土交通省等による地方公共団体向け助成制度活用による資金調達も考えられる。

②施設所有会社または施設所有会社への出資企業

　　スタジアム・アリーナを所有する民間会社（または同社への出資企業）が建設資金調達を行うというケースである。

　　なお、スタジアム・アリーナビジネスの事業リスクをスタジアム・アリーナの所有管理と切り離すために、スタジアム・アリーナ所有会社が運営を行

うのではなく、スタジアム・アリーナ運営を担う会社を所有会社とは別に設立する場合も考えられる。

③ホームチームやコンテンツホルダー

　スマート・ベニューの段階論における第4段階のホームチーム（関連企業含む）がスタジアム・アリーナを建設・所有・管理運営するケースで、スタジアム・アリーナの主たる利用者であるホームチームや劇団等のコンテンツホルダーの運営会社が自らスタジアム・アリーナを所有して資金調達する場合である。

④ホームチームやコンテンツホルダーの母体企業・関連企業

　我が国におけるホームチームやコンテンツホルダーの運営会社には、基本的にスタジアムやアリーナの所有を当初から想定している法人は無いため、スタジアムやアリーナを所有できるだけの財務状況に達していない法人がほとんどである。

　従って、財務基盤が脆弱なホームチームやコンテンツホルダーに代わり、スタジアム・アリーナの建設資金調達を、財務基盤が強固なホームチームやコンテンツホルダーの親会社や関連会社が行うケースが、ホームチームやコンテンツホルダーを擁する民間所有スタジアム・アリーナ整備事例に多くみられる。

⑤デベロッパー

　スマート・ベニュー段階論における第5段階の公共施設や商業施設等との複合施設化のケースである。この場合は、スタジアム・アリーナを核とした不動産開発とも言えることから、商業施設等の整備と併せてスタジアム・アリーナ建設についてもデベロッパーが資金調達することが考えられる。

⑥ ①〜⑤以外でスタジアム・アリーナ構想に賛同する企業・組織

　資金調達というよりも資金拠出としての説明になるが、スタジアム・アリーナの整備運営に深く関わる主体がリスクを取って主たる資金負担をする場合、構想に同意する他の企業や組織から資金調達できる可能性もある。例えば、日本政策投資銀行は、4-1で紹介する、青森県八戸市でゼビオグループが整備運営する多目的アリーナFLAT HACHINOHEを保有する

XSM FLAT株式会社へ出資した。

2. 主な資金調達方法

①出資

　　出資の種類は、議決権を有する普通株式、優先配当を受けられる優先株式、逆に配当が劣後扱いとなる劣後株式等が考えられる。

　　また、スタジアム・アリーナ所有会社への出資者としては、ホームチーム、コンテンツホルダーのオーナー、運営会社やその親会社・関連会社、デベロッパー、金融機関、政府系（出資）機関、地元企業、投資家等、様々考えられる。

②融資

　　融資元としては、金融機関、政府系（出資）機関だけでなく、上記①記載の出資者も考えられる。

　　出資でも同じ理由であるが、金融機関や政府系（出資）機関からの資金調達が出来たスタジアム・アリーナプロジェクトは、プロジェクトへの信用力向上だけではなく、運営開始後の事業モニタリングにも有用であると思われる。

③寄附

　　スタジアム・アリーナ整備事業で特徴的にみられる資金調達方法である（ほか、文化施設整備事業でも見受けられる）。地方公共団体が所有するスタジアム・アリーナにおいて取り得る資金調達方法であることに留意が必要である。

　　寄附の方法としては、

　　　　Ⅰ）税控除だけではなくスタジアム・アリーナ完成時のスタジアムへの寄附者名の記念プレート掲示や地元産品等の返礼品を寄附者が貰えるふるさと納税制度を活用した個人からの寄附（スタジアム・アリーナ立地地方公共団体の住民については税控除のみ）。

　　　　　現在、セレッソ大阪のホームスタジアムとなる大阪市立長居球技場の改修事業である桜スタジアムプロジェクトや、サンフレッチェ

　　　広島のホームスタジアムとなることが見込まれている広島市中央公園サッカースタジアム（仮称）建設プロジェクト等で行われているところである。

　Ⅱ）税控除や損金算入を受けられる企業版ふるさと納税制度の活用による企業からの寄附（スタジアム・アリーナ立地地方公共団体に本社が所在する企業を除く）

　Ⅲ）地方自治法第96条第1項第9号に定める「負担付寄附（寄附の条件等として地方公共団体が法的義務を負い、その不履行の際には寄附の解除など寄附の効果に影響を与えるもの）」の活用。

　　　スタジアム・アリーナでは、例えば、桜スタジアムプロジェクトにおいて採用されており、個人や企業から集められた寄附金により建設された桜スタジアムの寄附を受けた大阪市は、セレッソ大阪スポーツクラブに対して長期間の運営権を付与する義務を負う、という事業スキームになっている。

④地方公共団体からの財政支出

　地方公共団体所有のスタジアム・アリーナ整備に対して、地方公共団体からの地方債発行等による資金調達を行うケースである。地方公共団体からの財政支出である以上、支出根拠について、政策への合致や、庁内・市民・議会への説明に耐えられるだけの理由がなければならない。

⑤助成金

　主に地方公共団体所有のスタジアム・アリーナに対して、制度対象や要件を満たす場合に国や独立行政法人等からの助成を受けられる場合がある（後述）。

⑥権利・事業等の対価としての資金調達

　これもスタジアム・アリーナ整備（スポーツビジネス）で特徴的にみられる資金調達手法である。

　例えば、スタジアム・アリーナの施設名称を付与する権利を有することができる命名権の対価としての資金調達がある。西武鉄道株式会社所有の「西武ドーム」には、メットライフ生命保険株式会社が命名権を取得し「メットライフドーム」という名称が、横浜市所有の「横浜国際総合競技場」には日

産自動車株式会社が命名権を取得し「日産スタジアム」という名称が付けられている。

　また、今後我が国で増えていきそうな資金調達方法がスタジアム・アリーナでの独占事業権を付与する代わりに対価を資金調達する手法である。例えば、スタジアム・アリーナ内での飲料事業を独占させる代わりに、当該事業を独占できる企業から対価としての資金を調達し、スタジアム・アリーナの整備資金に充当する方法である。

　これら権利・事業等の対価としての資金に関しては、「COI（Contractually Obligated Income）」と呼ばれる、契約で金額・期間等を定めた長期安定収入として調達できることが望ましい。長期安定収入の確保は金融機関からの融資獲得にも寄与するものである。

　収益性が低いケースが多いスタジアム・アリーナ事業においては、返済不要な（または劣後化している）資金でできるだけ多くの建設資金を調達できるかが重要なポイントとなる。

　例えば土地に関しては、出資者に現物出資してもらう、あるいは、地方公共団体所有の土地や都市公園内に確保し、使用貸借や賃料の減免により、無料あるいは格安で調達する方法などが考えられる（ただし、庁内・市民・議会等への説明責任を果たさなければならない。）。

　また、ホームチーム（母体企業や関連企業含む）や、スタジアム・アリーナ整備に商材を納めたり、事業開始後の飲食物販事業等で収益を得られるような企業から、配当や返済を劣後化した資金を得ることなども考えられるだろう。

❷ スタジアム・アリーナ実現への助成

　国や独立行政法人等による助成等の支援策の中には、スタジアム・アリーナに活用できるものも存在する。スタジアム・アリーナの構想・計画に取り組む際は、こうした支援策の活用も視野に入れておくとよい。

　他方で、各制度の利用にあたっては、留意点もある。まず、当該スタジアム・アリーナに対して、利用しようとする支援策の適用可否については、詳細な適用要件

を確認する必要があり、制度を所管する機関への十分な相談が求められる。複数の申請者の中で自らのプロジェクトの扱いが劣後になってしまうこともあれば、企図したもの以外により有利な条件の支援策が存在する場合もあるだろう。支援策の活用を想定する段階（構想・計画、設計・建設、運営・維持管理）を見据えて、早期に関係機関との意思疎通を図ることが望ましい。

また、いくつかの制度は、その適用にあたって計画等の策定が求められることもある。社会資本整備総合交付金における社会資本総合整備計画や、地方創生推進交付金における地域再生計画は、その例と言える。策定した計画は複数年フォローする必要があり、整備が完了した後もセルフモニタリングを実施することが求められる等、申請の前段で、利用に伴ってどのようなハードルが存在するのか、よく認識しておくことが欠かせない。

なお、多くの助成は行政に対して交付されるものである。民間事業者としてプロジェクトに取り組んでいる場合、事業にとって有利な支援を得るために、行政との協力体制を構築しておくこともポイントである。また、行政の側から見た場合も、助成等の利用によって民間事業者の負担が軽くできるならば、プロジェクト推進の好材料となろう。

本節では、スタジアム・アリーナで活用が想定される助成等の支援策について、段階ごとにいくつかの事例を整理する。なお、プロジェクトごとの条件に応じて、これら以外の制度が活用可能な場合もあれば、反対に、例示したものが活用できない場合もあることは留意されたい。

①構想・計画段階

「スタジアム・アリーナ改革推進事業」はスタジアム・アリーナに特化した支援事業であり、構想・検討する主体に対して、係る調査費用等を助成するものである。要件として、官民の関係者が参加する官民連携協議会の設置が求められる（図表3-26）。

「文教施設における多様なPPP/PFIの先導的開発事業」はもともとコンセッション事業に対する検討支援を行う助成であったが、広くPPP/PFIの活用を含めた制度となっている（図表3-27）。

「先導的官民連携支援事業」は官民連携事業としての先導性が求められる助成である。スタジアム・アリーナの整備にあたって、手法やプロセスに工夫が必要となる（図表3-28）。

図表3-26　スタジアム・アリーナ改革推進事業［スポーツ庁］	
対　象	スポーツ団体、民間企業、地方公共団体
用　途	スタジアム・アリーナに係る基本構想及び基本計画の策定
内　容	委託事業＜ソフト支援＞
規　模	1,000万〜1,100万円/件
公募期間	①4〜5月、②7月
要　件	スタジアム・アリーナの具体的な立地が1カ所に特定されていること 等
事　例	先進事例形成支援として、(仮称)金沢アリーナ、(仮称)びわ湖アリーナ、桜スタジアム、FC今治複合型スマートスタジアム等、2017年度より10件以上実施

図表3-27　文教施設における多様なPPP/PFIの先導的開発事業［文部科学省］	
対　象	地方公共団体、独立行政法人
用　途	文教施設における先導的なPPP/PFI手法の導入検討
内　容	委託事業＜ソフト支援＞
規　模	1,400万円程度/件
公募期間	3月頃
要　件	協議会の設置 等
事　例	サンガスタジアム by Kyocera、有明アリーナ 等

図表3-28　先導的官民連携支援事業［国土交通省］	
対　象	地方公共団体、独立行政法人、公共法人
用　途	官民連携事業の導入や実施に向けた検討、導入判断等に必要な情報の整備等のための調査
内　容	補助事業＜ソフト支援＞
規　模	上限2,000万円/件。ただし、都道府県及び政令指定都市にあっては、コンセッション事業に関するものを除き、原則1,000万円を上限 全額国費による定額補助。ただし、都道府県及び政令指定都市にあっては、コンセッション事業に関するものを除き、補助率1/2
公募期間	①3〜4月、②5〜7月、③7〜8月
要　件	都市公園等の国土交通省の所管する分野における官民連携事業であること 等

「PPP/PFI事業の案件形成機能の強化・充実」は地域プラットフォーム形成支援や優先的検討運用支援等であり、PPP/PFI制度そのものに対する支援となっている。スタジアム・アリーナにおいては、新規案件形成支援や高度専門家による課題検討支援での活用が想定される（図表3-29）。

②設計・建設段階

■スタジアム・アリーナの建設

「学校施設環境改善交付金（地域スポーツ施設整備）」の支援範囲は学校施設と社会体育施設の双方であるが、スタジアム・アリーナに関しては、特に地域スポーツセンターを対象としたものが想定される（図表3-30）。

「スポーツ振興くじ助成金」は特にサッカースタジアムに特化した助成であり、Jリーグクラブのホームスタジアムを念頭に置く場合は、特に活用が想定される（図

図表3-29　PPP/PFI事業の案件形成機能の強化・充実 [内閣府]

対　象	地方公共団体 等
用　途	「PPP/PFI推進アクションプラン」に掲げられた「地域のPPP/PFI力の強化」を確実に推進するため、地方公共団体のPPP/PFI案件の形成を促進 ①地域プラットフォーム形成支援、②優先的検討運用支援、③民間提案活用支援、④新規案件形成支援、⑤高度専門家による課題検討支援
内　容	委託事業＜ソフト支援＞
規　模	1億1,600万円（①〜⑤事業の合計）
公募期間	2〜3月頃
要　件	支援措置により各種要件あり
事　例	富山市総合体育館（⑤ 2018年度）等

図表3-30　学校施設環境改善交付金（地域スポーツ施設整備）[スポーツ庁]

対　象	地方公共団体
用　途	社会体育施設の整備（耐震化を除き改修事業は対象外） 　地域スポーツセンター新改築・改造事業、地域屋外スポーツセンター新改築事業、社会体育施設耐震化事業 等
内　容	交付金＜ハード支援＞
規　模	交付対象経費に1/3を乗じて得た額（上限額は施設・面積等により異なる）
要　件	事業ごとに各種要件あり

表3-31)。

「社会資本整備総合交付金（都市公園事業）」は範囲の広い交付金であるが、都市公園において公園施設としてスタジアム・アリーナを整備する場合に想定されるものである。交付を受けるにあたっては、社会資本総合整備計画の策定が求められる（図表3-32）。

■スタジアム・アリーナの付帯施設または設備の整備

「地域未来投資促進税制」は都道府県及び市区町村が策定する基本計画に基づき、民間事業者が地域経済牽引事業計画を策定、都道府県知事が承認された場合に、税

図表3-31　スポーツ振興くじ助成金［独立行政法人日本スポーツ振興センター］	
・大規模スポーツ施設整備助成（Jリーグホームスタジアム整備事業）	

対　象	地方公共団体
用　途	スポーツ振興投票対象試合を実施する競技場の新設事業
内　容	助成事業＜ハード支援＞
規　模	助成対象経費40億円（上限額）に3/4を乗じて得た額
公募期間	※2019年度・2020年度は募集せず
要　件	スポーツ振興投票対象試合を実施する競技場であること 助成年度において、J1またはJ2に属するチームのホームスタジアムであること 国または公営競技等の収益による補助金・助成金を受ける事業は対象外 等 （要件は2018年度ベース）
事　例	パナソニック スタジアム 吹田、ミクニワールドスタジアム北九州、栃木県グリーンスタジアム 等

図表3-32　社会資本整備総合交付金（都市公園事業）［国土交通省］	
対　象	地方公共団体
用　途	都市公園の整備（公園施設としてスタジアム・アリーナや園路、広場等を整備する場合が対象）
内　容	社会資本整備総合交付金＜ハード支援＞
規　模	交付対象経費に1/3（用地費）または1/2（施設費）を乗じて得た額
要　件	社会資本総合整備計画に基づき実施すること
面積要件	原則2ha以上
総事業要件	市町村事業は2.5億円以上、都道府県事業は5億円以上 等
事　例	エコパスタジアム、大松山運動公園陸上競技場サッカー場、愛媛県総合運動公園 等

の特例措置が受けられるものである（図表3-33）。

③スタジアム・アリーナ等を核とした地方創生・地域の魅力向上

「地方創生推進交付金」はスタジアム・アリーナやプロスポーツチーム等を核とした地方創生を行う事業に交付されるものであり、地域再生法に基づく地域再生計画の認定を受け、フォローアップしていくことが求められる（図表3-34）。

「地方創生応援税制（企業版ふるさと納税）」は地方公共団体側から見れば、地方創生プロジェクトに寄附金を集めやすい制度である（図表3-35）。

「社会資本整備総合交付金（都市再生構築戦略事業）」はスタジアム・アリーナの周

図表3-33　地域未来投資促進税制［経済産業省］

対　象	民間事業者
用　途	スタジアム・アリーナを活用した事業のための設備整備
内　容	税制＜ハード支援＞
規　模	特別償却20〜40% or 税額控除2〜5%
要　件	地域未来投資促進法に基づく地域経済牽引事業計画の承認等を受け、「地域経済の成長発展の基盤強化に特に資するもの」として定める基準に適合することについて国の確認を受けること

図表3-34　地方創生推進交付金［内閣府地方創生推進事務局］

対　象	地方公共団体
用　途	スタジアム・アリーナやプロスポーツチーム等を核とした地方創生
内　容	交付金＜ソフト支援（ただし事業内容により一定割合のハード支援も可）＞ （1）先駆タイプ：①自立性、②官民協働、③地域間連携、④政策間連携の4つの要素がすべて含まれている事業 （2）横展開タイプ：先駆的・優良事例の横展開を図る事業（上記①に加え、②から④までのうち、2つ以上の要素が含まれている事業）
規　模	交付対象事業費※に1/2を乗じて得た額 ※交付対象事業費上限額 先駆タイプ：都道府県 6億円、中枢中核都市 5億円、市町村 4億円 横展開タイプ：都道府県 2億円、中枢中核都市 1.7億円、市町村 1.4億円
公募期間	①12月下旬〜1月中下旬、②4月下旬〜6月上中旬
要　件	地域再生法に基づく地域再生計画の認定を受けること 地方版総合戦略に位置付けられた自主的・主体的で先導的な取り組みであること KPIの設定及びこれに基づくPDCAサイクルが整備されていること

辺インフラの整備への活用が想定されるものである（図表3-36）。

「地域まちなか活性化・魅力創出支援事業」はスタジアム・アリーナの整備に合わせて、周辺の市街地活性化を行う場合に活用が想定される。活用にあたっては、中心市街地活性化基本計画の策定が求められる（図表3-37）。

図表3-35　地方創生応援税制（企業版ふるさと納税）［内閣府地方創生推進事務局］

対　象	民間事業者
用　途	地方公共団体による地方創生プロジェクト（まち・ひと・しごと創生寄附活用事業）に対して寄附をした企業に税額控除措置
内　容	税制
規　模	寄附額の3割に相当する額
要　件	地域再生法に基づく地域再生計画の認定を受けること

図表3-36　社会資本整備総合交付金（都市再生構築戦略事業）［国土交通省］

対　象	地方公共団体（市町村または市町村都市再生協議会）
用　途	体育施設の周辺（中心拠点区域内）の整備（地域交流センター、駅前広場、歩行者空間等の整備）
内　容	まちの拠点となるエリアへ都市の生活や企業活動を支える都市機能を導入し、まちの活力の維持・増進、持続可能な都市構造への再構築の実現を図ることを目的として、社会資本整備総合交付金により支援＜ハード支援＞
規　模	交付対象事業費※に1/2を乗じて得た額 ※地域交流センター等の建築物である施設の整備については、1カ所における整備に要する費用は21億円を限度とする
要　件	立地適正化計画に定められた都市機能誘導区域内において整備を実施すること　等

図表3-37　地域まちなか活性化・魅力創出支援事業［経済産業省］

対　象	民間事業者
用　途	スタジアム・アリーナ周辺地域の魅力向上に資する取り組み
内　容	中心市街地の活性化・魅力創出に資する先導的な民間プロジェクト等を支援＜ソフト・ハード支援＞
規　模	補助対象経費（上限額3億円※）に補助率（2/3、1/2）を乗じて得た額 ※先導的・実証的（ハード）事業の場合
要　件	内閣総理大臣の認定を受けた中心市街地活性化基本計画に基づき実施すること　等

※図表3-26～図表3-37における予算額、公募スケジュールは2019年度ベース。
出所：スポーツ庁、経済産業省「スタジアム・アリーナ改革の実現に活用可能な施策一覧」（令和元年11月）等を参考とした

3-8 ターゲットとする効果の分析

スタジアム・アリーナのビジョン・コンセプトを策定する上で、地域に望まれる効果を見定め、ターゲットとして設定することが求められる。

ターゲットとする効果は、指標化して測定・改善する（PDCAサイクルの実践）ことによって、より有意なものとしていくことが望ましい。ここでは、効果の種類を整理するとともに、具体的に指標を測定し、目標管理していくことの必要性について説明する。

1 スタジアム・アリーナの効果の種類

①効果の概要

2-2で述べた通り、スタジアム・アリーナを整備することで、（その整備を起点とした周辺の不動産開発による）経済効果、あるいは無形の便益がもたらされる可能性がある。日本政策投資銀行では、Crompton（2002）に加筆して、まちなかスタジアム・アリーナ等への投資とそれに伴う価値創出のプロセスについて、図表3-38のように概念化している。

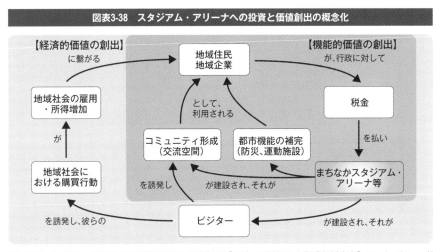

図表3-38　スタジアム・アリーナへの投資と価値創出の概念化

出所：スマート・ベニュー研究会、日本政策投資銀行 地域企画部「スポーツを核とした街づくりを担う「スマート・ベニュー」」

123

この概念図が示す「経済的価値」と「機能的価値」は、大まかに言えば2-2における経済効果、無形の便益に相当すると捉えられる。この概念図が示す効果は2-2と内容は異なるが、スタジアム・アリーナへの投資が、巡りめぐってスタジアム・アリーナあるいは周辺の開発に再投資されるという循環を表すものと言える。

以下は、効果を改めて「経済的効果」と「社会的効果」（上記、「機能的価値」に相当）というカテゴリに分けて、その種類を整理、例示したものである（図表3-39）。

なお、図表3-38のような好循環を生むためには、整備したスタジアム・アリーナを適切に運営していくことが重要である。なぜならば、効果はスタジアム・アリーナという施設というよりも、そこで実施されるコンテンツによって生じるものだからである。さらに言えば、スタジアム・アリーナ「内」の活動を積極的に、「外」である域内に波及させる取り組みが必要であり、施設の運営者、地方公共団体、ホームチーム等のコンテンツホルダーが共通の目標を持って協働していくことが望ましい。また、構想・計画段階、設計段階において、「外」への効果を意識した施設計画を行うことも求められよう。

図表3-39　効果の種類（例）

カテゴリ		効果
経済的効果		まちなか、地域の商業施設、観光施設等への来訪者 域内の雇用 域内の定住者 域内の商業、観光等での消費（飲食・物販・宿泊・交通等） 域内の商業、観光等の創出 域内の所得 域内の税収 地価 ※ここでは貨幣的効果に加え、その効果を生むヒトの移動、雇用、居住も含めて、経済的効果と整理する。
社会的効果	無形の便益	コミュニティ、社会的な絆の形成 コミュニティプライド、シティプライドの醸成 ホームチーム等との感情的結び付き
	健康	スポーツ実施率の向上による健康寿命の延伸 スポーツ観戦行動率の向上によるストレスレベルの減少
	防災	避難拠点、防災備蓄の確保（これによる域内の安全性の向上）

②経済的効果

　一般的に、規模の大きな建築物であるスタジアム・アリーナは、その建設工事が最たる経済的効果として捉えられがちだが、運営・維持管理段階において、試合やイベントの前後に来街者が増加したり、そうした人々による地域での消費が増加したりといったことも、継続的な効果として注目すべきところである。そして、そうした経済活動は、理論的には地域社会の雇用・所得の増加に繋がっていく。

　スマート・ベニューの観点では、収益源の多様化として、複合施設化も望まれる。商業施設や利便施設が併設されることで、さらなるにぎわいや消費の増加が期待される。

　また、より長期的には、スタジアム・アリーナのコンテンツ力そのものと、これを基礎とした地域経済の活性化とによって、地域の魅力が高まることで、定住人口の増加や資産価値の向上といった効果も期待される。

③社会的効果

　スタジアム・アリーナにおける「する」、「観る」、「支える」といった行動は、主観的/客観的に身体及び精神にQOL（生活の質）向上といった正の作用をもたらすものと言える。

　さらに、ホームチームが存在する場合には、当該チームの公益的な活動によって、地域全体が効果を享受することも考えられる。

　また、スタジアム・アリーナという「場」は、地域におけるコミュニティ形成の支援や、防災機能の補完といった役割も担う。こうした機能に対する地域のニーズや施設への組み込み方をよく検討する必要がある。

2 ターゲットとする効果の測定及び分析による目標達成管理

①効果の測定方法

　これまで、公共事業として整備された施設は、その評価において、経済性の側面から、費用便益分析や経済波及効果の算出が行われることが一般的であった（図表3-40）。

　しかしながら、これらの手法で測定されるのは、あくまで理論的な数値であり、

直感的な理解を得られにくい。また、試算を行う際の前提の置き方次第で、結果に振れ幅が生じることとなり、異なる事業間の比較に適しているとは言いにくい。

一方、近年、ICT（情報通信技術）やセンシングの進歩によって、人の移動や消費動向、あるいは身体や精神の状態について、比較的簡易に把握できるようになってきている。

本節では、こうした近年の動向も踏まえて、直接的に把握できる情報を効果の指標として、測定していくことを主眼に述べたい。

■ロジックモデル

指標を測定する前に、測定すべき指標について、それがスタジアム・アリーナ事業とどのように結び付いているかを整理するために、ロジックモデルを作成することが有用である。

ロジックモデルとは、インプットからアウトプット、アウトカムに至る経路、因果関係を示すものである。

ロジックモデルで整理する必要性は、どのような効果を目標に置き、それを達成するためにどのような活動が必要かを特定しておくことで、そのパフォーマンスを管理していくことにある。仮に、長期的に「定住人口を増加させること」を目標とする効果と置いた場合、その効果発現に至る過程で、中期的には雇用の増加やコミュニティの形成、シビックプライドの醸成といった効果が指標となるかもしれな

図表3-40　経済波及効果と費用便益分析	
手法	測定にかかる方法論
経済波及効果	当該事業にかかる需要増に対する生産活動は、原材料等の取引を通じて関連する産業にも波及する。その結果、増加した雇用者所得は、消費支出としてさらなる需要を生み出し、新たな生産を誘発していく。こうした、経済波及効果について、産業連関表を用いて投入係数と行列計算から算出するもの
費用便益分析	当該事業に投じた費用（設計・建設費、運営・維持管理費等）と、事業が生んだ便益とを比較するもの。その比（費用便益比）が1を超える場合、当該事業には妥当性が認められる 便益の貨幣的な算出方法には、2-2で紹介したヘドニック価格法や仮想評価法に加えて、トラベルコスト法やコンジョイント分析等複数あり、事業の種類に応じた手法を適用することとなる

い。次に、それらの中期的な効果を得ることを念頭に、スタジアム・アリーナを使って、どのような活動が必要となるかを考えることになる。企図する効果と関係の薄い活動は抑制して、効果を高める活動に対して財政負担を行う、といった戦略を検討することが可能となる。

■経済的効果の測定

ロジックモデルを作成した上で、目標とする効果を何に置くかは、スタジアム・アリーナの整備・運営主体の課題やビジョンによるところである。

構想・計画段階では、ステークホルダーとの合意形成において、効果を提示することが強く要求されると考えられる。翻って、合意形成に資する効果には、明瞭でわかりやすいものが好まれる傾向があるかもしれない。そうした場合、指標も説明力が高く、シンプルなものが求められると考えられる。指標を検討する際には、そうした観点も重要である。

例えば、新潟県長岡市では、まちづくり交付金を活用し、市民交流施設「アオーレ長岡」を整備した。アオーレ長岡整備を含む施策全体は、認定中心市街地活性化基本計画として策定されており、図表3-41のようにKPI（重要業績評価指標）を設定し、フォローアップを行っている。

図表3-41　長岡市における各目標の達成状況

目標	目標指標	基準値	目標値	最新値（数値）	最新値（年月）	達成状況
(1)まちに「来る人」を増やす	歩行者・自転車通行量	80,858人（H19）	100,000人（H25）	93,405人	H25.10	B
(2)まちに「住む人」を増やす	居住者数	5,521人（H20）	6,000人（H26）	5,677人	H25.4	B
(3)まちで「働く人」を増やす	従業者数	15,934人（H18）	16,600人（H26）	14,038人	H24.2	C
(4)まちで「活動する人」を増やす	まちなか交流拠点（シティホール）施設利用者数	325,000人（H18）	780,000人（H25）	1,223,589人	H25.4	A

出所：長岡市「認定中心市街地活性化基本計画の最終フォローアップに関する報告」（平成26年5月）

長岡市の場合は、低密度化した中心市街地の活性化をターゲットとしており、そのエリアに集う人々を増やす、ということ自体を成果と捉えている。さらにそこから消費が活発になるとか、税収が増えるといったことには、主眼を置いていない。成果は、整備主体や運営主体の事情に応じて、設定すれば構わないといえる。

■社会的効果の測定

　例えば、「観る」スポーツのためにスタジアム・アリーナを整備したならば、スポーツ観戦行動率が向上することは当然期待されるだろう。また、ホームチーム等が教室事業を行うならば、スポーツ実施率の向上により有用と考えられる。ホームチームやスタジアム・アリーナへの愛着が、そうした教室への参加率を高めることに寄与するかもしれないためである。

　このように社会的効果には様々なものが考えられるが、経済的効果と違って、定量化しにくいものもある。一方で、各種の社会的効果を定量化し、指標化しようとする試みも存在する。例えば、一般社団法人日本老年学的評価研究機構（以下、「JAGES」）では、高齢者の健康とスポーツの関りについて、大規模なアンケート調査により明らかにしている。以下に示すのは、スポーツが盛んな地域に"暮らす

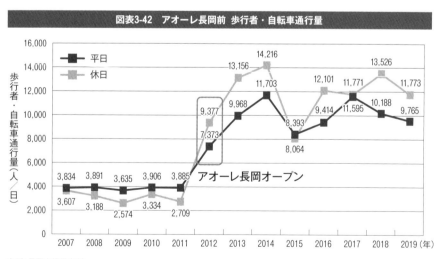

図表3-42　アオーレ長岡前 歩行者・自転車通行量

出所：長岡市提供資料

だけ"で、高齢者に健康改善効果があったとする研究成果である。スタジアム・アリーナが整備されることで健康面への効果が期待できるエビデンスの一つと言えるだろう。

　なお、JAGESのアンケート調査は、地方公共団体が定期的に実施する調査と同時に行われている。このように、効果の測定を既存統計調査等と併せて実施することで、低コストで簡便に行える可能性があることは、十分考慮されたい。

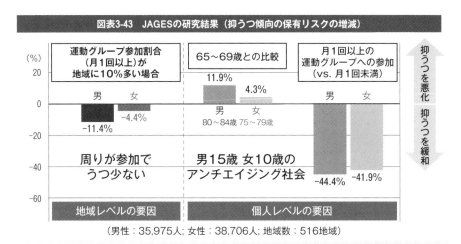

図表3-43　JAGESの研究結果（抑うつ傾向の保有リスクの増減）

（男性：35,975人; 女性：38,706人; 地域数：516地域）

運動が盛んな地域に暮らすだけで、高齢者の抑うつリスクは低下する

※統計学的に次の影響を考慮し、リスクの増減（%）を数値化した。
　地域の要因：可住地人口密度
　個人の要因：疾患、家族構成、飲酒、喫煙、教育歴、所得

出所：Tsuji et al., Medicine & Science in Sports & Exercise 50(6): 1199-1205, 2018.

3-9 スタジアム・アリーナ実現のための事業手法

スタジアム・アリーナの整備・管理運営に関しては、さまざまな事業手法があるが、事業の初期投資に責任を負う主体（初期投資のリスクテイカー）、管理運営の収支に責任を負う主体（管理運営のリスクテイカー）が決まることにより、事業手法が絞り込まれてくる。

民設民営を想定する場合、初期投資のリスクテイカーが現れないことにより、事業がとん挫するケースが多いように思われる。よって我が国では、民間発意の事業であっても、最終的に地方公共団体を巻き込み、地方公共団体が一定程度の資金負担を行う形（あるいは土地の無償提供や固定資産税の免除等）で施設を整備することができるか否かで、整備の可否が決まる事業が多いと思われる。

■1 スタジアム・アリーナ事業で想定される事業手法

スタジアム・アリーナ事業で想定される主な事業手法は次の通りである（図表3-45）。

①公設公営

地方公共団体が、基本構想、基本計画などを経て、設計・建設をそれぞれ事業者に発注して行い、直営で管理運営を行う方法。かつてはほとんどのスタジアム・アリーナがこの手法により整備・所有・管理運営されていたと思われる。

②公設民営

＜指定管理者制度＞

2003年の地方自治法改正に伴い創設された、公の施設の管理運営を民間事業者を含む幅広い団体（指定管理者）に委ねる制度で、現在、地方公共団体にとって最もなじみ深く、手軽に民間活力を導入できる手段となっている。そのため、全国各地のスポーツ施設で指定管理者制度が導入されているが、多くの場合、民間事業者の管理運営能力が十分に発揮されているとは言い難い。

その理由としては、原則として指定管理では民間事業者による投資が実施されず

（指定管理者制度の場合、施設整備・所有は官、管理運営は民という業務分担によるが、指定管理期間が通常5年程度と短く、仮に民間事業者が投資したとしても回収が難しいため、通常、投資が行われない）、施設の老朽化・陳腐化に民間活力を活かせないこと、地方公共団体から指定管理者に支払われる指定管理料が年々下げられる傾向にあり、民間事業者がサービス向上を抑制せざるを得ないこと、利用料金が条例で低く抑えられ収益が少ないため、民間事業者の工夫の余地が少ないこと等が挙げられる。

　一方、こうした課題を克服し、指定管理者制度を上手に活かした事例も存在する。マツダスタジアム、カシマサッカースタジアムでは、指定管理期間を10年とすることで、指定管理者の投資を呼び込み、施設の陳腐化を防いでいる。

　＜管理許可制度＞

　都市公園法により、公園管理者以外の者が都市公園に公園施設（飲食店、売店等を含む）を管理することについて、公園管理者が与える許可制度であり、都市公園においては広く活用されている手法である。

　我が国では、都市公園内に地方公共団体が設置したスポーツ施設が多くあるが、そうしたスポーツ施設において、民間事業者のノウハウを活用した投資や管理運営を行うべく、管理許可制度を活用しているケースがある。著名な事例としては、楽天生命パーク宮城がある。

　＜PFI＞

　PFIインフォメーションから、体育館、アリーナ、スタジアム、プール、武道館といったキーワードで検索し、独自集計を行ったところ、スポーツ施設と見なすことのできるPFI事業は、全PFI事業839件（2019年7月22日現在。PFIインフォメーションより）中46件と5％程度を占めるにすぎない（図表3-44）。

　しかしながら、近年は、2016年2月実施方針公表の横浜文化体育館再整備事業や、2017年9月実施方針公表の有明アリーナ管理運営事業（コンセッション）など、高い独立採算性が求められる注目案件が出現してきている。2019年3月には、Jリーグの川崎フロンターレの本拠地改修を含む等々力緑地再編整備事業に対し、PFI法第6条第1項に基づく民間提案が行われるなど、PFI事業の多様化が見られる。

<定期建物賃貸借>

地方自治法に基づき、地方公共団体と民間事業者の間で、施設の定期建物賃貸借契約を行う方法である。代表事例は、おおきにアリーナ舞洲である。あまり一般的な手法とは言えないが、おおきにアリーナ舞洲では、管理運営に関し、これまで市が指定管理料として支払っていたものが、民間事業者に賃貸することにより賃料を受け取る施設へと変貌し、市の財政改善に寄与している。

③民設民営に近い公設民営

<負担付寄附>

地方自治法により定められた、地方公共団体が寄附を受ける際に、地方公共団体の負担を伴う法的な義務が課せられるような寄附の制度である。

この制度を活用し、民間事業者が建てたスポーツ施設を、当該事業者による利用や管理運営等を条件として、寄附することが可能となる。地方公共団体に施設を寄附することにより、管理費の大きな割合を占める固定資産税等を支払わなくて済む

図表3-44 スポーツ施設のPFI案件実績推移と主な事例（2019年7月22日現在）

施設名	スタジアム・野球場		体育館・アリーナ・武道館		プール		複合施設	
実施方針公表年度	件数	主な事例	件数	主な事例	件数	主な事例	件数	主な事例
1999～2003	0		1	・(仮称)加古川市立総合体育館整備PFI事業	2	・羽島市民プールの整備・運営事業	3	・尼崎の森中央緑地スポーツ健康増進施設整備事業
2004～2008	0		2	・(仮称)墨田区総合体育館建設等事業	2	・県立長岡屋内総合プール(仮称)整備・運営事業	3	・(仮称)川崎市多摩スポーツセンター建設等事業
2009～2013	1	・北九州スタジアム整備等PFI事業	1	・(仮称)八王子市新体育館等整備・運営事業	1	・奈良県浄化センター公園プール施設等整備運営事業(仮称)	3	・川越市なぐわし公園温水利用型健康運動施設等整備運営事業
2014～2019	1	・盛岡南公園野球場(仮称)整備事業	14	・横浜文化体育館再整備事業 ・有明アリーナ管理運営事業/東京都	5	・新富士見市民温水プール整備・運営事業	7	・総合スポーツゾーン東エリア整備運営事業(仮称)/栃木県
件数計	2		18		10		16	

注：施設の分類、件数計上は筆者の独自集計による。
出所：「PFIインフォメーション」より筆者集計・作成

上、利用及び管理の権利を得ることができる。また、指定管理者制度など、他の手法と組み合わせて使うことができる。パナソニック スタジアム 吹田や、横浜スタジアムが著名な事例である。

④民設民営

＜ゼビオグループによるPPP手法＞

サービス対価型PFIに類似した方法として、民間事業者が、施設の資金調達・設計・建設・所有・運営を担い、地方公共団体が、施設の年間利用枠を得る代わりに一定の利用料を支払う方法が出現している。

図表3-45　スタジアム・アリーナの主な事業手法

	指定管理者制度	管理許可制度（公園施設）	PFI（BTO,BOT,BOO、コンセッション等）	定期建物賃貸借（普通財産の貸付）	その他のPPP手法（FLAT HACHINOHEの場合）	負担付寄附
関係法令 主な	地方自治法	都市公園法	PFI法	地方自治法、民法、借地借家法	地方自治法（公有財産の貸付、債務負担行為）	地方自治法
概要	公の施設の目的を効果的に達成するため、民間事業者等を指定管理者とし、公の施設の管理を行わせることができる制度	都市公園の施設について、公園管理者以外が公園管理者の許可を受けて管理することができる制度（公園管理者の許可を受けて施設の設置から行うことも可能）	コンセッション以外：公共施設等の設計、建設、維持管理、運営を、一括して民間事業者に委ねる制度 コンセッション：利用料金の徴収を行う公共施設について、施設の所有権を公共主体が有したまま、施設の運営権を民間事業者に設定する制度	行政財産のうち普通財産について、民間事業者等へ貸し付けることができる制度（民間事業者が地方公共団体と定期建物賃貸借契約を締結し管理運営することが可能）	民間事業者による民設民営。地方公共団体が土地を無償で貸し付けるとともに、年間1億円の利用料金を30年間の債務負担行為として民間事業者に支払うスキーム	当該寄附を受ける際に反対給付的意味において地方公共団体の負担を伴うような一定の条件が付せられ、その条件に基づく義務を履行しない場合当該寄附又は贈与が解除される
期間	法令上、特に制限なし	1回の許可の期間の上限は10年間	法令上、特に制限なし	法令上、特に制限なし	土地の貸付期間（事業用定期借地の場合、10年以上50年未満）	法令上、特に制限なし
事例（運営期間）	マツダスタジアム（10年間、非公募）カシマサッカースタジアム（10年間、公募）パナソニック スタジアム 吹田（48年間、負担付寄附）	楽天生命パーク宮城（10年間＋延長5年間）	ミクニワールドスタジアム北九州（15年間）有明アリーナ	おおきにアリーナ舞洲（10年間）	FLAT HACHINOHE（30年間）	パナソニック スタジアム 吹田、横浜アリーナ、横浜スタジアム

ゼビオグループのクロススポーツマーケティングが地方公共団体に提案している手法で、同社グループにて整備運営するFLAT HACHINOHEで導入された。地方公共団体には、サービス対価のような一定のフィーが発生するものの、施設の資金調達・設計・建設・運営に係るリスクを全面的に民間事業者が負うスタイルを民間側から提案するという点では、画期的なものと言える。

＜独立採算＞

　民間事業者が自ら資金調達を行い、設計・建設・管理運営を行う手法である。著名な事例は、東京ドームやナゴヤドーム、ゼビオアリーナ仙台等である。

② 初期投資と管理運営のリスクテイカーを確定することの重要性

　冒頭で述べたように、スタジアム・アリーナの整備においては、初期投資と管理運営のリスクテイカーを確定することが重要である。スタジアム・アリーナは、初期投資額が大きいため、償還する必要のない資金での調達をできる限り多く行うことが重要である。海外では、スタジアム・アリーナ整備資金調達のために、一定期間、税金を引き上げたり、カジノの上納金を充てたり、（大学が整備するアリーナについては）学生が整備資金の一部を負担し、大学に納付するなど、多様な資金調達に取り組んでいる。

　我が国においても、パナソニック スタジアム 吹田は、ホームチームのガンバ大阪、関西財界、サッカー界により構成されるスタジアム建設募金団体が、スタジアム建設資金として、償還の必要のない資金である募金を集め、スタジアムを建設した。

　管理運営の収支は、施設やホームチームのポテンシャルと管理運営スキームの工夫次第で、黒字化が見込める場合もある。そうした施設では、管理運営費の補塡なしに、自立経営をしたり、スタジアム所有者である地方公共団体へ納付金を納めることも可能となる（例：マツダスタジアム）。

　しかしながら、実際のところ、我が国における多くのスタジアム・アリーナにおいては、管理運営収支は赤字となっている。よって、通常は、地方公共団体が施設を所有し、初期投資のみならず管理運営のリスクテイカーとして、業務委託料や指定管理料という形で赤字の補塡を行っている。

　収支を見極め、初期投資の回収が難しければ、償還の必要のない資金を集めると

ともに（それを官が負担する場合は、公設民営となる）、設計や管理運営の工夫により、管理運営時の収支の黒字化をめざすことで、地方公共団体からの補填のない指定管理や管理許可、民設民営のスタジアム・アリーナが可能になると思われる。

補 稿

3-9でスタジアム・アリーナ実現のための一般的な事業手法を紹介した。近年、運営面において民間のノウハウをより活用し、リスク負担をより民間に委ねるとともに、官民がプロフィットをシエアしていく新たな手法が出てきている。ここでは、新たな手法として、コンセッション（公共施設等運営権）、PFS（Pay for Success）/SIB（Social Impact Bond）について紹介する。

(1)コンセッション方式

①概要

コンセッション方式はPFIの中の1つの類型であり、2011年のPFI法改正に伴い導入された。利用料金の徴収を行う公共施設について、施設の所有権を公共が有したまま、民間事業者に施設の運営権を設定し、民間事業者がより柔軟にサービスを提供する方式である。

所有権を公共側に残したまま、民間事業者に運営権を付与し、民間事業者が運営権対価を公共に支払うことで、民間事業者の技術力や投資ノウハウを活用し、施設に対する投資（修繕や老朽化対策等）も行いながら、質が高く、ニーズに合致したサービスの提供を目指す仕組みである。

公共側は、運営権設定に伴い運営権対価を得ることができる。また、施設の所有権を有しつつ、民間事業者のノウハウを生かした施設に対する投資を期待することもできる。一方、民間事業者にとっては、提供するサービスに適した施設の改変や柔軟な料金設定を行えることで、事業機会が拡大する。また、運営権に抵当権を設定することができるため、資金調達も円滑化される。

②スタジアム・アリーナでの導入事例　〜有明アリーナ管理運営事業〜

2020年東京オリンピックのバレーボール競技とパラリンピックの車いすバス

ケットボール決勝戦を行うために、東京都によって新設され、2019年12月に竣工したアリーナであり、オリンピック・パラリンピック後の維持管理・運営事業に関し、スポーツ施設初のコンセッションが導入されるものである。

有明アリーナは、東京オリンピック・パラリンピックが終了するまでは東京2020組織委員会が管理し、その後2021年6月からはSPC（特別目的会社）である株式会社東京有明アリーナがコンセッション方式により管理運営することになっている。

総工費357億円、観客席約1.5万人の大規模アリーナを独立採算で運営し、運営権対価を支払う必要があることから、SPCである東京有明アリーナは、スポーツのみならず、音楽分野等でもコンテンツ編成が可能な顔ぶれから構成されている。

図表3-46 施設概要

施設名	有明アリーナ
所在地	東京都江東区有明一丁目11番
敷地面積	約36,576㎡
建築面積	約25,500㎡
延床面積	約47,200㎡
規模	地上5階建
主要設備	メインアリーナ、サブアリーナ、スタジオ、レストラン
収容人数	15,000人
駐車場	―

図表3-47 事業スキーム

発注者	東京都
土地所有者	東京都
施設所有者	東京都
整備・運営方式	公設民営
整備手法	DB方式
管理運営手法	コンセッション方式
運営期間	2021年6月～2046年3月

運営権対価は固定部分＋変動部分の分割払いとなる。（運営権対価約94億円に加え、東京都は利益の50%を享受できるため、公共側が高い比率でプロフィットシェアを受けることができる仕組みとなっている）

(2) PFS/SIB

これまでの官民連携手法（特にPFI）は、ハード整備を中心とした手法である側面が強かった。一方で、今後、社会・地域課題を解決するために、ソフト面での新たな官民連携手法が望まれるところであり、そのうちの一つとして、PFS（Pay

図表3-48 管理運営者コンソーシアム構成

	企業	業務
代表企業	株式会社電通	統括・運営誘致
構成員	株式会社NTTドコモ	ICT推進
	日本管財株式会社	維持管理・修繕
	株式会社アミューズ	運営・誘致
	Live Nation Japan合同会社	運営・誘致
	株式会社電通ライブ	運営・製作
	アシックスジャパン株式会社	スポーツジム運営
協力会社	株式会社NTTファシリティーズ	施設・インフラ整備
	クロススポーツマーケティング株式会社	運営
	株式会社三菱総合研究所	モニタリング

図表3-49 スキーム図

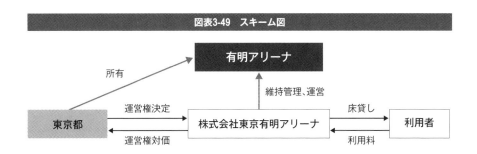

137

for Success）が注目されている。

　PFSは、英国を発祥とする官民連携手法の一つであり、我が国においては、一般的に「成果連動型民間委託契約方式」と訳される。PFSとは、国又は地方公共団体等が、民間事業者に委託等する事業であって、解決すべき社会的課題・行政課題に対応した成果指標を設定し、委託等の対価を当該成果指標の改善状況に連動させるものを指す。さらに、PFSの類型のうち、SIB（Social Impact Bond）と呼ばれる手法は、受託者である民間事業者が、事業実施に必要な資金を資金提供者から調達し、地方公共団体等から受けた対価に応じて、当該資金提供者に返済等を行うものを指す。

　国は「経済財政運営と改革の基本方針2019」で、成果連動型民間委託契約方式の普及促進を謳っている。また、「成長戦略実行計画」では、医療・健康、介護、再犯防止を重点3分野とし、2019年度中に策定する2022年までの具体的なアクションプランに基づき、普及を促進するとしている。こうした方針と合わせ、内閣府に成果連動型事業推進室（PFS推進室）を設置するとともに、成果連動型民間委託契約方式ポータルサイトを開設している。

　国内のPFS/SIBで行われる事業は、医療・健康、介護、子ども・家庭・教育と

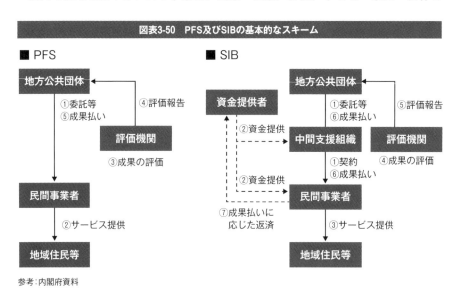

図表3-50　PFS及びSIBの基本的なスキーム

参考：内閣府資料

いった分野が多い傾向にある[1]。スタジアム・アリーナを起点として、PFS/SIBによる事業を行う際にも、こうした分野とは親和性が高いものと思料される。今後、スタジアム・アリーナを活用して、例えばホームチーム等が主体となった、社会・地域課題解決型の事業が創出されることを期待したい。

ここでは、「スポーツ」分野における、PFS/SIBの事例を紹介する。

1) 内閣府「成果連動型民間委託契約に係るアンケート調査の結果について」(2019.4.25)

■PFS

RIZAP×長野県伊那市の連携による自治体向け"成果報酬型"健康増進プログラム

長野県伊那市の"日本一の健康シティ"を目指す取り組みの一環として、RIZAP株式会社と連携して、60歳以上の市民を対象に健康増進プログラムを実施したもの。参加者に約3カ月間のプログラムを提供したうえで、従前従後の体力年齢改善結果、及び医療費削減額の結果を測定し、その水準に応じて報酬が支払われる契約となっている。

図表3-51　健康増進プログラムのスキーム

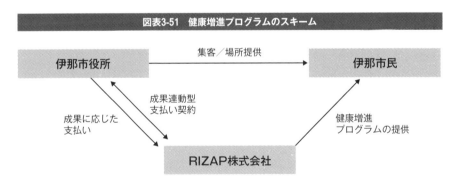

<概要>
実施期間：2018年1月より約3カ月間
実施内容：週1回、90分の健康講座。市内運動施設を利用したシニア向けトレーニング。レシピの提供等。
成果指標：RIZAP体力年齢推定式により算出した体力年齢
成果報酬：①「体力年齢が10歳以上若返った人数」×5万円
　　　　　②「参加者全体の医療費削減額の50%」が、①を上回る場合は、その差額を加算

参考：RIZAPグループ株式会社資料

美馬市×大塚製薬×徳島ヴォルティス　ヴォルティスコンディショニングプログラム

徳島県美馬市、大塚製薬株式会社、徳島ヴォルティス株式会社の三者による健康増進のためのプログラムに関する覚書に基づき、徳島ヴォルティス株式会社を事業者とした、Jリーグクラブ初となるヘルスケア分野のSIBとして、コンディショニングプログラムを実施するもの。5年間で市民1,800人を対象に、徳島ヴォルティスコーチによる8週間の運動プログラムを提供する。さらに、大塚製薬株式会社からの栄養補給食の提供や、ICTを活用した日々の活動データの見える化を行うことで、効果を高めている。

図表3-52　ヴォルティスコンディショニングプログラムのスキーム

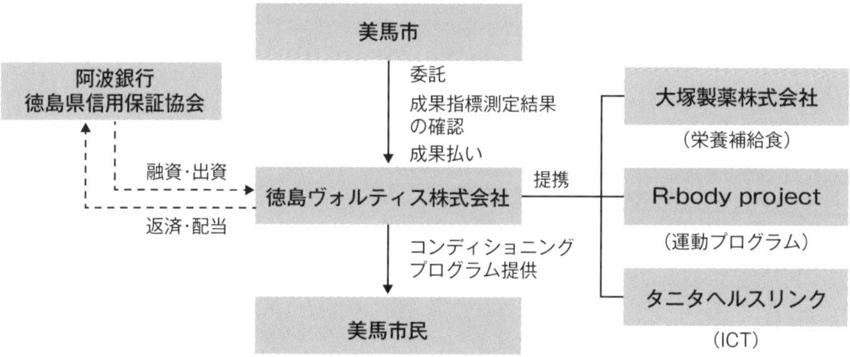

＜概要＞
実施期間：5年間（2019 ～ 2023年度）
実施内容：動作評価に基づいたパーソナルコンディショニングトレーニング手法である、
　　　　　「R-conditioning」の指導法（㈱R-body project開発のオリジナルメソッド）をマスターした、徳島ヴォルティスコーチによる運動プログラムの提供。
成果指標：運動習慣の改善度
　　　　　基本チェックリストの改善度（65歳以上のみ対象）
成果報酬：固定報酬と併せて、事業費のうち一定額を成果指標及び支払基準に基づいて支払い。
　　　　　［支払基準］
　　　　　運動習慣の改善度：運動習慣が改善した対象者が6割未満の場合は減額
　　　　　基本チェックリストの改善度：基本チェックリストの項目が改善した対象者が7割未満の場合は減額

参考：美馬市資料、経済産業省資料

3-10 スタジアム・アリーナに関する法規制

スタジアム・アリーナの構想、計画、設計、建設、運営の各段階においては、一般的な開発事業と同様、関連法制度を順守する必要がある。

構想段階では、一般的な開発事業と同様に、計画全体に影響を与える規制の有無を十分に検討する。多機能複合型、民間活力導入、まちなか立地、収益力向上というスマート・ベニューの特性を念頭に法制度を理解しておくことがポイントである。

1 総論

①土地利用に関する規制

スタジアム・アリーナ建設を検討する際、用地が決定している場合と用地が決定しておらず新たに土地を取得する場合などがあるが、いずれの場合も、まずは、建設予定地に係る土地利用規制について調査し、スタジアム・アリーナの建設可否を確認する必要がある。

まちなか立地を前提とした場合、都市計画法上の用途地域の確認が必要である。都市公園内にスタジアム・アリーナを計画する場合には都市公園法の規制に特に留意が必要である。

なお、確認の結果、現在の法規制の下ではスタジアム・アリーナの建設ができないことが判明した場合は、他の建設場所を検討するか、または都市計画の変更などの土地利用規制の変更や条件緩和の手続きを検討することとなる。

②建築関連の規制

建物の建築にあたっては、都市計画法、建築基準法をはじめとする各種の法規制を一つひとつ確認する。国の定める法律、政令や告示だけでなく条例や建築指導要綱等、地域特有の規制があるため、地方公共団体等の担当窓口に出向いて確認しなければならない。

スタジアム・アリーナは、多数の来場者が訪れる大規模な建築物であるため、周辺の道路交通に関する警察協議を十分に行う必要がある。企画段階での協議が不十

分であると、設計・建設段階でセットバックが必要になるなど大幅な計画変更の要因となることがある。

　また、需要の変動などに合わせ、運営期間中に施設の用途変更をフレキシブルに行い、収益性を高めることも有用と考えられるが、当初計画時の許認可の取り方によっては、施設の用途変更のために許認可を取り直さなければならないことがある。柔軟な運営を可能とするためにも、企画段階で施設の用途変更の可能性も含めて検討しておくことが必要である。

③事業手法に関する規制

　事業手法に関係する法律としては、地方自治法（指定管理者制度、行政財産貸付、普通財産貸付、負担付寄附など）、PFI法[1]（PFI、コンセッション）、都市公園法（設置管理許可制度、公募設置管理制度）などがある。官民連携事業を企画する際には、事業手法の特徴を理解して企画に適した方法を選択するとともに、法定の要件や手続きを順守しなければならないことに留意が必要である。例えば、法令上求められる手続きとして議会の議決が必要になる場合はその議決のタイミングに事業スケジュールが大きく影響を受ける。

④注意するべき法的トラブル

　スタジアム・アリーナは、音や振動を発生させる施設であるため、騒音・振動や、建設による周辺の日照、その他周辺の生活環境への影響に係る配慮が必要となる。また、自然環境への影響にも検討が必要である。環境影響評価法に基づく環境アセスメントの対象事業になる場合はもちろん、対象外の場合であっても、事前調査を十分に行った上で計画をしなければ、法的紛争に発展する恐れがある。

　また、スタジアム・アリーナは不特定多数の人が集まる施設であることから、事件、事故が必ず発生する。官民連携事業を計画する場合には、官民でのリスク分担を事前によく検討しておくことが重要である。

❷　各論

　関連する各種法令について概説する。

①国土利用計画法（図表3-53）

　国土利用計画法は、総合的かつ計画的な国土の利用を図ることを目的とした法律であり、同法に基づき策定される「国土利用計画」は今後の国土の利用についての基本的な構想を示すものである。また、同法に基づき策定される「土地利用基本計画」では、具体的な場所について、5つの地域に区分し、併せて土地利用の調整に関する事項を定めている。土地利用計画に基づく区分は、都市地域、農業地域、森林地域、自然公園地域、自然保全地域の5つがある。国土利用計画法に基づく「都市地域」は、都市計画法に基づく「都市計画区域」と基本的に対応していると考えられる。国土利用計画法そのものが直接スタジアム・アリーナの企画に影響することは稀であるが、適正な土地利用と地価抑制を目的として、一定規模以上の土地取引については届出が必要となる。また、同法に基づき規制区域とされた区域内の取引については許可が必要となる。立地の検討にあたって押さえておく必要がある。

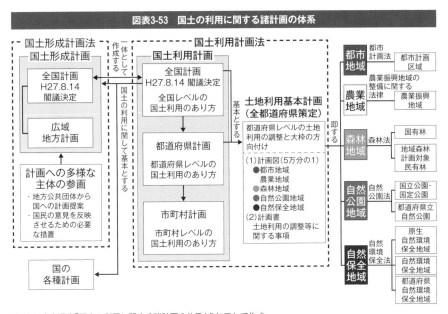

図表3-53　国土の利用に関する諸計画の体系

出所：国土交通省「国土の利用に関する諸計画の体系」を加工して作成
http://www.mlit.go.jp/common/001120149.pdf

②都市計画法（図表3-54）

都市計画法は、都市の土地利用のコントロールを行う法制度の中核的な法律である。都市の土地利用に対するコントロールは、原則として「都市計画区域」として定められた地域の範囲で、「都市計画を定める」ことを通じて規制が行われる[2]。

したがって、企画段階においては、まずはスタジアム・アリーナの建設候補地が、都市計画区域にあるか、都市計画が定められているかを確認することとなる。

都市計画の決定権者は、原則として市町村または都道府県である。基本的には、市町村の区域を超えるような広域的・根幹的なものは都道府県が決定することとされ、それ以外は市町村が定める。

なお、都市計画が定められていない地域であっても、地方公共団体の条例等による規制がある場合がある。各地方公共団体の窓口で確認することが必要である。具体的には、都市計画課や建築指導課などに確認することになるが、最近ではインターネットを通じて情報提供がなされていることも多い。

土地利用に関する都市計画の種類は、図表3-55の通り多岐にわたる。ある地域における土地利用に関する計画のイメージは、図表3-56の通りである。

代表的なものは、区域区分及び地域地区である。区域区分には、市街化区域と市街化調整区域がある。市街化調整区域は、原則として建物が建てられないが、都市計画事業の施行として行う場合など例外的に建築できる場合があり、市街化調整区域に立地しているスタジアム・アリーナもある。地域地区には、代表例である用途地域をはじめ、特別用途地区、高度地区、景観地区、臨港地区等、多数の種類があり、当該地区での具体的な制限については、建築基準法に定められている。

地域地区の代表例である用途地域は、13種類がある。指定されている用途地域の種類によって、建築可能な用途、規模が制限される。用途地域は、大まかな考え方として、住居系、商業系、工業系の3つに分けられるが、建築に係る制限は、住居系の地域がもっとも厳しくなっている。

スタジアム・アリーナは、「観覧場」に該当するため、住居地域として指定されている場所には原則として建築できない[3]。観覧場が建築可能なのは、近隣商業地域、商業地域、準工業地域である。なお、用途地域の指定のない、いわゆる白地地域で

は、観覧場の客席が10,000㎡以下の場合に限り建築可能とされている（図表3-57）。

その他、都市計画法には、一定規模以上の土地の区画形質の変更をする場合に都道府県知事の許可を必要とする制度（いわゆる「開発許可」）が定められている。開発許可が必要か否かによって、スケジュールは大きな影響を受けるため、企画段階で確認をしておく必要がある。

図表3-54　都市計画制度の位置付け

出所：国土交通省「都市計画法制」を加工して作成
http://www.mlit.go.jp/toshi/city_plan/toshi_city_plan_tk_000043.html

図表3-55　土地利用に関する都市計画の種類

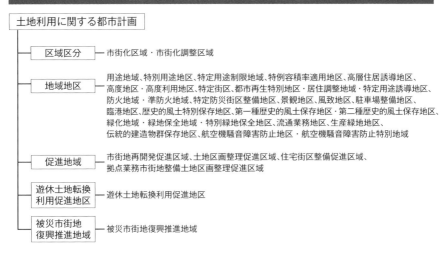

土地利用に関する都市計画

区域区分 ── 市街化区域・市街化調整区域

地域地区 ── 用途地域、特別用途地区、特定用途制限地域、特例容積率適用地区、高層住居誘導地区、
高度地区・高度利用地区、特定街区、都市再生特別地区・居住調整地域・特定用途誘導地区、
防火地域・準防火地域、特定防災街区整備地区、景観地区、風致地区、駐車場整備地区、
臨港地区、歴史的風土特別保存地区、第一種歴史的風土保存地区・第二種歴史的風土保存地区、
緑化地域・緑地保全地域・特別緑地保全地区、流通業務地区、生産緑地地区、
伝統的建造物群保存地区、航空機騒音障害防止地区・航空機騒音障害防止特別地区

促進地域 ── 市街地再開発促進区域、土地区画整理促進区域、住宅街区整備促進区域、
拠点業務市街地整備土地区画整理促進区域

遊休土地転換
利用促進地区 ── 遊休土地転換利用促進地区

被災市街地
復興推進地域 ── 被災市街地復興推進地域

図表3-56　土地利用計画の構成イメージ

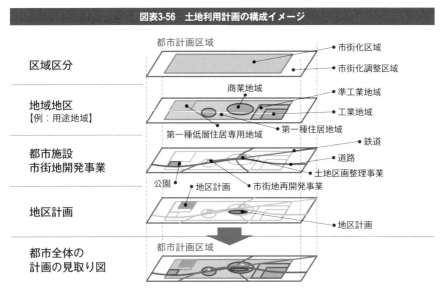

区域区分

地域地区
【例：用途地域】

都市施設
市街地開発事業

地区計画

都市全体の
計画の見取り図

出所：国土交通省「土地利用計画制度」を加工して作成
http://www.mlit.go.jp/toshi/city_plan/toshi_city_plan_tk_000043.html

図表3-57　用途地域の種類とスタジアム・アリーナ（観覧場）建設の可否

	用途地域の種類	説明	建設可否	備考
住居系	第一種低層住居専用地域	低層住宅に係る良好な住居の環境を保護するため定める地域	×	
	第二種低層住居専用地域	主として低層住宅に係る良好な住居の環境を保護するため定める地域	×	
	第一種中高層住居専用地域	中高層住宅に係る良好な住居の環境を保護するため定める地域	×	
	第二種中高層住居専用地域	主として中高層住宅に係る良好な住居の環境を保護するため定める地域	×	
	第一種住居地域	住居の環境を保護するため定める地域	×	
	第二種住居地域	主として住居の環境を保護するため定める地域	×	
	準住居地域	道路の沿道としての地域の特性にふさわしい業務の利便の増進を図りつつ、これと調和した住居の環境を保護するため定める地域	△	当該用途に供する部分（劇場、映画館、演芸場、観覧場は客席）が200㎡未満の場合に限り建築可能
	田園住居地域	農業の利便の増進を図りつつ、これと調和した低層住宅に係る良好な住居の環境を保護するため定める地域	×	
商業系	近隣商業地域	近隣の住宅地の住民に対する日用品の供給を行うことを主たる内容とする商業その他の業務の利便を増進するため定める地域	○	
	商業地域	主として商業その他の業務の利便を増進するため定める地域	○	
工業系	準工業地域	主として環境の悪化をもたらすおそれのない工業の利便を増進するため定める地域	○	
	工業地域	主として工業の利便を増進するため定める地域	×	
	工業専用地域	工業の利便を増進するため定める地域	×	
―	白地地域	用途地域の指定のない区域	△	当該用途に供する部分（劇場、映画館、演芸場、観覧場は客席）が10,000㎡以下の場合に限り建築可能

③建築基準法

　建築基準法は、国民の生命、健康及び財産の保護を図るために、建築物の敷地、設備、構造、用途について最低基準を定める法律である。

　建築物とは、一般的には、土地に定着する工作物で屋根・柱・壁のあるものであるが、野球スタンドのような屋根のない施設であっても、「観覧のための工作物」として建築物に含まれる。また、スタジアム・アリーナは建築基準法の「特殊建築

物」に該当することが多いと考えられる。「特殊建築物」に該当すると、建築物と比較して防災上の構造基準などが厳しくなる。不特定多数の人が集中し、避難上の問題が大きい施設であるためである。

建築基準法には、各種申請、確認、許可、検査等の手続きや制度を定める手続き規定（制度規定）と建築物の具体的、技術的な基準を定める実体規定があり、実体規定の中には、単体規定（個別の建築物の構造や防火・衛生等に係る基準を定める）と、集団規定（都市における土地利用の調整や環境保護等のために用途制限や高さ制限などの基準を定める）がある。

スタジアム・アリーナの設計時には設計事務所等が規制内容をチェックした上で設計を行うことになるが、円滑な事業推進のためには、企画段階からどのような規制があるかのイメージを持っておくことが重要である。

④都市公園法

スタジアム・アリーナを都市公園内に設置する場合、都市公園法上の規制がかかる。

都市公園法には、都市公園内に設置することができる施設（図表3-60）が定められており、また、設置する施設については、建ぺい率などが定められている。法で定める基準に加え、政令、条例において特例が定められていることがあるため、法とともに条例を確認する必要がある。

また、都市公園法では、都市公園内にスタジアム・アリーナを設置する官民連携の事業手法に関する規定として、設置管理許可制度、公募設置管理制度（Park-PFI）についても規定がある（図表3-58）。

図表3-58　都市公園法に定めのある事業手法

制度名	根拠条文	特徴
設置管理許可制度	法第5条	・公園管理者以外の者に対し、都市公園内における公園施設の設置、管理を許可できる制度 ・民間事業者が売店やレストラン等を設置し、管理できる根拠となる規定
公募設置管理制度（Park-PFI）	法第5条の2～5条の9	・飲食店、売店等の公募対象公園施設の設置又は管理と、その周辺の園路、広場等の特定公園施設の整備、改修等を一体的に行う者を、公募により選定する制度

図表3-59　都市公園の種類

	種別	内容
住区基幹公園	街区公園	もっぱら街区に居住する者の利用に供することを目的とする公園
	近隣公園	主として近隣に居住する者の利用に供することを目的とする公園
	地区公園	主として徒歩圏内に居住する者の利用に供することを目的とする公園
都市基幹公園	総合公園	都市住民全般の休息、観賞、散歩、遊戯、運動等総合的な利用に供することを目的とする公園
	運動公園	都市住民全般の主として運動の用に供することを目的とする公園
大規模公園	広域公園	主として一の市町村の区域を超える広域のレクリエーション需要を充足することを目的とする公園
	レクリエーション都市	大都市その他の都市圏域から発生する多様かつ選択性に富んだ広域レクリエーション需要を充足することを目的とし、総合的な都市計画に基づき、自然環境の良好な地域を主体に、大規模な公園を核として各種のレクリエーション施設が配置される一団の地域
国営公園		主として一の都府県の区域を超えるような広域的な利用に供することを目的として国が設置する大規模な公園
緩衝緑地等	特殊公園	風致公園、動植物公園、歴史公園、墓園等特殊な公園
	緩衝緑地	大気汚染、騒音、振動、悪臭等の公害防止、緩和若しくはコンビナート地帯等の災害の防止を図ることを目的とする緑地
	都市緑地	主として都市の自然的環境の保全並びに改善、都市の景観の向上を図るために設けられている緑地
	緑道	災害時における避難路の確保、都市生活の安全性及び快適性の確保等を図ることを目的として、近隣住区又は近隣住区相互を連絡するように設けられる植樹帯及び歩行者路又は自転車路を主体とする緑地

出所：国土交通省ホームページ(http://www.mlit.go.jp/crd/park/shisaku/p_toshi/syurui/)を加工して作成

図表3-60　都市公園に設置できる施設

公園施設	園路及び広場	
	修景施設	植栽、花壇、噴水その他の修景施設で政令で定めるもの
	休養施設	休憩所、ベンチその他の休養施設で政令で定めるもの
	遊戯施設	ぶらんこ、滑り台、砂場その他の遊戯施設で政令で定めるもの
	運動施設	野球場、陸上競技場、水泳プールその他の運動施設で政令で定めるもの
	教養施設	植物園、動物園、野外劇場その他の教養施設で政令で定めるもの
	便益施設	飲食店、売店、駐車場、便所その他の便益施設で政令で定めるもの
	管理施設	門、柵、管理事務所その他の管理施設で政令で定めるもの
	その他	前各号に掲げるもののほか、都市公園の効用を全うする施設で政令で定めるもの

⑤興行場法

　興行場は「映画、演劇、音楽、スポーツ、演芸又は観せ物を、公衆に見せ、又は聞かせる施設」と定義されている。これらの営業を行う場合には興行場法に基づき都道府県知事の許可を得なければならない。具体的に興行場法の適用を受ける興行場は、映画館、劇場、寄席、音楽堂、野球場、見世物小屋等の施設である。音楽やスポーツを見せる、スタジアム・アリーナは、興行場法上の興行場に該当すると考えられる。

　興行場法では、都道府県（保健所を設置する市又は特別区にあっては、市又は特別区）の条例で定める公衆衛生上必要な基準に適合しないと認めるときは、許可を与えないことができるとされている。地方公共団体の条例を確認し、基準に適合した計画を行う必要がある。

⑥消防法

　消防法は、火災を予防し、警戒し及び鎮圧し、国民の生命、身体及び財産を火災から保護するとともに、火災または地震等の災害による被害を軽減する他、災害等による傷病者の搬送を適切に行い、もって安寧秩序を保持し、社会公共の福祉の増進に資することを目的とする法律である。大規模建築物などの消防用設備の設置基準を定めており、施設計画に影響を与えるため、留意が必要である。

　スタジアム・アリーナでは、飲食機能が重要な機能として考えられるが、その場で火を利用した調理を行う飲食店や屋台などの設置、営業を行うか否かにより、求められる設備や構造などは異なるものと考えられる。監督官庁と十分に協議をしておく必要がある。

⑦営業許可に関する法令

　スタジアム・アリーナに併設する用途によって、食品衛生法（飲食店・食品加工場など）、大規模店舗立地法（百貨店・スーパーなど）、公衆浴場法（温浴施設など）、旅館業法（ホテルなど）に留意が必要となる。営業許可の要件として施設面での規制があるため、企画段階での確認が必要である。

⑧地方自治法

地方自治法は、地方公共団体の区分ならびに地方公共団体の組織及び運営に関する事項の大綱を定めるものであり、地方公共団体の活動にとって根幹となる法律である。規定事項は、図表3-61の通り非常に幅広い。

地方公共団体がスタジアム・アリーナの企画を行う場合には、議会の議決が必要な事項、財政支出に関する予算制度、指定管理者制度、公有財産の貸し付けや処分に係る規定、民間事業者との契約に関する入札手続に係る規定などに特に留意が必要である。

例えば、スタジアム・アリーナを官民連携で実施する場合の事業スキームとしては、地方公共団体が施設を所有し、行政財産の目的外使用許可や行政財産の貸し付けにより民間に施設を貸し出してショップなどを運営させることや、民間事業者を公の施設の指定管理者に指定して運営を任せることなどさまざまな手法が考えられるが、こうしたスキームを採用する場合には、地方自治法に定められた要件や手続を充足しなければならない。

なお、地方自治法上、条例・規則で定めることとされている事項も多く、法令とともに対象地方公共団体の条例・規則を確認することを忘れてはならない。

図表3-61　主な規定事項
・国と地方公共団体の役割分担の原則
・地方公共団体に関する法令の立法、解釈・運用の原則
・地方公共団体の種類と性格、事務・権能、名称、区域等
・住民及び住民の権利・義務
・条例及び規則
・議会
・執行機関の構成と事務・権能等
・財務
・公の施設
・国等の関与等のあり方及び係争処理等

⑨民間資金等の活用による公共施設等の整備等の促進に関する法律（PFI法）

　PFI法は、公共施設等の整備等に関して、PFIを用いる場合に適用される法律である。スタジアム・アリーナの整備、維持管理運営についてPFI（公共施設等運営権［コンセッション］を含む）を用いる場合には、同法に定める手続きを履行する必要がある。なお、PFI法にはいくつかの特例が定められており、PFI法によらない場合と比較して、一定の場合に行政財産の貸し付け要件が緩和されるといったメニューが用意されているが、法に定める特例の場合を除いては、PFIであるからといって、PFI法以外の他の法令上の規制が排除されるわけではないことに留意が必要である。例えば、PFIで実施する場合にも、地方自治法上随意契約ができる事由を充足した場合でなければ随意契約（公募プロポーザルを含む）を行うことはできない。

⑩WTO政府調達協定

　世界貿易機関（WTO）の「政府調達に関する協定（GPA：Agreement on Government Procurement）」は、各国の政府が一定額以上の物やサービスを調達するときに、相互に参入障壁を排除することを目的として、1994年4月にモロッコのマラケシュで作成され，1996年1月1日に発効した国際約束（条約）である。日本は、この協定の締結及び公布を行っており、国や、同条約に定める地方政府の機関（都道府県や政令指定都市）は、この協定の定めるルールに従って調達を行わなければならない。スタジアム・アリーナを計画する地方公共団体がWTO政府調達協定の適用される調達機関である場合には留意が必要である。

　例えば、随意契約が可能となる条件が地方自治法よりも厳格であるため、公募型プロポーザルで事業者を選定する方式がとりにくい。また、契約相手方の地域を限定しないこと、外国語での公示を行うことなどが求められる。

1）民間資金等の活用による公共施設等の整備等の促進に関する法律
2）例外的に、準都市計画区域制度が存在する
3）客席が200㎡未満の場合に限り、準住居地域では建築可能

3-11 スタジアム・アリーナの収支モデルの検討

　公共施設として建設・運営されることが多いスタジアム・アリーナでは、利用料金水準が低位に抑えられているケースが多く、大都市圏等に立地している施設を除いて黒字化が難しいのが現状である。

　しかしながら、今後スタジアム・アリーナのプロフィットセンター化を推進していくためには、構想・計画段階から整備・運営段階までも含めた事業計画（収支計画）を作成し、収支改善策を検討することが求められる。

　例えば、初期投資額が回収できないと想定される場合には返済不要な資金調達を検討する、構想・設計段階から専門家の意見を取り入れた施設づくりを行うことで維持管理運営コストダウンを図る、等の工夫が重要である。

　本節では、スマート・ベニューの段階毎のスタジアム・アリーナの収支シミュレーション例を示すものである。

■1 スタジアム・アリーナの収支モデルを検討する前提

　スタジアム・アリーナは地方公共団体所有施設が大宗であり、収支をいかに改善するかについてはこれまであまり検討されてこなかったと思われる。現在では、指定管理者制度等の民活手法の導入が進み、収支改善方策について、徐々に検討されるようになってきた。

　スタジアム・アリーナの収支モデルを検討する場合には、事業スキームをどう設定するかによって、整備・所有の主体が得られる売上やかかる費用が変わり、収支構造の項目が変わってくる。

　本節においては、スタジアム・アリーナの整備・運営事業における売上や費用の項目を整理し、スマート・ベニューの段階毎に、発生する項目、発生しない項目を示した上で、スタジアム・アリーナの収支モデルを検討する。

■2 想定されるスタジアム・アリーナの事業スキーム

　スタジアム・アリーナの事業スキームについては、「3-1 スタジアム・アリーナ実現のための段階論」で、詳述しているが、要約すると図表3-62のようになる。

ここでは、第1〜第5各段階の収支シミュレーションを検討する。

　第1段階は、主に地方公共団体が整備、所有、運営し、スポーツチームなどのコンテンツホルダーが施設を利用するものである。かつての公共スポーツ施設はほとんどがこのタイプで整備・運営されていたが、業務委託や指定管理者制度が浸透してきたため、現在は非常に少なくなっている。第1段階では、貸館事業を行う公共側の収支モデルを検討する。

　現状では、第2段階、第3段階にある施設が多い。業務委託先や指定管理者が、ホームチーム（関連企業を含む）以外の民間事業者の場合は第2段階となり、その施設をホームスタジアムまたはホームアリーナとするスポーツチームが指定管理者になる場合には第3段階となる。よって、収支の項目としては、第2段階と第3段階は同じとなる。第2段階と第3段階は、公共所有の施設を民間（指定管理者等）に運営委託する形であり、ここでは受託者である民間事業者の収支を検討することとする。

図表3-62　スタジアム・アリーナの事業スキーム

第1段階 所有運営型	（ハコ貸し主体） ・施設所有者が運営し、スポーツチームなどのコンテンツホルダーが利用する施設 ・主に、地方公共団体が所有及び運営する公共スポーツ施設となる
第2段階 分離型 （貸館モデル①）	（ホームチーム（関連企業を含む）以外の民間事業者による管理運営） ・施設所有者とは別の主体が管理運営者となる施設 ・現在では、多くの公共スポーツ施設が、業務委託や指定管理者制度の導入により、このタイプの施設となっている
第3段階 分離型 （貸館モデル②）	（ホームチーム（関連企業を含む）による管理運営） ・地方公共団体が施設を所有し、施設の主たる利用者であるホームチーム（関連企業を含む）が管理運営者となる施設 ・ホームチーム（関連企業を含む）が、施設の指定管理者として管理運営を行うケースや、都市公園内の施設である場合は管理許可を受けて施設の管理運営を行うケース
第3段階 分離型 （貸館モデル②） 負担付寄附	（ホームチーム（関連企業を含む）による管理運営） ・施設の主たる利用者であるホームチーム（関連企業を含む）が整備し、地方公共団体に寄附を行い、施設の指定管理者として指定を受け、管理運営を行うケース
第4段階 一体経営	（ホームチーム（関連企業を含む）による建設・所有・管理運営の一体経営） ・施設の主たる利用者であるホームチーム（関連企業を含む）が施設を所有し、管理運営を行うケース
第5段階 複合施設化	（公共施設や商業施設等との複合施設化） ・一体経営に加え、公共施設や商業施設等との複合施設化が行われるケース
第6段階 その先へ	（理想形） ・スタジアム・アリーナが周辺エリアと連携し、不足する都市機能を補完したり、コンパクトシティの形成等、あるべきまちづくりの実現に貢献するケース

　第3段階の、地方公共団体が整備して、ホームチーム（関連企業を含む）による管理運営を行うパターンには、負担付寄附方式を活用し、寄附金を集めてスタジアム・アリーナを建設した上で、地方公共団体に施設を寄附する代わりに、民間（ホームチーム等）がスタジアム・アリーナを管理運営するという事業手法がとられる場合がある（図表3-63）。負担付寄附の場合、整備主体は民間となるが、所有は地方公共団体とすることで、施設所有に係る税金（固定資産税及び都市計画税（以下、固都税））が発生せず、また減価償却費が計上されない、という点が第4段階とは異なる。

　第4段階は、一体経営（施設の主たる利用者であるホームチーム（関連企業を含む）が施設を所有し、管理運営も行うケース）、第5段階（複合施設化）、第6段階（その先へ）となる。

　複合施設化は、スタジアム・アリーナの内外に商業施設等を複合的に整備して、スタジアム・アリーナの収益を補うモデルである。これは、スタジアム・アリーナの収支モデルというよりは、スタジアム・アリーナを含む複合施設全体としての収支モデルとなる。

　複合施設化には、さまざまなパターンが考えられる。公共施設や商業施設等との併設が想定されるが、複合施設の収益力は、立地や条件に大きく左右される。複合施設の場合、スタジアム・アリーナ単体の建設費よりも施設整備費がかかる上、賃貸事業とする場合にはテナント空室リスク、自ら事業を行う場合には、事業に伴うリスクがあり、複合施設化すれば必ず、スタジアム・アリーナの低収益性をカバー

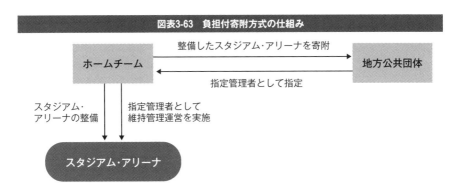

図表3-63　負担付寄附方式の仕組み

ホームチーム　━━整備したスタジアム・アリーナを寄附━→　地方公共団体
　　　　　　　←━━指定管理者として指定━━

スタジアム・アリーナの整備　｜　指定管理者として維持管理運営を実施

スタジアム・アリーナ

できるとは限らない点に留意することが重要である。

第2段階〜第5段階について、本節では民間事業者側の収支モデルを検討することとする。

3 スタジアムで想定される売上費用項目

①売上項目（図表3-64）

スタジアムの主たる売上は、スタジアム利用料金収入である。

スタジアムを利用するプロスポーツとしては、例えば野球やサッカーが挙げられる。野球とサッカーを比較すると、サッカー（Jリーグ）はプロ野球に比して開催日数が少なく、収入面では劣後になると言える。なお、スタジアムとそこで行われるプロスポーツの興行は、地方公共団体にとって、地域におけるにぎわい創出やブランド価値の醸成といった施策の一つでもあるため、利用料金の減免等が実施されている場合も多い。

スポーツ以外の興行としては、例えば音楽コンサートが挙げられるが、スタジアムは芝生の養生が必要となる関係で、スポーツ以外の興行を実施しにくい性質がある。

スタジアムの規模や設計にもよるが、以上のような理由から、一般論として、試合数の多いプロ野球を主たる利用用途としないスタジアムでは、収支が黒字化しにくい傾向にあると言える。

②費用項目（図表3-65）

費用項目は、建物維持管理・運営費、水光熱費、飲食物販経費、複合事業経費、減価償却費、固都税、支払利息などが挙げられる。

このうち、複合事業経費は複合施設化した場合に、減価償却費や固都税は施設を所有した場合に、支払利息は借入金が発生した場合に計上される費用項目である。

図表3-64　スタジアムの売上項目（種類・留意点・段階ごとの違い）

項目	種類	留意点	段階ごとの違い
スタジアム利用料金収入	スポーツ興行利用料金収入	興行当日及び準備撤収の利用あり。	第1段階は直営の公共施設であるため料金水準は低位にとどまる。第2段階、及び第3段階では、指定管理者制度の活用により、第1段階に比べて興行にかかる利用料金水準を上げることが多い。第4段階以降では、民間のスタジアムとして、集客数と客単価に対応した利用料金の徴収や稼げるイベントの誘致など、興行にかかる利用料金のさらなる向上が期待できる。なお、スタジアムはアリーナに比して、段階に順ずる利用日数の拡大は小幅である。利用料金収入は、スポーツ興行、スポーツ以外の興行について、本番日と準備日を想定、また、一般市民利用日を想定。スポーツ興行とスポーツ以外の興行については、集客数とチケット単価を想定し、それに一定割合を乗じて収入としている。なお、この割合は、第4、第5段階において、第3段階以下よりも大きく想定している。これは、第4、第5段階では、減価償却費の負担が生じるためである。
	スポーツ以外の興行の利用料金収入	興行当日及び準備撤収の利用あり。	
	一般市民利用での利用料金収入		
設備や備品貸出による収入	スタジアムの利用に伴う各種設備や、備品等の貸し出しによる使用料金収入		スタジアム利用が増えることで増加することが期待できる。
自主事業収入	運営者が自主的に教室やイベントを開催することで得られる収入	指定管理者制度の場合は、利用料金制をとることで指定管理者の収入となる。	第3段階以降、段階が進むにしたがって、運営者の裁量により増加することが期待できる。
飲食物販収入	スタジアム内の飲食物販事業の収入	客層に合わせた魅力的な飲食物販を提供することで収入拡大を図ることができる。店子（たなこ）事業とする場合は店舗賃貸料収入となる。	第4段階以降でより高付加価値な事業が望める。第2段階、第3段階、第3段階（負担付寄附）では、公共所有の施設のため、飲食物販事業のための床代（目的外使用料等）を支払う必要がある。また、指定管理者や、ホームチーム（関連企業を含む）が直接飲食物販事業を行わずにテナントから売り上げの一定割合を徴収する場合も多いと想定される。店舗についても、コンテンツを持つチームが自らのブランド力をもって販売する店舗を置く場合（直営）とテナント貸しをするする場合、その両方をミックスする場合等が想定できる。
その他収入	広告収入、VIPルーム収入、ネーミングライツ収入、駐車場収入等		その他収入に関する事業は民間事業者が実施することが想定できるが、その収入の配分については、公共施設である場合には公共との収入分割、また、民間所有であってもメインコンテンツとなるスポーツチームとの収入分割など、様々なケースが想定できる。
複合事業収入	大規模小売店舗、レジャー施設、宿泊施設、公共施設等の事業収入	テナント賃貸事業とする場合は店舗賃貸料収入となる。	第5段階で複合化を図ることで得られる。複合施設についても、自らリスクを負い直営事業を行う場合、テナント貸しする場合、それらをミックスする場合等、多様な手法が想定できる。

項目	種類	留意点・段階ごとの違い
施設整備費	設計費	第5段階で複合施設化を図る場合には、複合施設の施設整備費等も必要となる。
	施設建物整備費	
	設備整備費	
大規模修繕費		大規模修繕費は予め正確に見積もることが難しく、また費用負担が重いことから、大規模修繕費の官民分担については、多様なケースがある。
維持管理・運営費	人件費	運営しやすい施設整備、維持管理しやすい施設整備、あるいは効率的な維持管理運営を行える事業スキームを採用することで、全体コスト削減につながる可能性がある。
	保守点検等管理費	
	警備費	
	修繕費	
	清掃費	
	その他雑費	
水光熱費	施設の維持管理運営にかかる水光熱費	
自主事業経費	運営事業者がイベントや教室など自主事業を行うのにかかる経費。	第3段階以降、段階が進むにしたがって増える収入に対して経費も増加する一方、効率化、事業の拡大によって、経費率は低減する。
飲食物販経費	飲食物販事業を行うのにかかる経費	第2、第3段階では、指定管理者側は行政財産使用料を公共に支払うこととしている。
複合事業経費	複合施設に係る経費	第5段階で施設の複合化を図った場合には、複合施設部分の維持管理、修繕等の経費がかかる。
土地賃借料	定借料等	施設所有者と土地所有者が異なる場合には、借り手が所有者に支払うことになる。
減価償却費	建物・設備の減価償却費	公共が施設を所有している場合には減価償却費はないため、第1～第3段階では計上されない。 第5段階で施設の複合化を図った場合には、複合施設部分の減価償却費も必要。
公租公課	収益関係税、建物および土地の固定資産税、都市計画税	公共が土地・施設を所有している場合には固都税は課されないため、第1～第3段階では計上されない。 第5段階で施設の複合化を図った場合には、複合施設部分の固都税も必要。
その他経費	借入金支払利息	借入金がある場合には、利息の支払いが必要である。また、元本償還も必要となる。

4 スタジアムの収支シミュレーション（例）の紹介

①収支シミュレーション（例）の検討の考え方

　以下に、シミュレーションを行うための前提条件を示す。ただし、ここで示す前提条件は、収支構造の理解を一義的な目的とするもので、各数値については、地域や事業内容によって異なることに留意されたい。

- ●政令指定都市または政令指定都市に準じる都市で立地
- ●座席数はJ1基準に鑑みて15,000席（延床面積27,000㎡）、天然芝の開放型スタジアム

を想定

（なお、今次シミュレーションでは段階毎の累積損益額の違いを明確に表したいため、売上の数値を大きめに示している。）

図表3-66　段階別の固都税と減価償却費

	施設整備	施設所有	管理運営	固都税	減価償却費
第1段階	公共	公共	公共	なし	なし
第2段階	公共	公共	民間	なし	なし
第3段階	公共	公共	民間	なし	なし
第3段階(負担付寄附)	民間	公共	民間	なし	なし
第4段階	民間	民間	民間	あり	あり
第5段階	民間	民間	民間	あり	あり

②収支シミュレーション（例）の検討の前提

　ここでは、収支シミュレーションの例示にあたり、図表3-67、図表3-68のような売上項目、費用項目を想定する。

● 売上

図表3-67　売上項目の前提

項目	前提・考え方
利用料金収入	・スポーツ興行におけるスタジアム利用料金 （本番日及び準備撤収日） ・スポーツ興行以外の興行におけるスタジアム利用料金 （本番日及び準備撤収日） ・一般市民利用におけるスタジアム利用料金 段階が進むにしたがってスポーツ興行の稼働率が、若干アップする想定とする
設備や備品の貸出による収入	・利用料金収入の15％を想定
自主事業収入	・教室、プログラムの実施により得られる収入を想定 ・第1段階の自主事業収入を0とし、第2段階以降、収入増が図られることとする
飲食物販収入	・物販、飲食テナント、自動販売機等収入を想定 ・テナント売上の一定割合をスタジアムが収受することを想定
その他収入	・広告収入、ネーミングライツ収入、VIPルーム収入、駐車場収入等を想定
複合事業収入	・第5段階で施設の複合化を図った場合に複合施設から得られる店舗賃貸料収入

※売上前提については、先行事例及び専門家ヒアリング等を踏まえて、平均的なものと考えられる仮定を設定しており、必ずしもこの収入が得られることを示すものではない。
※計画検討においては、各地域の実情に応じた設定を行い、項目を検討することが重要である。

160

● 費用

図表3-68　費用項目の前提	
項目	前提・考え方
施設整備費 (設計費込み)	スタジアム45万円/㎡、複合施設50万円/㎡とする。 駐車場(900台分)を16,200㎡整備する。 第5段階で複合施設を整備する場合には、複合施設の施設整備費も含める。
大規模修繕費	15年ごとに施設整備費の25%を計上。 初回の大規模修繕は設備等の修繕が主となると想定し、15年の定額償却とする。
維持管理費 (小修繕費含む)	3,760円/㎡・年を基準とし、第3段階を100%とし、段階に応じ、上下5～10%の範囲で変動する設定とする。
運営費(人件費)	人件費1,000円/㎡・年、その他経費(委託費、リース費用等) 500円/㎡・年を基準とし、第3段階を100%とし、段階に応じ、上下5～10%の範囲で変動する設定とする。
水光熱費	1,280円/㎡・年
自主事業経費	自主事業を実施する場合には、その40～50%の経費を計上 第1段階を50%とし、第3段階以降低減される設定とする。
飲食物販経費	飲食物販事業を実施する場合、公共が所有する施設である場合には、行政財産使用料を支払う。
その他事業経費	その他収入で想定している事業のうちVIPルーム、駐車場事業に対して、公共が所有する施設である場合、行政財産使用料を支払う。
土地賃借料	立地環境や土地所有者の意向、自社所有、公有地の場合等様々なケースが想定されるが、ここでは発生しないこととする。
減価償却費	施設、設備によって法定耐用年数が異なるが、平均して施設設備全体を30年の定額償却とする。駐車場は10年の定額償却とする。
公租公課	収益関係税の他、民間が施設を所有する場合には、固定資産税、都市計画税を想定。

※費用前提については、先行事例及び専門家ヒアリング等を踏まえて、平均的なものと考えられる仮定を設定している。
※計画検討においては、各地域の実情に応じた設定を行い、項目を検討することが重要である。

● 資金調達

民間事業者が設備投資をする場合には、資金調達条件を図表3-69の通りとする。

図表3-69　資金調達の前提	
自己資本	初期投資額の50%を自己資金、残り50%を借入金で調達することとする
借入金条件	初期投資に関する借入期間20年、金利2% 大規模修繕実施時にも借入れ。条件は借入期間15年、金利2%

● 試算期間

設計・建設2年間＋維持管理運営30年間

途中、維持管理16年目に大規模修繕を1回実施

③収支シミュレーションの実施

　段階ごとの収支シミュレーションを検討するにあたって、段階の発展に従った、事業内容の変容について図表3-70に示す。

図表3-70　売上の想定

	利用料金収入	自主事業収入	飲食物販収入	その他収入	複合事業収入
第1段階	○		○	○	
第2段階	○	○	○	○ ＊	
第3段階	○	○	○	○	
第4段階	○	○	○	○	
第5段階	○	○	○	○	○

＊その他収入のうちネーミングライツ収入は第1段階で公共の収入となるが、第2段階では民間の収入にならないので減少する。

【第1段階】（図表3-71）

図表3-71　第1段階収支シミュレーション（例）

収支シミュレーション　　金額単位：百万円

		開業年度 1	5	10	15	20	25	30
売上	計	151	151	151	151	151	151	151
	スタジアム利用料金収入	82	82	82	82	82	82	82
	設備や備品貸出による収入	12	12	12	12	12	12	12
	自主事業収入	–	–	–	–	–	–	–
	飲食物販収入	13	13	13	13	13	13	13
	その他収入	43	43	43	43	43	43	43
	複合事業収入	–	–	–	–	–	–	–
費用	計	184	184	184	184	184	184	184
	維持管理費	107	107	107	107	107	107	107
	運営費	43	43	43	43	43	43	43
	水光熱費	35	35	35	35	35	35	35
	自主事業経費	–	–	–	–	–	–	–
	飲食物販経費	–	–	–	–	–	–	–
	減価償却費							
	固都税							
営業利益		▲33	▲33	▲33	▲33	▲33	▲33	▲33
営業外費用	計	–	–	–	–	–	–	–
	支払利息	–	–	–	–	–	–	–
税引前当期損益		▲33	▲33	▲33	▲33	▲33	▲33	▲33
収益関係税		–	–	–	–	–	–	–
税引後当期損益		▲33	▲33	▲33	▲33	▲33	▲33	▲33
累計損益		▲33	▲166	▲331	▲497	▲662	▲828	▲993

　ここで想定する第1段階は、地方公共団体が施設を整備して、自らハコ貸し主体の事業を行うものである。収入としては、利用料金収入に加え、飲食物販収入、その他収入（広告収入、VIPルーム収入、ネーミングライツ収入、駐車場収入）を見込む。

　結果として、各年度の費用（維持管理費、運営費、水光熱費、その他経費の合計）が、各年度の売上を大きく上回る。初年度から単年度損益がマイナスとなり、以降それが定常状態となる。資金（キャッシュ）についても同様に、初年度からマイナスとなる。

【第2段階】（図表3-72）

　第2段階は、地方公共団体が施設を整備、所有して、コンテンツを持たない民間事業者が維持管理運営を行うものである。

　民間事業者に一定の裁量があることから、第1段階に比べ、利用料金収入、飲食

図表3-72　第2段階収支シミュレーション（例）

収支シミュレーション　　　金額単位：百万円

	開業年度	1	5	10	15	20	25	30
売上	計	307	307	307	307	307	307	307
	スタジアム利用料金収入	166	166	166	166	166	166	166
	設備や備品貸出による収入	25	25	25	25	25	25	25
	自主事業収入	5	5	5	5	5	5	5
	飲食物販収入	80	80	80	80	80	80	80
	その他収入	31	31	31	31	31	31	31
	複合事業収入	–	–	–	–	–	–	–
費用	計	182	182	182	182	182	182	182
	維持管理費	102	102	102	102	102	102	102
	運営費	41	41	41	41	41	41	41
	水光熱費	35	35	35	35	35	35	35
	自主事業経費	3	3	3	3	3	3	3
	飲食物販経費	3	3	3	3	3	3	3
	減価償却費	–	–	–	–	–	–	–
	固都税	–	–	–	–	–	–	–
営業利益		125	125	125	125	125	125	125
営業外費用	計	–	–	–	–	–	–	–
	支払利息	–	–	–	–	–	–	–
税引前当期損益		125	125	125	125	125	125	125
収益関係税		42	42	42	42	42	42	42
税引後当期損益		82	82	82	82	82	82	82
累計損益		82	411	822	1,234	1,645	2,056	2,467

物販収入、駐車場収入の増加を見込む。また、第1段階に加え、自主事業収入を見込むが、広告、VIPルーム、ネーミングライツは収入とならない。

費用面では、第1段階に比べ、維持管理費と運営費において、約5%の減少を想定する。他方で、飲食物販事業にかかる経費が増加し、自主事業にかかる経費の負担も生じる。

結果として、各年度とも約8千万円の利益が生じる。利用料金収入等の増加と、維持管理運営費の低減によって、第1段階に比べて収支が改善している。

【第3段階】（図表3-73）

第3段階は、地方公共団体が施設を整備、所有して、ホームチーム（関連企業含む）が、維持管理運営を行うものである。

ホームチーム（関連企業含む）が維持管理運営を行うことで、利用料金収入や自主事業収入、飲食物販収入、駐車場収入の増加が期待できる。また、その他収入と

図表3-73　第3段階収支シミュレーション（例）

収支シミュレーション　　金額単位:百万円

		開業年度	1	5	10	15	20	25	30
売上	計		382	382	382	382	382	382	382
		スタジアム利用料金収入	186	186	186	186	186	186	186
		設備や備品貸出による収入	28	28	28	28	28	28	28
		自主事業収入	25	25	25	25	25	25	25
		飲食物販収入	94	94	94	94	94	94	94
		その他収入	49	49	49	49	49	49	49
		複合事業収入	–	–	–	–	–	–	–
費用	計		193	193	193	193	193	193	193
		維持管理費	102	102	102	102	102	102	102
		運営費	41	41	41	41	41	41	41
		水光熱費	35	35	35	35	35	35	35
		自主事業経費	10	10	10	10	10	10	10
		飲食物販経費	7	7	7	7	7	7	7
		減価償却費	–	–	–	–	–	–	–
		固都税	–	–	–	–	–	–	–
営業利益			189	189	189	189	189	189	189
営業外費用	計		–	–	–	–	–	–	–
		支払利息	–	–	–	–	–	–	–
税引前当期損益			189	189	189	189	189	189	189
収益関係税			64	64	64	64	64	64	64
税引後当期損益			125	125	125	125	125	125	125
累計損益			125	623	1,245	1,868	2,490	3,113	3,735

して、広告収入、VIPルーム収入が得られるものとする。ただし、ネーミングライツは収入とならない。

結果として、約1.25億円の収益が生じることとなる。第2段階よりもさらに、利用料金収入、飲食物販事業、自主事業、その他収入等の拡大によって、単年度損益は改善する。

【第3段階（負担付寄附）】（図表3-74）

負担付寄附は、ホームチーム（関連企業含む）が施設整備を行い、維持管理運営を担うことを条件に地方公共団体に施設を寄附することで、ホームチーム（関連企業含む）に固都税や減価償却費負担が生じないスキームである。施設の所有者は公共となるが、ここでは運営する民間事業者（ホームチーム（関連企業含む））の収支を検討する。

収支モデル上は、前述の第3段階と収入・費用は概ね同等となるが、維持管理費、

図表3-74　第3段階（負担付寄附）収支シミュレーション（例）

収支シミュレーション　　金額単位：百万円

		開業年度						
		1	5	10	15	20	25	30
売上	計	382	382	382	382	382	382	382
	スタジアム利用料金収入	186	186	186	186	186	186	186
	設備や備品貸出による収入	28	28	28	28	28	28	28
	自主事業収入	25	25	25	25	25	25	25
	飲食物販収入	94	94	94	94	94	94	94
	その他収入	49	49	49	49	49	49	49
	複合事業収入	–	–	–	–	–	–	–
費用	計	186	186	186	186	186	186	186
	維持管理費	96	96	96	96	96	96	96
	運営費	38	38	38	38	38	38	38
	水光熱費	35	35	35	35	35	35	35
	自主事業経費	10	10	10	10	10	10	10
	飲食物販経費	7	7	7	7	7	7	7
	減価償却費	–	–	–	–	–	–	–
	固都税	–	–	–	–	–	–	–
営業利益		196	196	196	196	196	196	196
営業外費用	計	–	–	–	–	–	–	–
	支払利息	–	–	–	–	–	–	–
税引前当期損益		196	196	196	196	196	196	196
収益関係税		67	67	67	67	67	67	67
税引後当期損益		129	129	129	129	129	129	129
累計損益		129	646	1,292	1,938	2,584	3,230	3,876

運営費の削減を見込む。結果として、約1.29億円の収益が生じることとなり、第4、第5段階も含めて、すべての段階の中で収支状況は最も良くなる。稼働率に限界のあるスタジアムについて、民間事業者が整備を行おうとする場合、有力なスキームの一つと言える。

ただし、施設整備に係る借入のため、キャッシュフロー上は、第3段階にわずかに劣後する。

（注）実際に負担付寄附のスキームを活用する場合には、施設整備を行った主体（ホームチームまたは関連企業）が、投資した設備投資について、営業権償却、特別損失等の会計処理が考えられるが、本シミュレーションでは、この点は考慮しない。

【第4段階】（図表3-75）

第4段階は、コンテンツを持つホームチーム（関連企業含む）が施設整備を行い、維持管理運営を行うものである。民間事業者が施設を整備し、所有することから、

図表3-75　第4段階収支シミュレーション（例）

収支シミュレーション　　金額単位：百万円

		1	5	10	15	20	25	30
売上	計	694	694	694	694	694	694	694
	スタジアム利用料金収入	378	378	378	378	378	378	378
	設備や備品貸出による収入	57	57	57	57	57	57	57
	自主事業収入	50	50	50	50	50	50	50
	飲食物販収入	141	141	141	141	141	141	141
	その他収入	69	69	69	69	69	69	69
	複合事業収入	–	–	–	–	–	–	–
費用	計	746	727	702	664	809	773	736
	維持管理費	91	91	91	91	91	91	91
	運営費	36	36	36	36	36	36	36
	水光熱費	35	35	35	35	35	35	35
	自主事業経費	20	20	20	20	20	20	20
	飲食物販経費	–	–	–	–	–	–	–
	減価償却費	418	418	418	405	547	547	547
	固都税	146	126	101	77	80	43	7
営業利益		▲52	▲32	▲7	30	▲114	▲78	▲42
営業外費用	計	130	122	93	62	74	27	5
	支払利息	130	122	93	62	74	27	5
税引前当期損益		▲182	▲154	▲101	▲32	▲189	▲105	▲47
収益関係税		–	–	–	–	–	–	–
税引後当期損益		▲182	▲154	▲101	▲32	▲189	▲105	▲47
累計損益		▲182	▲851	▲1,464	▲1,736	▲2,860	▲3,536	▲3,888

第3段階の費用項目に加えて、減価償却費や固都税等が発生することが大きな違いとなる。

　売上項目については、主たるコンテンツを持つ主体が施設整備を行うことで、飲食物販等収入の向上が期待できる。また、施設所有者としてネーミングライツ収入を得ることもできる。費用面では、効率的に維持管理できる設計とすることで経費率削減を図ることが期待できるが、一方で減価償却費や固都税が大きな負担となる。

　結果として、初年度からマイナス2億円近い赤字となり、15年目に向かって改善傾向を示すが、16年目に実施する大規模修繕に伴う減価償却費の増嵩に伴い、16年目以降でまた赤字幅が膨らむ。

　赤字となる原因として、スタジアムでは、アリーナ程の稼働率を生み出しにくく、減価償却費や借入利息の負担増を上回るだけ、収益の増加が見込めないことが挙げられる。これはサッカーを主たるコンテンツとするスタジアムにおいて、解決し難い問題であるが、第5段階で述べる通り、複合施設として整備することで、スタジアムのコンテンツと相乗効果のある事業を行い、まさにスマート・ベニューとして、施設全体でプロフィットセンター化する方策が期待される。

【第5段階】（図表3-76）

　第5段階は、コンテンツを持つホームチーム（関連企業含む）が、施設を整備、所有して維持管理運営をする第4段階に加え、複合的な収益施設を整備し、不動産賃貸事業を行うものである。

　費用面では、第4段階で計上された費用に加え、複合施設の施設整備費と維持管理費、整備のための借入金調達に伴う支払利息の発生や借入金の償還の必要が生じる。

　結果として、初年度は赤字であるものの、15年目には約1.6億円の黒字が見込まれることとなる。しかし、16年目の大規模修繕実施に伴う減価償却費の増嵩によって赤字に陥ることとなり、以降（次の大規模修繕まで）改善傾向を示す。

　本結果が示唆するのは、民間が施設を所有する場合であっても、複合的な開発によって、スタジアム事業を成立させられる可能性である。

　複合化する不動産賃貸事業には、空き店舗の発生、テナントの倒産など、特有のリスクも存在するが、複合化した開発は、スタジアム単体に比べて、周辺にもたら

す経済的、社会的効果を増加させることも期待できる。

　事業を検討する民間事業者は、なぜスタジアムを整備、所有しようとするのか、という目的を熟慮した上で、リスクとリターンを勘案して事業の要否を判断されたい。

【段階ごとの検討のまとめ】

　ここまで検討した各段階の収支シミュレーション（例）の累積損益額（図表3-77）と資金過不足累計額（図表3-78）（ともに30年間）をグラフで示すと、次の通りとなる。

　累積損益額の第4、第5段階のグラフが16年目から下降しているのは、16年目で実施する大規模修繕に係る減価償却費負担が増えるためである。一方、資金過不足累計額グラフを見ると、減価償却費を戻したキャッシュフローは、第4段階では、大規模修繕に伴う借入金の負担により一時期マイナスに陥るが、第5段階では、30年目まで続けてプラスとなっている。また、キャッシュフロー上は、第5段階が全ての段階で最も数値が大きい。

図表3-76　第5段階収支シミュレーション（例）

収支シミュレーション　　金額単位:百万円

開業年度		1	5	10	15	20	25	30
売上	計	1,676	1,676	1,676	1,676	1,676	1,676	1,676
	スタジアム利用料金収入	431	431	431	431	431	431	431
	設備や備品貸出による収入	65	65	65	65	65	65	65
	自主事業収入	60	60	60	60	60	60	60
	飲食物販収入	208	208	208	208	208	208	208
	その他収入	72	72	72	72	72	72	72
	複合事業収入	840	840	840	840	840	840	840
費用	計	1,455	1,419	1,374	1,317	1,691	1,625	1,550
	維持管理費	91	91	91	91	91	91	91
	運営費	36	36	36	36	36	36	36
	水光熱費	35	35	35	35	35	35	35
	自主事業経費	24	24	24	24	24	24	24
	飲食物販経費	–	–	–	–	–	–	–
	減価償却費	751	751	751	738	1,108	1,108	1,108
	複合事業経費	252	252	252	252	252	252	252
	固都税	265	229	185	141	145	79	4
営業利益		221	257	302	359	▲15	51	126
営業外費用	計	236	222	170	112	135	50	9
	支払利息	236	222	170	112	135	50	9
税引前当期損益		▲15	35	132	247	▲150	1	117
収益関係税		–	11	45	84	–	–	–
税引後当期損益		▲15	24	87	163	▲150	1	117
累計損益		▲15	22	329	1,008	▲72	▲336	78

　なお、資金過不足累計額グラフの変動は、大規模修繕や借入金の償還に影響を受けており、これらの条件の設定によって、試算が変化する可能性がある点は留意が必要である。

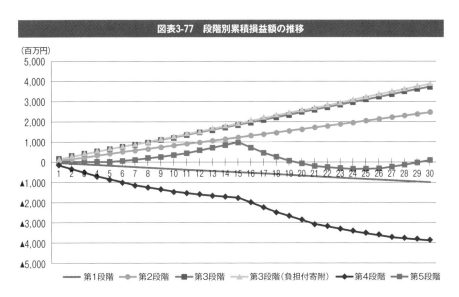

図表3-77　段階別累積損益額の推移

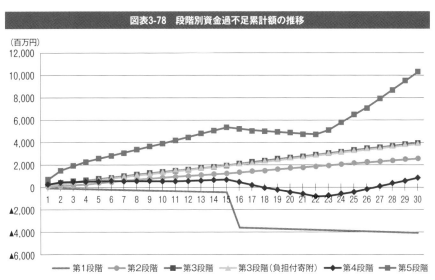

図表3-78　段階別資金過不足累計額の推移

5 アリーナで想定される売上費用項目

①売上項目（図表3-79）

アリーナの主たる収入は、アリーナ利用料金収入である。

アリーナを利用するスポーツとして、例えば、バスケットボールが挙げられる。また、屋根があるアリーナの場合は、スタジアムに比べ、スポーツ以外の音楽コンサート等の利用が多く見込まれる。

②費用項目（図表3-80）

費用項目としては、建物維持管理・運営費、水光熱費、飲食物販経費、複合事業経費、減価償却費、固都税等が挙げられる。

このうち、複合事業経費は複合施設化した場合に、減価償却費や固都税は施設を所有した場合に、支払利息は借入金が発生した場合に計上される費用項目である。

6 アリーナの収支シミュレーション（例）の紹介

①収支シミュレーション（例）の検討の考え方

以下に、シミュレーションを行うための前提条件を示す。ただし、ここで例示するアリーナの収支シミュレーションは、段階ごとの収支シミュレーションを構造的に示すことを第一義とするもので、各数値については、地域ごと、事業内容によって異なることに留意されたい。

- ●政令指定都市または政令指定都市に準じる都市で立地
- ●座席数10,000席（延床面積20,000㎡）のアリーナ

を想定

（なお、今次シミュレーションでは段階毎の累積損益額の違いを明確にするため、売上の数値を大きめに示している。）

図表3-79　アリーナの売上項目（種類・留意点・段階ごとの違い）

項目	種類	留意点	段階ごとの違い
アリーナ利用料金収入	スポーツ興行利用料金収入	興行当日及び準備撤収の利用あり	第1段階は直営の公共施設であるため料金水準は低位にとどまる。第2段階、及び第3段階では、指定管理者制度の活用により、第1段階に比べて利用料金水準を上げることが多い。また、指定管理者の努力によって、稼働日数の増加が期待できる。第4段階以降では、民間のアリーナとして、集客数と客単価に対応した利用料金の徴収や稼げるイベントの誘致など、利用料金収入の大幅アップが期待できる。 利用料金収入は、第1〜第3段階については、スポーツ興行、スポーツ以外の興行について、本番日と準備日を想定、一般市民利用日を想定、それぞれに利用料金想定を乗じて、収入としている。第4及び第5段階については、集客数とチケット単価を想定し、それに一定割合を乗じて収入としている。
	スポーツ以外の興行の利用料金収入	興行当日及び準備撤収の利用あり	
	一般市民利用での利用料金収入		
設備や備品貸出による収入	各種設備や、備品等の貸出による使用料金収入となる。	ニーズに合致した付帯設備があることが重要となる。	アリーナ利用が増えることで増加することが期待できる。
自主事業収入	運営者が自主的に教室やイベントを開催することで得られる収入。	指定管理者制度の場合は、利用料金制をとることで指定管理者の収入となる。	第3段階以降、段階が進むにしたがって、運営者の裁量により増加することが期待できる。
飲食物販収入	アリーナ内の飲食物販事業の収入。	客層に合わせた魅力的な飲食物販を提供することで収入拡大を図ることができる。店子事業とする場合は店舗賃貸料収入となる。	第4段階以降でより高付加価値な事業が望める。第2段階、第3段階、第3段階（負担付寄附）では、公共所有の施設のため、飲食物販事業のための床代（目的外使用料等）を支払う必要がある。また、指定管理者や、ホームチーム（関連企業を含む）が直接飲食物販事業を行わずにテナントから売上の一定割合を徴収する場合も多いと想定される。 店舗についても、コンテンツを持つチームが自らのブランド力を持って販売する店舗を置く場合（直営）と、テナント貸しとする場合、その両方をミックスする場合等が想定できる。
その他収入	広告収入、VIPルーム収入、ネーミングライツ収入、駐車場収入等		その他収入に関する事業は民間事業者が実施することが想定できるが、その収入の配分については、公共施設である場合には公共との収入分割、また、民間所有であってもメインコンテンツとなるスポーツチームとの収入分割など、さまざまなケースが想定できる。
複合事業収入	大規模小売店舗、レジャー施設、宿泊施設、公共施設の事業収入	テナント賃貸事業とする場合は店舗賃貸料収入	第5段階で複合化を図ることで得られる。 複合施設についても、自らリスクを負い直営事業を行う場合、テナント賃貸する場合、それらをミックスする場合等、多様な手法が想定できる。

項目	種類	留意点・段階ごとの違い
施設整備費	設計費	第5段階で複合施設化を図る場合には、複合施設の施設整備費等も必要となる。
	施設建物整備費	
	設備整備費	
大規模修繕費		大規模修繕費は予め正確に見積もることが難しく、また費用負担が重いことから、大規模修繕費の官民分担については、多様なケースがある。
維持管理・運営費	人件費	運営しやすい施設整備、維持管理しやすい施設整備、あるいは効率的な維持管理運営を行える事業スキームを採用することで、全体コスト削減につながる可能性がある。
	保守点検等管理費	
	警備費	
	修繕費	
	清掃費	
	その他雑費	
水光熱費	施設の維持管理運営にかかる水光熱費	
自主事業経費	運営事業者がイベントや教室など自主事業を行うのにかかる経費。	第3段階以降、段階が進むにしたがって増える収入に対して経費も増加する一方、効率化、事業の拡大によって、経費率は低減する。
飲食物販経費	飲食物販事業を行うのにかかる経費	試算の第2、第3段階では、指定管理者側は行政財産使用料を公共に支払うこととしている。
複合事業経費	複合施設に係る経費	第5段階で施設の複合化を図った場合には、複合施設部分の維持管理、修繕等の経費がかかる。
土地賃借料	定借料等	施設所有者と土地所有者が異なる場合には、借り手が所有者に支払うことになる。
減価償却費	建物・設備の減価償却費	公共が施設を所有している場合にはこの項目はないため、第1～第3段階では計上されない。第5段階で施設の複合化を図った場合には、複合施設部分の減価償却も必要。
公租公課	収益関係税、建物および土地の固定資産税、都市計画税	公共が土地・施設を所有している場合には固都税はないため、第1～第3段階では計上されない。第5段階で施設の複合化を図った場合には、複合施設部分の固都税も必要。
その他費用	借入金支払利息	借入金がある場合には、利息の支払いが必要である。また、元本償還も必要となる。

図表3-81　段階別の固都税と減価償却費

	施設整備	施設所有	管理運営	固都税	減価償却費
第1段階	公共	公共	公共	なし	なし
第2段階	公共	公共	民間	なし	なし
第3段階	公共	公共	民間	なし	なし
第3段階(負担付寄附)	民間	公共	民間	なし	なし
第4段階	民間	民間	民間	あり	あり
第5段階	民間	民間	民間	あり	あり

②収支シミュレーション(例)の検討の前提

　ここでは、収支シミュレーションを例示するために、図表3-82、図表3-83のような売上項目、費用項目を想定する。

● 売上

図表3-82　売上項目の前提

項目	前提・考え方
利用料金収入	・スポーツ興行におけるアリーナ利用料金 (本番日及び準備撤収日) ・スポーツ興行以外の興行におけるアリーナ利用料金 (本番日及び準備撤収日) ・一般市民利用におけるアリーナ利用料金 を想定。 段階が進むにしたがって、稼働率がアップする想定とする
設備や備品の貸し出しによる収入	・利用料金収入の15%を想定
自主事業収入	・教室、プログラムの実施により得られる収入を想定 ・第1段階の自主事業収入を0とし、第2段階以降、収入増が図られることとする
飲食物販収入	・物販、飲食テナント、自動販売機等収入を想定 ・テナント売上の一定割合をアリーナ側が収受することを想定
その他収入	・広告収入、ネーミングライツ収入、VIPルーム収入、駐車場収入等を想定
複合事業収入	・第5段階で施設の複合化を図った場合に複合施設から得られる店舗賃料収入

※売上前提については、先行事例及び専門家ヒアリングを踏まえて、平均的なものと考えられる仮定を設定しており、必ずしもこの収入が得られることを示すものではない。
※地域の計画検討においては、各地域の実情に応じた設定を行い、項目を検討することが重要である。

● 費用

項目	前提・考え方
施設整備費 （設計費込み）	アリーナ60万円/㎡、複合施設50万円/㎡とする。ただし、第4段階と第5段階については、民間が整備する施設であることから、アリーナの整備費の効率化を図ることができると考えて整備費を削減する。 第5段階で複合施設を整備する場合には、複合施設の施設整備費も含める。 駐車場（600台分）を10,800㎡整備する。
大規模修繕費	15年ごとに工事費の25％を計上。 初回の大規模修繕は設備等の修繕が主となると想定し、15年の定額償却とする。
維持管理費 （小修繕費含む）	3,600円/㎡・年を基準とし、第3段階を100％とし、段階に応じ、上下5～10％の範囲で変動する設定とする。
運営費（人件費）	人件費4,800円/㎡・年、その他経費（委託費、リース費用等）2,000円/㎡・年を基準とし、第3段階を100％とし、段階に応じ、上下5～10％の範囲で変動する設定とする。
水光熱費	3,500円/㎡・年
自主事業経費	自主事業を実施する場合には、その40～50％の経費を計上 第1段階を50％とし、第3段階以降低減される設定とする。
飲食物販経費	飲食物販事業を実施する場合、公共が所有する施設である場合には、行政財産使用料を支払う。
その他事業経費	その他収入で想定している事業のうちVIPルーム、駐車場事業に対して、公共が所有する施設である場合、行政財産使用料を支払う。
土地賃借料	立地環境や土地所有者の意向、自社所有、公有地の場合等様々なケースが想定されるが、ここでは発生しないこととする。
減価償却費	施設、設備によって法定耐用年数が異なるが、平均して施設設備全体を30年の定額償却とする。駐車場は10年の定額償却とする。
公租公課	収益関係税の他、民間が施設を所有する場合には、固定資産税、都市計画税を想定。

※費用前提については、先行事例及び専門家ヒアリング等を踏まえて、平均的なものと考えられる仮定を設定している。
※地域の計画検討においては、各地域の実情に応じた設定を行い、項目を検討することが重要である。

● 資金調達

民間事業者が設備投資をする場合には、資金調達条件を次の通りとする。

自己資本	初期投資額の50％を自己資金、残り50％を借入金で調達することとする
借入金条件	初期投資に関する借入期間20年、金利2％ 大規模修繕実施時にも借入れ。条件は借入期間15年、金利2％

● 試算期間

　設計・建設2年間＋維持管理運営期間30年

　途中、維持管理16年目に大規模修繕を1回実施

③収支シミュレーションの実施

段階ごとの収支シミュレーションを検討するにあたり、段階が発展していくに従った事業内容の変容について図表3-85に示す。

利用料金収入は全段階で想定できるが、運営事業者がさまざまな工夫をすること、また、ホームチームが運営を行うこと等によって、増加させることが可能と考えられる。

第1段階、及び第2段階では一般市民利用が多いが、第3段階以降ではスポーツやスポーツ以外の興行を増やし、かつ自主事業（教室等事業）を増やすことで、一般市民利用を減らしていく方向を想定している。

自主事業収入や飲食物販収入についても、民間事業者が業務を担うことで収入源としていくことが可能となり、また、ホームチームの運営や、所有と運営の一体経営によってより収益幅が増えることが想定できる。また、広告収入、ネーミングライツ収入、VIPルーム収入、駐車場収入等、その他収入も得ることが可能となる。

図表3-85　売上の想定

	利用料金収入	自主事業収入	飲食物販収入	その他収入		複合事業収入
第1段階	○		○	○		
第2段階	○	○	○	○	＊	
第3段階	○	○	○	○		
第4段階	○	○	○	○		
第5段階	○	○	○	○		○

＊その他収入のうちネーミングライツ収入は第1段階で公共の収入となるが、第2、第3段階では民間の収入にならないので減少する。

【第1段階】（図表3-86）

　ここで想定する第1段階は、地方公共団体が施設を設置して、自らハコ貸し主体の事業を行うものである。

　売上としては、利用料金収入に加え、飲食物販収入、その他収入（広告収入、VIPルーム収入、ネーミングライツ、駐車場収入等）となる。

　自主事業収入は見込まない。飲食物販収入は小規模なものと想定され、施設所有者である公共側は行政財産使用料と売上から歩合で一定割合を得ることとなる。

　その結果、各年度の費用（維持管理費、運営費、水光熱費、その他経費の合計）が、各年度の売上を上回る。

【第2段階】（図表3-87）

　第2段階は、地方公共団体が施設を設置して、コンテンツを持たない民間事業者が維持管理運営を行うものである。ここでは、民間事業者の収支を試算する。

図表3-86　第1段階収支シミュレーション（例）

収支シミュレーション　　金額単位：百万円

		1	5	10	15	20	25	30
		開業年度						
売上	計	240	240	240	240	240	240	240
	アリーナ利用料金収入	124	124	124	124	124	124	124
	設備や備品貸出による収入	19	19	19	19	19	19	19
	自主事業収入	–	–	–	–	–	–	–
	飲食物販収入	19	19	19	19	19	19	19
	その他収入	80	80	80	80	80	80	80
	複合事業収入	–	–	–	–	–	–	–
費用	計	288	288	288	288	288	288	288
	維持管理費	76	76	76	76	76	76	76
	運営費	143	143	143	143	143	143	143
	水光熱費	70	70	70	70	70	70	70
	自主事業経費	–	–	–	–	–	–	–
	飲食物販経費	–	–	–	–	–	–	–
	減価償却費	–	–	–	–	–	–	–
	固都税	–	–	–	–	–	–	–
営業利益		▲48	▲48	▲48	▲48	▲48	▲48	▲48
営業外費用	計	–	–	–	–	–	–	–
	支払利息	–	–	–	–	–	–	–
税引前当期損益		▲48	▲48	▲48	▲48	▲48	▲48	▲48
収益関係税		–	–	–	–	–	–	–
税引後当期損益		▲48	▲48	▲48	▲48	▲48	▲48	▲48
累計損益		▲48	▲241	▲481	▲722	▲962	▲1,203	▲1,443

売上は民間事業者の営業努力等により、第1段階に比べ、利用料金収入が増加し、自主事業収入、飲食物販収入、その他収入を見込む。費用面では、維持管理費、運営費とも、民間事業者の努力によって、抑制される一方、自主事業収入、飲食物販収入が増えることに対し、自主事業経費、飲食物販事業経費（行政財産使用料）の費用も増加する。

その結果、各年度の売上（利用料金収入、設備や備品の貸し出しによる収入に加え、自主事業収入、飲食物販収入、その他収入の合計）が、各年度の費用（維持管理費、運営費、水光熱費、その他経費に加え、自主事業経費、飲食物販経費の合計）を上回り、第1段階に比べて収支が改善している。

累積損益及び資金過不足累計が第1段階に比べ大きく改善する。

【第3段階】（図表3-88）
第3段階は、地方公共団体が施設を設置して、ホームチーム（関連企業含む）が、

図表3-87 第2段階収支シミュレーション（例）

収支シミュレーション　　金額単位:百万円

開業年度		1	5	10	15	20	25	30
売上	計	364	364	364	364	364	364	364
	アリーナ利用料金収入	178	178	178	178	178	178	178
	設備や備品貸出による収入	27	27	27	27	27	27	27
	自主事業収入	5	5	5	5	5	5	5
	飲食物販収入	87	87	87	87	87	87	87
	その他収入	68	68	68	68	68	68	68
	複合事業収入	–	–	–	–	–	–	–
費用	計	285	285	285	285	285	285	285
	維持管理費	72	72	72	72	72	72	72
	運営費	136	136	136	136	136	136	136
	水光熱費	70	70	70	70	70	70	70
	自主事業経費	3	3	3	3	3	3	3
	飲食物販経費	4	4	4	4	4	4	4
	減価償却費	–	–	–	–	–	–	–
	固都税	–	–	–	–	–	–	–
営業利益		80	80	80	80	80	80	80
営業外費用	計	–	–	–	–	–	–	–
	支払利息	–	–	–	–	–	–	–
税引前当期損益		80	80	80	80	80	80	80
収益関係税		27	27	27	27	27	27	27
税引後当期損益		52	52	52	52	52	52	52
累計損益		52	262	525	787	1,050	1,312	1,575

維持管理運営を行うものである。ここでは、ホームチーム（関連企業含む）の収支を検討する。

　収支の項目は第2段階と同じである。ホームチーム（関連企業含む）が維持管理運営を行うことで、利用料金収入や自主事業収入、飲食物販収入等が増加することが期待できる。

　その結果、単年度損益のプラス幅は、第2段階より大きくなる。

　初年度から単年度損益がプラス値となり、試算年数を乗じた額が累積損益となる。

　第2段階と同様に施設や駐車場の修繕費はかからない。

【第3段階（負担付寄附）】（図表3-89）

　第3段階における負担付寄附のスキームは、ホームチーム（関連企業含む）が施設整備を行い、維持管理運営を担うことを条件に地方公共団体に施設設備を寄附することで、ホームチーム（関連企業含む）に固都税や減価償却費負担が生じないス

図表3-88　第3段階収支シミュレーション（例）

収支シミュレーション　　金額単位:百万円

開業年度			1	5	10	15	20	25	30
売上	計		485	485	485	485	485	485	485
		アリーナ利用料金収入	206	206	206	206	206	206	206
		設備や備品貸出による収入	31	31	31	31	31	31	31
		自主事業収入	25	25	25	25	25	25	25
		飲食物販収入	106	106	106	106	106	106	106
		その他収入	117	117	117	117	117	117	117
		複合事業収入	−	−	−	−	−	−	−
費用	計		305	305	305	305	305	305	305
		維持管理費	72	72	72	72	72	72	72
		運営費	136	136	136	136	136	136	136
		水光熱費	70	70	70	70	70	70	70
		自主事業経費	10	10	10	10	10	10	10
		飲食物販経費	17	17	17	17	17	17	17
		減価償却費	−	−	−	−	−	−	−
		固都税							
営業利益			180	180	180	180	180	180	180
営業外費用	計		−	−	−	−	−	−	−
		支払利息	−	−	−	−	−	−	−
税引前当期損益			180	180	180	180	180	180	180
収益関係税			61	61	61	61	61	61	61
税引後当期損益			119	119	119	119	119	119	119
累計損益			119	594	1,187	1,781	2,375	2,968	3,562

キームである。施設の所有者は公共となるが、ここでは運営する民間事業者（ここではホームチーム（関連企業含む））の収支を検討する。

アリーナの運営主体であるホームチーム（関連企業含む）の収支モデルを考えると、前述の第3段階と売上項目・費用項目は同じになる。

本シミュレーションの前提では、第3段階負担付寄附のスキームで施設整備する場合には、ホームチームが自ら維持管理運営を担うことを見込んだ施設整備を行うため、第3段階（公共整備で、ホームチームを指定管理者として維持管理運営を委ねる）に比べて、維持管理費及び運営費が削減できるとの考え方に基づいて、維持管理費、運営費を削減している。

（注）実際に負担付寄附のスキームを活用する場合には、施設整備を行った主体（ホームチームまたは関連企業）が、投資した設備投資について、営業権償却、特別損失等の会計処理が考えられるが、本シミュレーションでは、この点は考慮しない。

図表3-89　第3段階（負担付寄附）収支シミュレーション（例）

収支シミュレーション　　金額単位：百万円

	開業年度	1	5	10	15	20	25	30
売上	計	485	485	485	485	485	485	485
	アリーナ利用料金収入	206	206	206	206	206	206	206
	設備や備品貸出による収入	31	31	31	31	31	31	31
	自主事業収入	25	25	25	25	25	25	25
	飲食物販収入	106	106	106	106	106	106	106
	その他収入	117	117	117	117	117	117	117
	複合事業収入	–	–	–	–	–	–	–
費用	計	294	294	294	294	294	294	294
	維持管理費	68	68	68	68	68	68	68
	運営費	129	129	129	129	129	129	129
	水光熱費	70	70	70	70	70	70	70
	自主事業経費	10	10	10	10	10	10	10
	飲食物販経費	17	17	17	17	17	17	17
	減価償却費	–	–	–	–	–	–	–
	固都税	–	–	–	–	–	–	–
営業利益		190	190	190	190	190	190	190
営業外費用	計	–	–	–	–	–	–	–
	支払利息	–	–	–	–	–	–	–
税引前当期損益		190	190	190	190	190	190	190
収益関係税		65	65	65	65	65	65	65
税引後当期損益		126	126	126	126	126	126	126
累計損益		126	628	1,256	1,884	2,512	3,140	3,768

【第4段階】（図表3-90）

第4段階は、コンテンツを持つスポーツチームが施設整備を行い、維持管理運営を行うものである。

民間事業者が施設を整備し、所有することから、所有関係税、減価償却費、設備投資に係る借入金の元金と利息の償還等が発生することが大きな違いとなる。

売上項目については、主たるコンテンツを持つ主体が施設整備を行うことで、稼働率アップ、自主事業等収入アップが期待できる一方、費用面ではコンテンツホルダーが実施することによる経費率削減が期待できる。特に、一体運営により施設所有者が得ることができるネーミングライツ収入を得ることもできる。

一方、アリーナ及び駐車場の減価償却費、大規模修繕等、追加投資分の減価償却費負担、初期投資、及び大規模修繕のための借入金に対する利息等が大きくなり単年度損益はわずかにマイナス値となる。

図表3-90　第4段階収支シミュレーション（例）

収支シミュレーション　　金額単位：百万円

		開業年度	1	5	10	15	20	25	30
売上	計		793	793	793	793	793	793	793
		アリーナ利用料金収入	271	271	271	271	271	271	271
		設備や備品貸出による収入	41	41	41	41	41	41	41
		自主事業収入	50	50	50	50	50	50	50
		飲食物販収入	286	286	286	286	286	286	286
		その他収入	146	146	146	146	146	146	146
		複合事業収入	–	–	–	–	–	–	–
費用	計		721	705	686	658	805	774	743
		維持管理費	65	65	65	65	65	65	65
		運営費	122	122	122	122	122	122	122
		水光熱費	70	70	70	70	70	70	70
		自主事業経費	20	20	20	20	20	20	20
		飲食物販経費	–	–	–	–	–	–	–
		減価償却費	329	329	329	320	460	460	460
		固都税	115	100	80	61	68	37	6
営業利益			72	88	107	135	▲12	19	50
営業外費用	計		104	98	75	49	59	22	4
		支払利息	104	98	75	49	59	22	4
税引前当期損益			▲32	▲10	32	85	▲72	▲3	46
収益関係税			–	–	–	29	–	–	–
税引後当期損益			▲32	▲10	32	56	▲72	▲3	46
累計損益			▲32	▲114	▲39	197	▲310	▲448	▲318

　第4段階の累積損益は減価償却費、固都税負担等でマイナス値になっている。ただし、第4段階の損益額から、減価償却費、固都税負担、借入金返済を除くと累積損益額は初年度からプラスとなる（図表3-92）。

図表3-91　複合化のイメージ

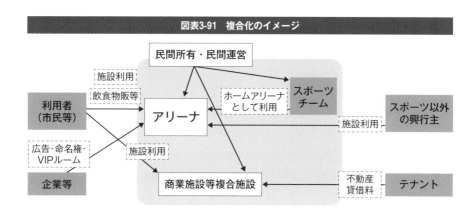

図表3-92　累積損益額の推移の違い

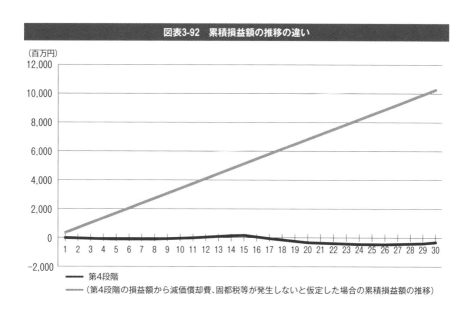

【第5段階】（図表3-93）

　第5段階では、主たるコンテンツを持つスポーツチームが、スタジアム・アリーナを整備し、維持管理運営する第4段階に加え、複合的な収益施設を整備し、不動産賃貸収入を得る。第5段階の収支シミュレーションでは、スタジアム・アリーナの損益に、商業施設等の複合施設の損益が加わることとなる。

　具体的には、複合施設整備のための施設整備費が増加する。併せて、その施設整備のための借入金調達を行うとなれば、支払利息が発生し借入金の償還の必要が生じる。

　また、複合施設部分を賃貸することを前提に考えると、不動産賃貸収入が得られる一方、不動産の維持管理費や固都税等の負担が生じる。複合施設部分の減価償却費も計上する必要がある。

　第4段階に比べ、減価償却費、固都税等は増加するものの、複合事業収入の発生により単年度損益は初年度からプラスとなり、16年目に実施する大規模修繕に伴い

図表3-93　第5段階収支シミュレーション（例）

収支シミュレーション　　金額単位:百万円

	開業年度	1	5	10	15	20	25	30
売上	計	1,778	1,778	1,778	1,778	1,778	1,778	1,778
	アリーナ利用料金収入	285	285	285	285	285	285	285
	設備や備品貸出による収入	43	43	43	43	43	43	43
	自主事業収入	60	60	60	60	60	60	60
	飲食物販収入	404	404	404	404	404	404	404
	その他収入	146	146	146	146	146	146	146
	複合事業収入	840	840	840	840	840	840	840
費用	計	1,429	1,394	1,350	1,298	1,623	1,560	1,517
	維持管理費	65	65	65	65	65	65	65
	運営費	122	122	122	122	122	122	122
	水光熱費	70	70	70	70	70	70	70
	自主事業経費	24	24	24	24	24	24	24
	飲食物販経費	–	–	–	–	–	–	–
	減価償却費	662	662	662	653	980	980	980
	複合事業経費	252	252	252	252	252	252	252
	固都税	234	199	155	111	110	47	4
営業利益		348	384	428	480	154	217	261
営業外費用	計	210	197	151	100	120	44	8
	支払利息	210	197	151	100	120	44	8
税引前当期損益		138	186	277	380	34	173	253
収益関係税		47	63	94	129	–	59	86
税引後当期損益		91	123	183	251	34	114	167
累計損益		91	524	1,317	2,446	2,315	2,766	3,516

損益水準が一旦低下するものの、その後再び損益水準が上昇する。

　なお、複合施設化によって、不動産収入等が得られるというメリットが期待できる一方、不動産賃貸事業には、空き店舗が生じる、賃借者の倒産など、不動産賃貸事業特有のリスクがある。

　スタジアム・アリーナで開催されるスポーツイベントや音楽イベントなどの開催により、多くの人がスタジアム・アリーナとともに、複合施設部分の商業施設等を活用し、両者が相乗効果を持って賑わうことで、リスクを低減していくことが求められる。

【段階ごとの検討のまとめ】

　ここまで検討した各段階の収支シミュレーション（例）の累積損益額（30年間の推移）と、資金過不足累計（30年間）をグラフで示すと次の通りとなる（図表3-94、図表3-95）。

　累積損益額推移の第4、第5段階のグラフが16年目から下降しているのは、16年目で実施した大規模修繕実施に係る減価償却費負担が増えたためであり、減価償却費を戻したキャッシュフローは期間を通じてプラスとなっている。資金過不足累計グラフの上下は、大規模修繕や借入金の償還期間の終了に伴うものであり、前提条件の設定により変化する可能性が大きい。

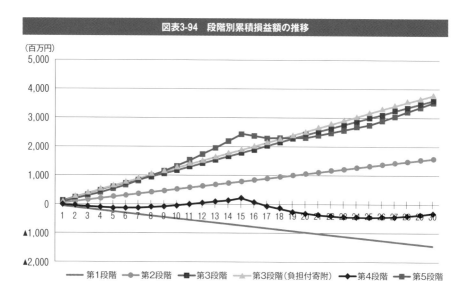

図表3-94　段階別累積損益額の推移

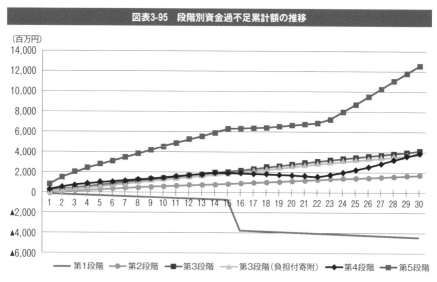

図表3-95　段階別資金過不足累計額の推移

7 スタジアム・アリーナの収支シミュレーションのまとめ

　大規模施設であるスタジアム・アリーナは、設備投資額が大きい。一方、前述したようにこれまでは地方公共団体が整備してきた公共施設としての、陸上競技場や体育館が多かったこともあって、その利用料金水準が決して高くはないという現実がある。

　スタジアム・アリーナを新しく整備した場合においても、近隣の同種の施設の利用料と懸け離れた利用料を設定することは、利用者の大幅な減少や稼働率の低下に繋がることが懸念される。

　このため、大都市圏のごく一部を除いて、新しいスタジアム・アリーナにおいても、初期設備投資額を賄う利用料金水準を確保できないのが現状である。

　一定の条件や稼働日数を置いて試算した、本節の収支シミュレーションはあくまでも試算例であり、稼働や利用料等が、地域の事情によって大きく前提が変わる。前提が変われば、当然ながら試算結果も変わってくる。例示した収支シミュレーション例からもわかるように、収益力を高める方策は2つの方向がある。

　1つは、コンテンツを持つ主体がスタジアム・アリーナ構想に深く関わることで、集客力のある興行を増やし、施設利用料収入を増やす方向である。魅力ある興行の開催により、利用料金収入、飲食物販収入、その他収入（広告、ネーミングライツ等収入）の収入増を図ることができる。多くの人が、頻繁にスタジアム・アリーナに集まれば、隣接する複合施設における売上増も期待でき、複合施設全体の売上増にもつながると考えられる。また、複合施設化によって、複合施設と連携した魅力ある興行の開催の可能性も想定できる。興行の開催だけでなく、飲食物販、あるいは自主事業等、施設のコンセプトを強く打ち出すことで、他にない魅力づくりができれば、さらなる収入増が期待できる。広告収入、ネーミングライツ収入等も同様である。

　本節でのシミュレーションでは複合施設化に伴う損益額改善の絵姿を示したが、単に複合施設化するだけで損益が改善するわけではなく、ソフトとハードの一体経営や複合施設間の経営目的・ビジョン・コンセプトの一致や連携が重要であろう。

　もう1つは、費用の削減である。ローコストで整備するアリーナなど、施設整備

費を削減する取組みはすでに各地で事例が見られる。また、施設規模が大きいことから、民間事業者が事業主体となる場合には、固定資産税、都市計画税等所有関係税負担が大きく、その対応策として第3段階で検討した負担付寄附のスキームなどが考えられるだろう。

　また、用地取得費用や整備費の一部、または費用の一部を公共負担とするなどの方策がとられている場合もある。民間所有のスタジアム・アリーナにおいて、公共側が市民利用分の貸出を受け一定料金を事業者に支払う方法で、運営費の一

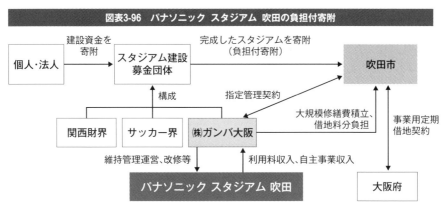

図表3-96　パナソニック スタジアム 吹田の負担付寄附

出所：スポーツ庁・経済産業省「スタジアム・アリーナ運営・管理計画検討ガイドライン」

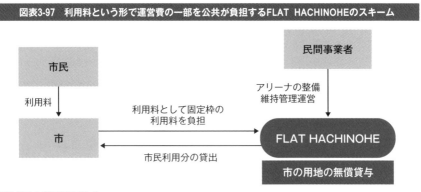

図表3-97　利用料という形で運営費の一部を公共が負担するFLAT HACHINOHEのスキーム

出所：㈱日本経済研究所作成

部を負担しているのが、FLAT HACHINOHEのスキームである（図表3-97）。

　スタジアム・アリーナの収益力を高めるためには、コンテンツを持つ主体がスタジアム・アリーナ構想・計画に積極的に関わることや官民一体となった整備運営面での工夫などが重要であると思われる。

3-12 スタジアム・アリーナに関する リスクとその対応策

　スタジアム・アリーナ事業においては、構想・計画段階、設計・建設段階、運営段階といったプロジェクトの各段階において、さまざまなリスクが想定される。

　そして、リスクを担うべき主体は、リスクをコントロールできる者であるという考え方が基本であり、本節では、リスク負担の考え方について、不可抗力リスクと需要変動リスクを例に挙げて説明する。

　さらに、スタジアム・アリーナの運営に特徴的なリスクの例を示した上で、①需要変動リスク、②騒音・振動リスク、③渋滞リスク、④住民対応に関するリスクを例に挙げて、リスクの内容とリスクへの対応策を紹介する。

1 リスク負担についての考え方

　リスクの洗い出しによって明らかになったリスクを誰が負担するかということについて、上記の通り「リスクをコントロールできる者がリスクを負担するのが原則」という見解のもと、次の点に考慮してリスク負担を定めるものと考える。

【不可抗力リスクのリスク負担について】

　天災等の不可抗力リスクについては、地方公共団体も民間事業者も、その発生源をコントロールできず、また、リスクを管理することもできないと考えられる。

　不可抗力リスクについては、保険等の付保により一定のリスクを移転することになるが、地方公共団体または民間事業者のどちらが付保者になった方が、コストダウンになるかという点の検証になる。

　さらに、リスクが発生した場合、つまり天災等が発生した場合に、リスク負担者が持続的にリスクに対応できるかという点も考慮する必要がある。この点については、一般的には、民間事業者より、地方公共団体の方が適していると考えられる。これらの事由により、基本的には、不可抗力リスクは地方公共団体側が負うことが合理的と考えられる。

【需要変動リスクの負担について】

　需要変動リスクについて考えた場合には、スタジアム・アリーナの利用の需要変動ということに対して誰がコントロールできるか、という点は運営の方法によって変わってくる。

　ハコ貸し主体でスタジアム・アリーナを運営している場合には、運営事業者は需要変動の発生を一次的にはコントロールすることはできない。

　しかし、地方公共団体側がさまざまな行政主催の行事等をスタジアム・アリーナで開催する事業を行っている、または、運営事業者が主たるコンテンツを持っている場合、あるいはコンサートやイベント等の開催能力が高い場合には、需要変動の発生を一定程度コントロールできると考えられる。

　また、需要変動リスクに対して、さまざまな方策をとり、そのリスクの影響を最小限にするような取り組みができるかという点も、運営の方法によって変わってくる。

　例えば、利用料金や使い方の基準を見直す、あるいは、多様な営業活動を行うことで需要変動リスクに一定程度の対応が可能となる。利用料金や使い方を工夫できる主体、または貸館業務の営業活動を担当する主体が、リスクを負担することが合理的であると考えられる。

2 スタジアム・アリーナ整備運営に特徴的なリスクとその対応策について

　一般的にプロジェクトを構想・計画し、実現していくプロセスでは、多様なリスクが想定される。リスクは、図表3-98のように、①構想・計画段階のリスク、②設計・建設段階のリスク、③運営段階のリスク、④財政面でのリスクとして整理できる。

　スタジアム・アリーナの整備・運営を想定した場合に、特出すべきリスクとして、需要変動リスク、騒音・振動リスク、渋滞リスク、住民対応に関するリスク等がある。

①需要変動リスクとその対応策について

　スタジアム・アリーナの事業として、スポーツイベント、その他のイベントや興行等の開催があり、これらの事業を行う主体からの利用料金収入が、事業収入の大

半を占めている場合がある。

　例えば、スポーツチームが他のスタジアム・アリーナにホームを移転してしまう、想定していたイベントや興行に人気がなくなり開催回数が減少する等、スタジアム・アリーナの稼働日数が減少することは、スタジアム・アリーナ運営上の大きなリスクとなる。

　需要変動リスク低減のためには、運営事業者の工夫や、魅力向上に向けた投資等により、スタジアム・アリーナの利用が減少しないように取り組むことになる。

　例えば東北楽天ゴールデンイーグルスのホームスタジアムである、楽天生命パーク宮城（仙台市）では、チームがスタジアムの運営管理者となり、スタジアムの魅力向上のための投資を継続的に実施し、集客力向上を実現している。

【事例①：楽天生命パーク宮城の集客力向上の取り組み】
　　・宮城県宮城野原公園総合運動場にある野球場を、株式会社楽天野球団が管理許

図表3-98　プロジェクトの実施プロセスにおけるリスク分類と例

リスクの種類	リスクの例
① 構想・計画段階のリスク	・用地取得の遅延 ・公的手続きや関係者の同意取得の遅延 ・環境影響評価に伴う対応 ・許認可の取得不能や遅延 ・住民対応に関するリスク（住民反対、訴訟、苦情等）
② 設計・建設段階のリスク	・土壌汚染、地下埋設物、埋蔵文化財等による設計変更 ・事前調査資料の不足等による設計変更 ・インフレによる建設コスト等上昇 ・工事の遅延、完工不能 ・法令の変更による遅延や追加コストの発生
③運営段階のリスク	・需要変動リスク（興行の不人気に伴う稼働日数の変動、ホームチームの移転等） ・想定外の運営コストの発生 ・想定外の施設・設備の損傷による修繕コストの発生 ・利用者からの苦情や利用者間のトラブル ・騒音リスク（騒音が発生し、周辺から対応を求められる） ・渋滞リスク（周辺に渋滞が発生し、対応が求められる）
④ 財務面でのリスク	・想定以上の資本コスト ・運転資金不足 ・物価変動リスク

可を受けて管理している。

・宮城県が所有していた県営球場を、楽天野球団のプロ野球加入にあたって、同球団の負担で改修を実施している。

・新規参入時の改修以降も、毎年、座席の改修、付帯施設の整備など、球団の負担で投資活動を実施。2005年から約140億円の投資を行い、整備した施設はすべて県に寄附している。

・具体的には、審判席や記者席の移動によって高付加価値な観客席の増加、ファミリー席やカップル席など席種の増加、隣接地に子どもも楽しめる遊び場と観覧車の設置など、ファミリー層がスタジアムで長時間過ごして楽しめるボールパークづくりを行っている。

　大阪市のおおきにアリーナ舞洲では、主要コンテンツである、Bリーグクラブの大阪エヴェッサにアリーナの運営を委ねている。これにより、大阪エヴェッサはホームアリーナとして、アリーナを活用するだけでなく、多様な取り組みを展開している。

【事例②：おおきにアリーナ舞洲の施設活用の取り組み】

・おおきにアリーナ舞洲は、主要コンテンツであるBリーグクラブの大阪エヴェッサが、アリーナの運営を担っている。

・同チームが運営を担うことで、チームのホームゲームは確実に同アリーナで開催し、より多くの観客を呼ぶための工夫もクラブが自ら積極的に行っている。

・具体的には、チームと連携したバスケットボール教室、チームの管理栄養士と

グループで楽しめる席

隣接の子どもの遊び場　スマイルグリコパーク

連携した食堂の開設といった取り組みを行っている。

・また、アリーナ・サブアリーナだけでなく、駐車場や会議室の貸し出しも積極的に行い収益をあげている。駐車場における、運転の技能競技大会や建設機械商談会を誘致するなど、多彩な貸館・貸駐車場事業を展開している。

別府国際コンベンションセンターでは、多くの会議施設運営の実績を有し、イベントや興行等を誘致できる全国的なネットワークを持つ民間事業者に運営を委ねることで、収益拡大を図っている。

【事例③：別府国際コンベンションセンター　ビーコンプラザの集客、イベント誘致の取り組み】

・別府国際コンベンションセンターは、大分県県立別府コンベンションセンターと別府市市民ホールからなっており、株式会社コンベンションリンケージ他2社からなる「ビーコンプラザ共同事業体」が指定管理者となっている。

・貸館事業の他、全国的なネットワークを持つ指定管理者による運営努力によって、さまざまな集客イベントが実施されている。

・また、運営・企画等のサポート業務（会議場、展示場、イベント施設に関する総合コンサルティング等）や催事の成功をバックアップする各種サービス、設備・備品の提供（ケータリングや地域の特色あるアトラクション企画）、運営サポート（会場設営、看板ポスター制作、同時通訳、警備など）も併せて実施し、ワンストップサービスを提供することで、コンベンションや各種催事の誘

建設機械展示商談会

運転競技会

出所：おおきにアリーナ舞洲公式サイト　https://human-arena.com/parking_yard/case.html

致を図っている。

②騒音・振動リスクとその対応策について

スタジアム・アリーナで開催されるスポーツイベントや、音楽イベント、その他のイベントは、イベントが盛り上がれば盛り上がるほど、周辺に対する騒音や振動問題が生じるリスクが高まる。

スタジアム・アリーナを訪れ楽しむ人には、非日常の楽しい時間でも、周辺住民にとっては、イベント開催時にスタジアム・アリーナから発せられる騒音や振動は迷惑なものであり、スタジアム・アリーナに対する批判に繋がりかねない。

対応策として、騒音や振動が外部に漏れにくい施設にしたり、鳴り物の使用制限、施設稼働時間について地域住民との話し合いによる協定の締結、具体的な音量や振動に関するモニタリングとその結果公表など、さまざまな方策が考えられる。

【事例④：騒音対策の例】

●川崎フロンターレにおける太鼓の使用時間制限

株式会社川崎フロンターレでは、近隣の騒音対策として、鳴り物を使用する応援については、時間制限を行っている。具体的には、21時過ぎの鳴り物を使用する応援はしないことで、ファンクラブと合意している。

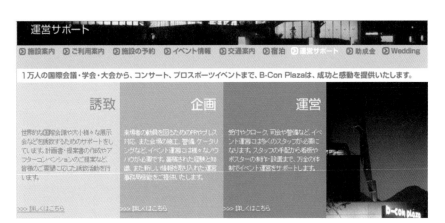

出所：別府国際コンベンションセンター公式サイト　http://www.b-conplaza.jp/support/index.htm

●富士通スタジアム川崎における音量測定

　富士通スタジアム川崎は、川崎フロンターレと株式会社東急コミュニティーの
JVが指定管理者となっている。指定管理者が、各イベント・競技・大会の際
に複数地点で騒音データを測定し、客観的データ提示による利用団体への注
意・地域からの苦情対応に役立てている。

　また、基準値を超える音量が測定された際には、不要な外向きスピーカーのオ
フやスピーカーの向きといった、きめ細かい調整を行っている。また、マイク
音量の上限をあらかじめ設定するなどの対策も立てている。

③渋滞リスクとその対応策について

　スタジアム・アリーナで開催されるスポーツイベントや、音楽イベント等に際し
て、車での来場者による、周辺道路の渋滞が問題となることがある。

　渋滞の発生に対しては、利用者に対して公共交通機関の利用を求めるとともに、
シャトルバスの運行など、車で来なくても不便を感じないアクセスの提供が重要と
なる（「3-4 事業用地の選定」参照）。

④住民対応に関するリスクとその対応策について

　スタジアム・アリーナは、多くの人が集まり、騒音や振動が発生する可能性のあ
る施設であることから、地域住民から迷惑施設と捉えられてしまう可能性がある。

　スタジアム・アリーナの整備や運営に関して、地域住民から反対されるという住
民対応に関するリスクに対しては、計画段階から、具体的な対策をとること、運営
開始後も、モニタリングを継続して改善策をとり続けることなどを、具体的に説明
し続けていくことが重要である。

　また、運営開始後も、騒音や振動について、計測しながら具体的な対策をとり続
けること、さらに運営当初には想定していなかったリスクが発生した場合にも、早
急に具体的に対応していくことで、周辺住民からの信頼感を醸成していくことも非
常に重要である。

【事例⑤：広島市における住民対応】

●広島市中央公園サッカースタジアム（仮称）建設に対する住民対応（説明会等）

広島市などにより計画中のサッカースタジアム建設においては、過去において、有力な建設候補地である中央公園の周辺の住民から建設に反対する要望書が提出された。

そこで、広島市や広島県などが有力な建設候補地（中央公園広場）の近隣住民を対象に、建設に対する理解を求めるための住民説明会を開催している。その後、市長、県知事、商工会議所会頭による会談を開催し、「サッカースタジアム建設の基本方針」を策定した。

住民説明会では、「仮に中央公園にサッカースタジアムを整備する場合の対応策」として「関係車両の出入り口の限定」、「歩道橋を整備」、「歩行者動線の説明」、「試合日の観客用駐車場を設置しないこと」など、試合日の道路混雑問題への対応策を定めたほか、他地域のまちなかのスタジアムの対応策の例や、地域住民の関心が高い「まちづくりビジョン」（若年層の増加策の実施など）を説明し、住民からの意見を聴取している（図表3-99）。

③ プロジェクトの社会効果と住民対応に関するリスク

一方、スタジアム・アリーナがあることで、街に活気が生まれ、市民がスポーツやイベントを楽しむ機会が増え、あるいはスポーツチームを応援することで、世代間の共通話題が生まれ交流が発生するなど、地域にプラスの価値をもたらす施設であることが認識されれば、騒音、振動や渋滞が発生するとしても、市民のスタジアム・アリーナに対する受けとめ方はプラスになる可能性がある。

スタジアム・アリーナが、まちづくりの核となり、周辺の回遊性が高まり、消費効果を創出し、地域の人々の交流空間になるような施設となること、スポーツイベントやその他のイベントの開催が、地域の人の楽しみになること、また、ホームチームが地域のチームとして愛着を持ってもらえるようになることで、住民に受け入れられやすい施設となるのである。

図表3-99　広島市の住民説明会資料

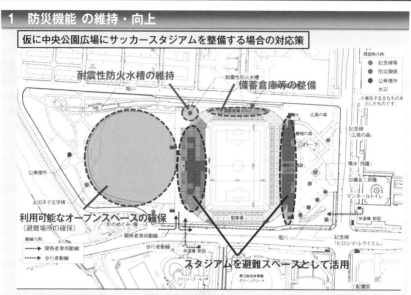

1　防災機能 の維持・向上

仮に中央公園広場にサッカースタジアムを整備する場合の対応策

耐震性防火水槽の維持

備蓄倉庫等の整備

利用可能なオープンスペースの確保
（避難場所の確保）

スタジアムを避難スペースとして活用

2　広場機能の維持・向上

仮に中央公園広場にサッカースタジアムを整備する場合の対応策

必要に応じ既存施設の移設等

利用可能なオープンスペースの確保
（形状やスタジアム周辺の魅力を向上させるための整
備等については意見を聞きながら検討）

スタンド下の空き空間の活用は
意見を聞きながら検討

出所：「基町地区住民説明会『サッカースタジアムについて示されている懸念点に関する考え方』」（広島市）

196

3-13 スタジアム・アリーナに必要な機能・施設

1 日本らしいスタジアム・アリーナの実現に向けて

　欧米から10年以上後れを取っていると思われる日本のスタジアム・アリーナ。

　娯楽の文化は違えども、その多彩な楽しみ方を多くの日本人は知らない。いや知る「場」がなかったと言える。ラグビーワールドカップ2019を大成功に導き、世界から称賛を受けた日本人のコミュニティ力こそがその証しだ。日本では、スタジアム・アリーナはスポーツを「観る」ための場として競技に関心のない人は足を運ばないのが日常であったが、今回のラグビーワールドカップ2019では、多数の「にわかファン」がスタジアムやファンゾーンに足を運び、感動やワクワク感を体感した。このコミュニティ力を活かせる「場」となるスタジアム・アリーナを核としたまちづくりにこそ、日本らしいスタジアム・アリーナの姿が見えてくると考える。改めて海外の最新先進事例を分析し、日本らしいスタジアム・アリーナに必要な機能・施設のあり方を提起したい。

2 海外の最新先進スタジアム・アリーナ体系の分析

　日本らしいスタジアム・アリーナの実現に向けて、必要な機能・施設を整理するために、海外の最新先進事例におけるスタジアム・アリーナの体系を分析すると以下のようになる。

ラグビーワールドカップ2019で見せた、ONE TEAMによる日本のコミュニティ力を活かせる「場」となるスタジアム・アリーナづくりにこそ日本らしさが見えてくる

①構想・計画・設計段階からの施設運用、地域特性に合致した施設づくり

　海外では、構想・計画・設計段階からホームチームやプロモーター等から得たコンテンツの分析やステークホルダーの分析、さらにスポンサーの意向を反映した施設整備やデザインが行われるなど、施設運用、地域特性に合致し、さらに周辺とも繋がる最適な施設づくりが行われている。そのため、施設の充実度は高く、観客は「また来たい」と思える施設、主催者やアーティストは「また使いたい」と思える魅力ある施設となっている。

②海外の最新先進事例の分類

　海外の最新先進事例を分析した傾向として、多機能化・複合化の事例が多く、さらに細分化すると、＜都市開発型＞、＜施設複合型＞、＜コンサート併用型＞に大きく分類される。またIoTなど進化するテクノロジーに対応した＜スマートスタジアム・アリーナ＞や、スナッキング（ながら）観戦などによる＜ソーシャルな体験を生むスタジアム・アリーナ＞が多数見られる。いずれもスタジアム・アリーナ単体としての整備にとどまらず、大規模集客施設としてのメリットを最大限に活かし、周辺エリアとの連携、地域性を考慮し、スタジアム・アリーナを核としたにぎわいあるまちづくりを形成している事例が多い。

（1）多機能化・複合化
　＜都市開発型＞
　スタジアム・アリーナを核とした新たなにぎわいあるまちづくりを形成している。

　周辺エリアへの将来の段階整備を前提に、さらに既存周辺施設との連携も考慮し、大規模集客施設として新たなにぎわいを生む核となる施設として、地域を繋ぎ、街全体ににぎわいを広げる開発がなされている。

【代表的施設を以下に挙げる。】
　・スタジアム
　　The Battery Atlanta（ジョージア州アトランタ）
　・アリーナ

T-Mobile Arena（ネバダ州ラスベガス）、STAPLES Center（カリフォルニア州ロサンゼルス）、Mercedes Platz（ベルリン）

＜施設複合型＞

スタジアム・アリーナと付帯施設（公共施設、商業、飲食、健康増進施設など）を一体的に整備し、集客性、収益性を高めるとともに、日常的なにぎわいを創出している。また付帯施設は、スタジアム・アリーナの閉館時にも、日常的に利用が可能なように、コンコース、外部の双方から利用できる配置となっている。

【代表的施設を以下に挙げる。】

・スタジアム

　Our Tampines Hub（シンガポール）、Twickenham Stadium（ロンドン）、
　Banc of California Stadium（カリフォルニア州ロサンゼルス）

・アリーナ

　Little Caesars Arena（ミシガン州デトロイト）

＜コンサート併用型＞

スポーツイベントのみでなく、音楽イベント需要が多い地域特性を考慮し、ステージエリア（固定or仮設）が計画されている。設営・撤収の運用効率を高め、稼働率・収益性向上に繋げている。

The Battery Atlanta
ジョージア州アトランタに新しくできたアトランタブレーブスの新本拠地サントラストパークへと通じる新たな街、バッテリーアトランタ。低層部をレストランや店舗、上層部を住宅やホテル、オフィスとし、オープンモールを形成している

Mercedes Platz
西ベルリンの再開発として、アリーナを中心に商業施設、オフィスなどを誘致。操車場跡地として長年未利用だった土地に、まずアリーナを建設。メルセデスベンツ社を誘致し、その後、シネコン、商業施設など、順次開発をしていき、エンターテインメントの街へと変容させた

Little Caesars Arena
ミシガン州デトロイトにある最大22,000人収容の多目的アリーナ。NBA、NHLの両チームのホームアリーナに加えて、コンサートイベントも多数開催している。62室の個室スイートや多数のクラブラウンジなどホスピタリティも充実。アリーナの周囲にオフィスやレストランが併設しており、外部から、コンコースからの双方から利用が可能

TOYOTA STADIUM
片側のサイドスタンドには固定のステージが計画されており、メタリカやリンキンパークなど著名アーティストのコンサートイベントを年間2～5回程度開催している

【代表的施設を以下に挙げる。】

　・スタジアム

　　TOYOTA STADIUM（テキサス州フリスコ）、TOYOTA PARK（イリノイ
　　州ブリッジヴュー）、BBVA Compass Stadium（テキサス州ヒューストン）

　・アリーナ

　　The O2 Arena（ロンドン）、U Arena（パリ）、The SSE Hydro（グラスゴー）、
　　3Arena（ダブリン）、First Direct Arena（リーズ）

(2) インタラクティブな関係を生む＜スマートスタジアム・アリーナ＞

　IoTに特化したさまざまなサービス提供により顧客満足度の向上ばかりでなく、
運用の最適化により維持管理コストを縮減している。またそこで得たビッグデータ
を活かした施設マネジメントによる収益性向上を積極的に図っている。

【代表的施設を以下に挙げる。】

　・スタジアム

　　Avaya Stadium（カリフォルニア州サンノゼ）、

　　Levi's Stadium（カリフォルニア州サンタクララ）

　・アリーナ

　　Mercedes-Benz Stadium（ジョージア州アトランタ）

　　SAP Center（カリフォルニア州サンノゼ）

(3) ＜ソーシャルな体験を生むスタジアム・アリーナ＞

　交流空間をベースとした、スナッキング（ながら）観戦に応える空間づくりが随
所に見られ、新たな楽しみ方を創出している。さらに世界最高レベルの食の提供や
地場の食・ビール等による地域の魅力を活かした上質な体験を生むホスピタリティ
サービスの充実が図られている。

【代表的施設を以下に挙げる。】

　・スタジアム

　　Tottenham Hotspur Stadium（ロンドン）

　　U.S. Bank Stadium（ミネソタ州ミネアポリス）

Mercedes-Benz Stadium
NFLアトランタファルコンズ、MLSアトランタユナイテッドの本拠地である71,000人収容のスタジアム。IBMが全面サポートにより最新鋭のスマートスタジアムとなっている。特徴的な360度の大型映像装置の他、顧客の購買情報をデータ化し仕入れに反映させることでNFL最安値の商品提供を実現(売上はNFLでもっとも多い)。データセンターを併設し、ビッグデータを活かした施設マネジメントを行うことで、収益性の向上に繋げている

AVAYA Stadium
カリフォルニア州サンノゼのサッカー専用スタジアム。フィールドに近い低層部にスイートボックス、グループラウンジを設置する珍しいスタンド構成。特徴的なのは、広場に対して開いたスタンド構成と、広場に面した両面の大型ビジョンを設置。パブリックビューイングとして活用

Tottenham Hotspur Stadium
トッテナムホットスパースタジアムは2019年開場のトッテナムの本拠地。62,000席収容。世界最高レベルのケータリングサービスと、ホスピタリティ空間を持ち、レストランやスイートボックスはもちろんのこと、選手の入場が見えるトンネルクラブなど上質なホスピタリティサービスを提供する

U.S. Bank Stadium
USバンク・スタジアムは、米国のミネソタ州ミネアポリスに所在する65,000席収容の多目的スタジアム。NFLミネソタバイキングの本拠地で、主にNFLやコンサートの利用がメインだが、野球場としても使用可能なつくりとなっている。選手にエールを送るラウンジなど、ホスピタリティが充実している

　・アリーナ

　　State Farm Arena（ジョージア州アトランタ）

③ 日本のスタジアム・アリーナの機能・施設

　海外のスタジアム・アリーナの最新先進事例の分析を通して、日本のスタジアム・アリーナに欠けている点を抽出し、これからの日本にあるべきスタジアム・アリーナの機能・施設の方向性を探る。

①日本のスタジアム・アリーナの現状

（1）施設運営を見据えた計画となっているか。

　現状の日本のスタジアム・アリーナ計画に決定的に欠けている点として、構想・計画・設計段階における施設運営方針の不明確さが挙げられる。具体的には、施設運営の方針、利用者となるステークホルダー分析などの検討・協議が不十分なまま計画されており、個々に求められるスタジアム・アリーナの機能が十分に発揮できていないケースが多い。これでは、機能性・演出性（床機構、音響、吸音、天井吊荷重、映像装置のスペックなど）や快適性（ショップ、ラウンジ、VIPルームなど）が十分に発揮できない施設となり、観客・プレイヤー・アーティストから選ばれる施設にはなり得ないことになる。さらに周辺に対する遮音や振動対策など不十分となれば、イベント開催に大幅な制限がかかり、収益性にも大きく影響することに繋がる。

▼

「何のためにつくるのか」、「何をやるのか」を明確にすることが重要

（2）スタジアム・アリーナに魅力があるか。

　欧米のスタジアム・アリーナは、一目見ただけでどこの施設かがわかる世界観あるユニークなデザイン、また心から楽しめ感動を生む「WOW！」ゾーンの計画的な配置がされている施設が多い。対して日本のスタジアム・アリーナは公共施設が多いことにもよるが、ファンが自分たちの施設と思えるような、ホームチームのイメージを打ち出しているスタジアム・アリーナが少ないことが挙げられる。

▼

施設の世界観を創出することが重要

（3）スタジアム・アリーナを核として魅力あるまちづくりができているか。

　日本では、スタジアム・アリーナが単体で、まちなかから離れた施設が多い。

　このため周辺エリアや既存施設との連携によるにぎわいの創出や日常的な集客に繋がらないケースが多い。さらに、バラエティに富んだ、そこでしか体感できないホスピタリティ溢れる観戦環境づくりも少なく、日常的にそこに行きたいと思えるような魅力ある施設整備ができていないケースが多い。

▼

また来たいと思え、誰もが楽しめる設えが重要

(4) 投資と収益のコストバランスが最適か。

　スタジアム・アリーナは、大規模集客施設として周辺エリアとのにぎわいの相乗効果を生むメリットを活かし、将来を見据えた最適な整備計画が必要だと考える。しかし日本における大半の施設は、計画時に運営方針が明確でなく、さらにIoTなどの将来対応が十分に想定されておらず、多目的利用という整備で過剰設備になっている場合が多い。また収益性では、ネーミングライツ等にとどまり、集客施設のメリットを活かした企業PRの場としての活用などマネタイズに繋がっていないケースが多い。

▼

将来を見据えた柔軟な施設計画が重要

(5) 地域特性、立地特性を活かした施設づくりができているか。

　地域の資源を活かしたスタジアム・アリーナならではの、物販・飲食ゾーンを併設しているケースが少なく、ソーシャルな体験の場となり得ていない。また立地特性や利用者ニーズを見据えた複合化、地域特性を活かした観光拠点としての施設づくりなど誰もが気軽に集まれる居場所づくりができていないケースが多い。

▼

地域の価値・魅力を高める施設計画が重要

②日本らしいスタジアム・アリーナづくりに向けて

　以上、現状の日本のスタジアム・アリーナの施設計画に欠けている5つの点を十分に踏まえ、これからの日本のスタジアム・アリーナに求められる施設・機能のあり方について以下の5つのコンセプトからのアプローチが必要と思われる。

(1) スタジアム・アリーナの施設、機能に求められる5つのコンセプト

　01　スタジアム・アリーナタイプの追求

「何のためにつくるのか」、「何をやるのか」を明確に定め、コンテンツを見据えたスタジアム・アリーナタイプを選択し、これにより独自性を生み出し、稼働率を高める施設を実現する。単なる「多目的」な計画は、観客・プレイヤー・アーティストが満足するスタジアム・アリーナにはなり得なく、過剰な設備投資にもつながる。また近年では、eスポーツをはじめとする新規コンテンツもある。スタジアム・アリーナ計画においては、地域に合致したコンテンツ「コト」を見据えたタイプを追求、観客・プレイヤー・アーティストに選ばれ、365日稼働を可能とする施設計画が求められる。

▼

❶施設運用、地域特性を見据えた最適な施設づくり

02　ユニークデザインの追求

このスタジアム・アリーナと言えば「○○」だよね！と、そのわかりやすいブランドが、施設の「共感・共有」を創り出し、「いいね！」を集め、世界観に没入できる施設を実現する。その街を象徴するランドマークとして、記憶に残るユニークさを持たせ、世界中の誰が見てもすぐに認識できる世界観のあるデザインが必要である。来訪者（ファン）がワクワクし没入感を得られ、VRでは体験できない「WOW！」を体感できる統一された世界観ある施設計画が求められる。

▼

❷ここにしかない唯一無二の施設づくり

03　ホスピタリティデザインの追求

グローバルスタンダードの一歩先を行く、日本らしい細部に行き届いたおもてなしの心がつまったスタジアム・アリーナとし、また来たいと思え、誰もが楽しめるホスピタリティの充実した施設を実現する。老若男女問わずすべての人々を迎え入れ、訪れる人すべてに新たな体験を生む、おもてなしのホスピタリティ溢れる環境づくりで、快適性を高めて収益性の最大化にもつながる施設計画が求められる。

▼

❸新たなエクスペリエンスを生む施設づくり

04　フューチャーデザインの追求

　　スタジアム・アリーナにおけるIoT対応は必然となっている。将来を見据え
　た、さまざまなテクノロジーの進化に柔軟に対応する施設を実現する。これ
　による顧客サービスの向上による快適性の確保はもとより、業務の効率化に
　よる運用コストの大幅な縮減にもつながる。将来の段階整備も含め、可変
　性、柔軟性ある施設計画が求められる。

▼

❹顧客満足度、運用効率を高める最適な施設づくり

05　コミュニティデザインの追求

　　地方のスタジアム・アリーナは、地域特性（観光、食など）・立地特性（歴
　史・文化、景観など）を最大限生かした施設づくりで、地域の価値・魅力を
　高める施設を実現する。地域の交流拠点として、また地域の観光資源を活か
　したツーリズムの拠点として地域に密着した複合化、デザイン、誰もが気軽
　に立ち寄れる「居場所」となる施設計画が求められる。

▼

❺地域の魅力を活かし、誰もが気軽に集まれる居場所づくり

(2)　5つのコンセプトを実現するために必要な機能・施設構成

❶施設運用、地域特性を見据えた最適な施設づくり

【最適なスタジアム・アリーナタイプの選択】（図表3-100）

　　構想、設計段階におけるコンテンツ、ステークホルダー、立地特性、地域特性
　等を考慮し、施設運用に合致したスタジアム・アリーナタイプの的確な選択が
　重要となる。

　　特に地方（首都圏以外）のスタジアム・アリーナについては、コンテンツを見

極め、規模、設備等の過剰投資にならないように、地域性、観光資源等に十分に配慮した計画が重要となる。

上記を考慮し、スタジアム・アリーナタイプを、＜スポーツ重視型＞、＜スポーツ・音楽併用型＞、＜音楽重視型＞、＜コミュニティ型＞の大きく4つに分類する。

【4つのスタジアム・アリーナタイプ】

＜スポーツ重視型＞

スポーツイベントを主目的としたタイプ

　ロの字型、オーバル型の観客席構成で、スポーツ観戦に最適な四方を囲まれた臨場感、一体感ある観戦環境がつくれる。

＜スポーツ・音楽併用型＞

スポーツ、音楽イベント双方の利用に配慮したタイプ

　U字型の観客席構成で、ステージスペースを確保し、スポーツ、音楽イベントに対して設営、撤収の迅速な対応を可能とし稼働率を高めるとともに、双方のイベント時に見切れ席の少ない観戦環境がつくれる。

図表3-100　最適なスタジアム・アリーナタイプの選択

スポーツ観戦に
最適な囲い感、
臨場感ある観戦環境

ステージスペースを
確保し、迅速な
転換が容易

全席ステージ向きの
観客席、最適な
音場確保

市民交流拠点としての
居場所づくり
地域資源を活かし、
地域観光と連携した拠点づくり

SPORTS
スポーツ重視型
ロの字タイプ
スポーツ型アリーナ

SPORTS & MUSIC
スポーツ・音楽併用型
U字タイプ
可変型アリーナ

MUSIC
音楽重視型
扇形タイプ
音楽型アリーナ

COMMUNITY
コミュニティ型
市民利用・
するスポーツ主体

＜音楽重視型＞

音楽イベントを主目的としたタイプ

　扇型の観客席構成で、全席ステージ向きの客席が構成できるとともに、コンサートに最適な音場環境、十分な間口・奥行きを確保したステージ環境がつくれる。

＜コミュニティ型＞

市民利用、「する」スポーツを主目的としたタイプ

　過大な観客席を持たない市民利用を主としたスタジアム・アリーナで、市民の居場所としての交流の場がつくれる。

　4つのスタジアム・アリーナを計画する時に、タイプ別に特に配慮する事項と共通で配慮する事項を図表3-101に、各タイプに求められる諸室・設備と共通の諸室構成を図表3-102に記載しておく。

図表3-101　4つのスタジアム・アリーナタイプの配慮事項

計画時、特に配慮する事項	
スポーツ重視型	・イベント時の付帯施設としての活用、日常利用にも活用できるサブアリーナの設置 　（イベント開催時の物販会場、展示場、リハーサル、ウォームアップ、フリーマーケット、 　アカデミー、スクール活動拠点、市民利用等に活用） ・イベント・競技種目の確認、床構造確認。特にアイスホッケーの可否については確認必 　要。トラック（11t車）の乗り入れ配慮 ・可動席、移動席の適正配置確認 ・センタービジョンは、バレーボール競技時の高さを確保する昇降式必須 ・リボンビジョン等の将来設置も含めた検討
スポーツ・音楽併用型	・音楽イベントに対応する適切なステージサイズの確認 　ステージについては固定、仮設などコンサートイベントの頻度に応じ検討 　また主催者側での持ち込みも多いため、プロモーターへのヒアリングが重要 ・イベント時の付帯施設としても活用できるサブアリーナの設置 　（イベント開催時の物販会場、展示場、リハーサル、ウォームアップ、フリーマーケット、 　アカデミー、スクール活動拠点、市民利用等に活用） ・イベント・競技種目の確認、床構造確認。特にアイスホッケーの可否については確認必 　要。トラック（11t車）の乗り入れ配慮 ・可動席、移動席の適正配置確認 ・センタービジョンは、バレーボール競技時の高さを確保する昇降式必須 ・リボンビジョン等の将来設置も含めた検討
音楽重視型	・ステージサイズ、ステージレイアウトの確認 　コンサートイベントに対応する適切なサイズ 　ステージについては固定、仮設など運用に合わせ検討 ・ワールドツアーなど考慮 　主催者側での持ち込みも多いため、プロモーターへのヒアリングが重要 ・アリーナ階の移動席タイプ検討。移動席の収納スペース確保 ・トラック（11t車）の乗り入れ考慮 ・アーティストに選ばれる最適な音場づくり（吸音、電気音響計画） ・周辺に対する遮音、振動対策
コミュニティ型	・地域特性に配慮した付帯施設併設等の検討 ・市民交流拠点としての居場所づくり ・地域の観光と連携したスポーツツーリズム拠点づくり ・災害時避難場所としてのBCP（事業継続計画）対策検討

その他共通で配慮する事項
・ホスピタリティエリアの充実（VIP、プレミアム、ハイクラス、スタンダード） ・バラエティシートの検討 ・イベント利用のための施設機能の検討 　設営・撤去の容易さ、イベント用配線（床、壁面）への配慮／舞台機構、音響、照明／天井吊荷重の設定、適切な 　キャットウォーク配置／映像装置、演出装置の検討／観客動員に応じた観客席のエリア分割方法 ・トイレ計画 　コンテンツに応じた男女比設定、男女比可変型、多機能型トイレ／コンセッションエリアと連携容易な近接した配置 ・ユニバーサルデザイン 　動線、観客席、センサリールーム ・収益の最大化：稼働率最大化（収容人数、運営の容易さ、来場者・演者の評判） 　イベント以外の収益化（VIP、物販、飲食、広告、ロッカー等付帯設備） ・メンテナンスコストの最小化：インフラ、設備システム、清掃の容易さなど

図表3-102　4つのスタジアム・アリーナタイプの諸室構成

各タイプに求められる諸室・設備	
スポーツ重視型	・選手、チームスタッフ関連諸室 ロッカールーム（ホーム＆アウェイ）、ヘッドコーチルーム、審判控室、ウォームアップルーム、メディカルチェック室、選手ラウンジ、チア用控室等 ・仕様、設備 競技種目によるアリーナフロアサイズ、センタービジョン、リボンビジョン、大型映像、舞台機構、音響、照明、吸音等
スポーツ・音楽併用型	・選手、アーティスト関連諸室 ロッカールーム（楽屋兼用）、多目的室（楽屋にも利用）、ヘッドコーチルームと楽屋個室（トイレ、シャワー室）兼用等 ・仕様、設備 ステージ（固定or仮設）、舞台機構、音響、照明、吊点、吸音、騒音・振動対策、大型映像
音楽重視型	・アーティスト関連諸室 楽屋（個室、大部屋、中部屋、小部屋）、アーティストラウンジ ・仕様、設備 ステージ、舞台機構、音響、照明、吊点、吸音、騒音・振動対策
コミュニティ型	・市民が日常的に憩える交流スペース等 ・観客 小・中規模観客席またはギャラリー ・地域の特色を活かした付帯施設（合宿所、スパ、健康増進施設、グッズショップ等） ・仕様、設備 市民利用を主に考慮したスポーツフロア仕様、アリーナ分割ネット等

共通
・来場者の入場前の場外待機場所確保 ・各ステークホルダーの単独出入り口確保 ・観客関連 　VVIP、VIP、BOXシート、プレミアムラウンジ、プレミアムシート、ラウンジ、レストラン、キッズスペース、授乳室、コインロッカー、喫煙所等、観客席、可動席、移動席（アリーナレベル） ・メディア関連 　メディア席、メディア用諸室（会見室、ワークルーム）、記者室、カメラマン室、中継スタッフ室、中継カメラエリア、コメンタリーブース等 ・バックヤード関連 　運営控室、ゲスト（応接）控室、ドーピングコントロール室、医務室、消防指令室、警察指令室、コミッショナー室、音響調整室、大型映像調整室、ビール売り子基地、ボランティア室、ゴミステーション、当日券売り場、総合案内所、ベビーカー預所、手荷物一時預かり所、救護室、物販スペース、飲食売店、搬入口、大型車両乗り入れ（11t車） ・エレベーター、エスカレーター ・トイレ 　ワンウェイ式、男女比可変トイレ、女性パウダーコーナー、滞留空間確保、モニター ・ユニバーサルデザイン

❷ここにしかない唯一無二の施設づくり

【記憶に残る個性的なデザイン】

　誰もが一度見たら忘れない外観、機能、内観、外部環境、またユニークアイコンなど世界観が徹底的に統一されたトータルデザインやインスタ映えするスポットの創出、さらにまちのランドマークとして地域固有の文化、風土、環境を考慮したデザインが重要となる。

記憶に残る個性的デザイン　　©Jon Chica / Shutterstock.com　　参考：San Mames Stadium

　　外観デザイン　　　　　　機能デザイン　　　　　　内観デザイン　　　　　シンボルデザイン

世界観が統一されたトータルデザイン　　参考：Mercedes-Benz Stadium

【驚きを共有、共感できるデザイン】

　　感動を生み、ワクワク感を体感できる「WOW！」ポイントの計画的配置、自
　　分たちのスタジアム・アリーナと思えるホームチームをイメージした環境づく
　　りや名物シートによる「一生に一度」の驚きを体感できる設えが重要となる。

❸新たなエクスペリエンスを生む施設づくり

【にぎわいを生みまちづくりをリード】

　　大規模集客施設としてのメリットを活かし、にぎわいを生むまちづくりが重要
　　となる。周辺エリアとの相乗効果を生む回遊性ある外部環境や広場を設けるな

参考：Dodger Stadium　　参考：Comerica Park　　参考：T-Mobile Arena　　参考：TOYOTA STADIUM

インスタ映えするスポット創出

参考：T-Mobile Arena　　　　　　　　　　参考：Little Caesars Arena

名物シートによる「一生に一度」の体験

ど、開場前、イベント後の飲食、物販や周辺施設への立ち寄り機会の創出による日常的なにぎわいを生む環境づくりがポイントとなる。

【段階的なホスピタリティを選べるデザイン】（図表3-103）

スタンダード、ハイクラス、プレミアム、VIP、アーティストやプレイヤーに会えるラウンジなど次なるグレードが見え隠れするデザインや、またスナッキ

図表3-103　段階的なホスピタリティを選べるデザイン

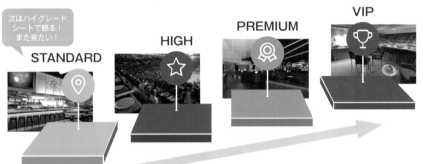

次はハイグレードシートで観る！また来たい！

STANDARD

HIGH

PREMIUM

VIP

「次はワンランク上の体験をしたい！」
スタジアム・アリーナの観戦環境に対して次なるグレードが見え隠れする工夫を凝らす

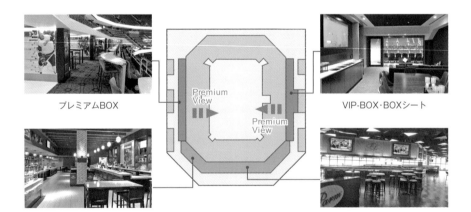

プレミアムBOX

VIP-BOX・BOXシート

Premium View

Premium View

プレミアム共有ラウンジ

ライブビューラウンジ・Bar

さまざまなホスピタリティバリエーションに対応

ング（ながら）観戦など、個々に楽しみながら自由に観戦する環境づくり、さらに地場の食を堪能できる名物グルメレストランやグッズショップなど、ここでしか体験できない設えが重要である。

❹顧客満足度、運用効率を高める最適な施設づくり

【将来を見据えた最適な段階整備計画の立案】

チーム観客動員数の推移、ディビジョンの昇格目標や周辺との連携、複合化など将来を見据えながら、投資と収益のバランスを考慮した柔軟な段階整備計画とする。

【運用効率を高め、維持管理コストを低減】

IoTなど進化するテクノロジーへの将来展開を十分に想定し、運用の最適化を図るとともに、大規模集客施設としてのビッグデータを活かした施設マネジメ

最新テックの実験場としてのスマート・ベニュー　　参考：Mercedes-Benz Stadium

IoT× NEXT STADIUM＆ARENA　　©Uhuru Corporation

ントを実施し維持管理コストの低減を図る。

【IoTに特化したサービスレベルを高め、快適性・収益性向上】

　デジタルサイネージによるリアルタイムな情報提供、アプリを使ったトイレ空き状況サービスや観客席までのデリバリーサービスなど進化するIoTを見据えたサービスレベルの向上を図る。さらにショップ・売店での無人決済サービスや清掃ロボットなどによる運用の効率化、人件費削減を図る。

無人決裁サービス
参考：Chase Center

清掃ロボット
参考：Golden 1 Center

アプリを使ったトイレ空き状況サービス
©株式会社バカン

他用途に将来転用可能な駐車場計画

【モビリティ社会の変化に対応】

　自動運転、カーシェアリングなどの車所有の変化、オフィスなどの他用途に転用可能な立体駐車場など将来を見据えた駐車場計画が必要となる。

【ファウンディングパートナーとの積極的連携】

　単なるネーミングライツではなく、企業PRの場として施設を活用し、お互い

参考：Barclays Center
ファウンディングパートナーとの連携

参考：Chase Center

専用Arenaの可能性　　　e-sportsカフェ　　　　世界観カフェ　　　　専用配信スタジオ

eスポーツ・ベニューの追求　　参考：LoL PARK（韓国）

にWIN-WINの関係性を構築するなど大規模集客施設としてのメリットを活かす。

【世界に配信できるメディアスタジアム・アリーナとしての未来】
　　様々なリアリティ体験を可能とするXRや5G対応、拡大するeスポーツイベント等に対応する配信スタジオ・データセンターの設置を考慮した計画とする。

❺地域の魅力を活かし、誰もが気軽に集まれる居場所づくり
【地域特性を活かした複合型の施設構成】

地域コミュニティの中心となる居場所づくり　　参考：Our Tampines Hub（シンガポール）

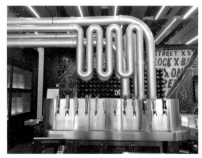

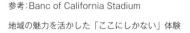

参考：Banc of California Stadium　　　　　　　　　　　　　参考：The O2 Arena
地域の魅力を活かした「ここにしかない」体験

地域の観光資源・食・特性を活かせる施設用途による複合化の可能性を検討し、「ここにしかない」空間づくりを行う。

【立地特性を活かした連携型の施設構成】

周辺施設との連携性を考慮した相乗効果による集客力向上、さらに回遊性を考慮したにぎわいあるまちづくりの拠点としての施設づくりを行う。

【冬季利用を可能とする寒冷地型の施設構成】

寒冷地における冬季のスタジアム利用による地域活性化、にぎわい創出を図る。特に天然芝のスタジアムは、全面屋根（開閉式検討）設置に伴う屋根材の選定や冬季でも快適なコンコース、観客席への配慮など今後十分な検討が必要となる。

【防災拠点機能を持つ都市公園型の施設構成】

日常的な地域の交流拠点として、災害時は地域の防災拠点となる、都市公園・広場などとの連携性に配慮した施設づくりが必要となる。

4 日本における最新のスタジアム・アリーナの機能構成

①ミクニワールドスタジアム北九州

本スタジアムは、北九州市の新たなランドマークとして、街全体の回遊性や連携性、さらに市民の一体感の醸成や都市ブランド力を高めるなど、多くの効果が期待できる「まちなかスタジアム」として計画された。

（立地条件）

敷地は、JR小倉駅から直線距離で500m・徒歩約7分、フェリー乗り場にも近接したまちなかにあり、敷地東側の全面が海に面している好立地である。

（配置ゾーニングの考え方）

国内初の海と山の景観を楽しみながらスポーツ観戦等ができる立地条件を最大限活かした配置計画としている。具体的にはバックスタンドのボリュームを最小限とし、ここでしか味わえない、唯一無二の感動を得られる観客席構成としている。ま

た施設の顔となる「スタジアムプラザ」、そこから海に抜ける「にぎわいプロムナード」・「ペデストリアンデッキ」を設けるなど、街との回遊性・連携性を高め、にぎわいを生むスタジアムとしている。

（平面ゾーニングの考え方）

限られた敷地を活かし、コンパクトで機能的な施設構成とするとともに、北九州らしい世界観に没入できる計画としている。観客は各ゲートからペデストリアンデッキを経由して2階コンコースに入ると、一気に視界が開け、スタジアム全体とその背景に広がる関門海峡や緑豊かな山並みを望むことができる。

またこのコンコースとペデストリアンデッキによるダブル動線は、スムーズな観客動線を形成するとともに、イベントに応じた多様な運営形態に応えることを考慮している。さらに災害時の安全な避難経路・滞留スペースとして計画している。メインスタンド3階にはフィールドや海、山並みを一望できる100mを超えるラウンジ空間を整備した。1ラウンジ空間は、VVIP、VIP、スカイボックス、ビジネスラウンジエリアに分け、個室としてさまざまなシチュエーションで活用できる国内でも数少ないホスピタリティエリアを確保している。

（断面の考え方）

観客席とフィールドをできる限り近づけ、選手と観客の目線の高さをそろえたゼロタッチのスタンド計画とするとともに、多彩なシートバリエーションを持った客席計画とすることで、多様なニーズに応える観客席構成としている。

また屋根をできる限り低く抑え、建物四隅の空間や各スタンドの空隙により、厳しい敷地条件の中でも有効に日照を確保するとともに、四方に「風の通り道」を設けることで、ピッチ全体に新鮮な空気が行きわたり、芝生の温湿度環境向上を図っている。

ミクニワールドスタジアム北九州

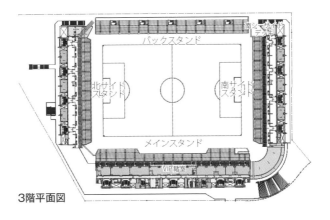

3階平面図

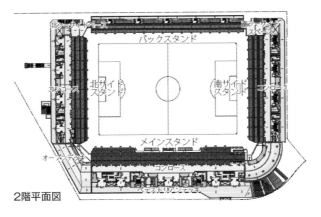

2階平面図

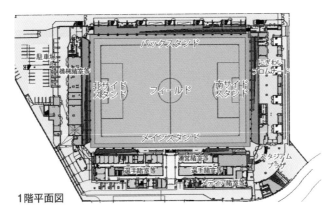

1階平面図

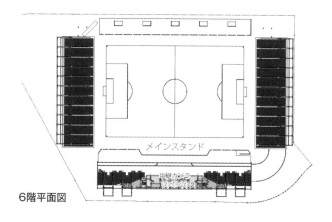

6階平面図

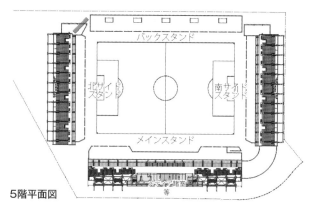

5階平面図

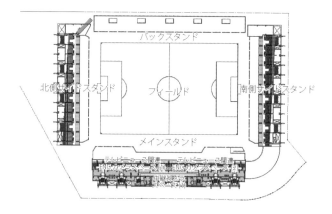

②沖縄市多目的アリーナ

　沖縄市多目的アリーナは、未来への活力を提供する沖縄市の新たな施設としてにぎわいを創出する多目的アリーナである。沖縄市がホームタウンの琉球ゴールデンキングスのBリーグ公式戦などのプロスポーツ興行、音楽コンサート、展示会場としての利用が可能なライブエンターテインメント性の高い、1万人規模を収容できる施設としている。またアリーナ内だけでなく、エントランスや各階層にも人々が集い、時を過ごせるさまざまな仕掛けで、イベント以外の日にも楽しめるアリーナとしている。

（立地条件）

　計画地の沖縄市コザ運動公園には、コザしんきんスタジアムや沖縄市体育館、陸上競技場もあり、さまざまなプロスポーツで利用されている。那覇空港より車で約40分（沖縄自動車道経由）とアクセス性も高い。計画地の北側、西側は県道85号線が走っており、東側にはコザ運動公園の各種運動施設、沖縄自動車道、南側には沖縄女子学園跡地などがある。

（配置ゾーニングの考え方）

　計画地内は道路レベルから−2m〜+5mの高低差があり、起伏のある敷地となっている。この敷地の高低差を活かし、ボリュームを抑えた建物形状とすることで、丘陵地形や周辺地域のスケールを尊重した計画としている。また、交差点に面して広場を設けることで、さまざまなイベントに活用できるようにするとともに、周辺からの引きをとることで、圧迫感を軽減している。

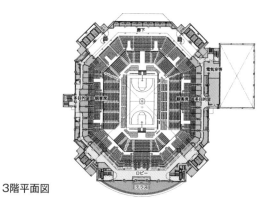

3階平面図

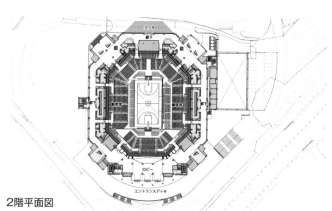

2階平面図

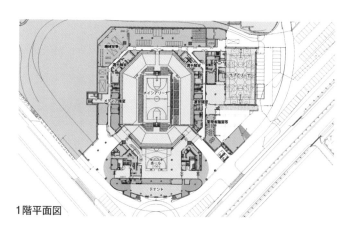

1階平面図

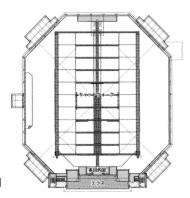

6階平面図

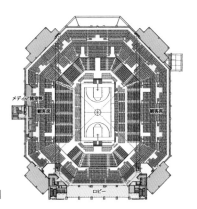

5階平面図

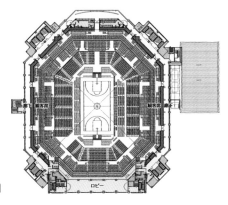

4階平面図

3-14 スタジアム・アリーナの管理運営

スタジアム・アリーナの管理運営にあたっては、収益構造を把握し、収入向上策、支出削減策を検討したうえで、持続的に運営できる事業とすることが必須である。

収入向上のためには、スタジアム・アリーナの施設稼働率をアップさせ、観客がスタジアム・アリーナにおける観戦やイベント参加を楽しみ、消費を行うこと、つまり、スタジアム・アリーナで体験することが、魅力的で価値あるものであり続けることが重要である。

そのため、今後、スタジアム・アリーナが事業として継続していくためには、顧客体験価値の向上に向けたサービス展開やIT等を活用したマーケティング戦略が不可欠である。ここでは顧客体験価値の向上及びマーケティング方策を紹介する。

1 魅力あるスタジアム・アリーナに向けた整備・改修投資

顧客体験価値の向上のために、スタジアム・アリーナの整備・改修投資に取り組んでいる事例を紹介する。

【事例①：パナソニック　スタジアム　吹田のコンコースに設置した情報提供パネル】

コンコースに画像による情報提供パネルを設置し、座席を離れて飲食物等の買い物をしていても、試合状況がわかるようになっている。これによって、観客は買い物をしている間にも試合状況がわかり、試合観戦と買い物の両方を楽しむことができる。

【事例②：楽天生命パーク宮城の魅力あるスタジアムづくり】

株式会社楽天野球団（東北楽天ゴールデンイーグルスの運営会社）が管理許可を得てスタジアムの改修に球団自ら取り組み、試合観戦以外にも楽しめるようなさまざまなアトラクションを設置しており、観客の満足度向上に繋がる工夫をしている。

【事例③：マツダスタジアムのコンコース】

グラウンドを眺めながら、球場を周回できる内野席で12m幅、外野席で8m幅の

コンコース（約600m）を配置し、多くの観客が試合中にもコンコースを歩き、買い物や飲食を楽しめるようにしている。

② 観客を増やすためのマーケティング戦略

　スタジアム・アリーナでの試合の観客を増やすために、スポーツチームでは自らのチームの顧客ターゲットを分析した上で定め、集客のための戦略を練っている。

【事例①：横浜DeNAベイスターズのサラリーマン層をターゲットとしたマーケティング戦略】

　観客増加を狙うターゲットを「アクティブサラリーマン」と定め、アンケートやインタビューを踏まえて、アクティブサラリーマンが横浜スタジアムに足を運んでくれるようなスタジアムづくりを図り、大幅な観客増加を実現させている。

〈パナソニック スタジアム 吹田の顧客体験価値向上方策〉

スタジアム内のコンコースにある情報提供パネル

〈楽天生命パークの顧客体験価値向上方策〉
スタジアム躯体を活用したバンジージャンプ体験

アクティブサラリーマンとは、働き盛りの年代である20〜40代の男性で、仕事が終わってから飲みに出かけたり、土日も家にこもらずアウトドアやスポーツを楽しんだりするような人達を指している。平日には会社の同僚を、休日には家族を連れてスタジアムに来場してくれることを狙っている。

【事例②：東北楽天ゴールデンイーグルスのファミリー層をターゲットとしたマーケティング戦略】

　東北楽天ゴールデンイーグルスでは、楽天生命パーク宮城において、ファミリー層の集客戦略を展開すべく、隣接地にスマイルグリコパークを整備し、試合の前後に子どもと楽しみ、さまざまなスタジアムグルメを味わえるような工夫をしてい

〈マツダスタジアムの顧客体験価値向上方策〉店舗が並ぶ広いコンコース

〈東北楽天ゴールデンイーグルスのマーケティング戦略〉
多様なスタジアムグルメ

スマイルグリコパークの紹介

る。家族そろってスタジアムに遊びに来て、試合中だけでなく、試合前後も含めて長時間楽しんでもらうための工夫をすることで、スタジアムへの集客や観客の消費額を増やすことにもつながると考えている。

【事例③：福岡ソフトバンクホークスのポイント戦略】

福岡ソフトバンクホークスのタカポイントは、福岡PayPayドームの来場、チケットやグッズ、飲食の購入でポイントを獲得することができ、ためたポイントは、チケット、グッズ、イベント参加券などに交換することができる。これは、ファンの獲得、持続的な来場や購入を促すだけでなく、顧客情報の把握も可能となっており、マーケティングに活用されている。

【事例④：楽天生命パーク宮城におけるキャッシュレス化】

スタジアムで最も早くキャッシュレス化を導入したのは、楽天野球団の楽天生命パーク宮城であり、2019年シーズンより、スタジアム全店舗での完全キャッシュレス化を導入している。これによって、現金決済に代わり、楽天ペイや楽天Edy、クレジットカード、楽天スーパーポイントなどでの支払いが基本となった。

キャッシュレス化により、スタジアムにおける店舗での行列が減り、商品購入までの待ち時間が短くなることでスムーズな支払いが可能となり、顧客満足度向上に資するだけでなく、顧客の買い物動向の把握も可能となり、マーケティング戦略にも活かすことができる。

〈タカポイント〉
出所：福岡ソフトバンクホークス公式サイト
https://sp.softbankhawks.co.jp/takapoint/

3-15 スタジアム・アリーナ事業に参画する日本企業の動向

「2-4 各地の事例の動き」で紹介されているように、国内各地でスタジアム・アリーナの新設や建て替え・改修の計画や構想、スタジアム・アリーナへの新技術の導入が進んでいる。こうした動きに伴い、これまで、スタジアム・アリーナ事業への関与が限定的であった我が国の大企業に新規参入の動きが見られ始めている。

＜事業領域と各企業の関わり方＞

これまでも、スタジアム・アリーナに関するビジネスには、様々な企業が関わってきたが、近年は、これまでの事業領域を活かしながらスタジアム・アリーナ事業に新たに参入し、主たる事業領域との相乗効果を狙うとみられる企業が増えている。

以下、近年、スタジアム・アリーナ事業に参画している企業の例を図表3-104で示すとともに、スマート・ベニューに関連する各企業の動向を紹介する。

図表3-104　近年スタジアム・アリーナ事業に参画している企業の例

スタジアム・アリーナ事業

整備	運営
楽天株式会社	
株式会社ディー・エヌ・エー	
パナソニック株式会社	
ゼビオグループ	
	株式会社電通
	三井物産株式会社
	株式会社NTTドコモ
	株式会社アミューズ
整備のための資金調達や、映像装置等の設備の設置等を含む	マーケティングや、飲食事業、ITを活用したサービスの提供等を含む

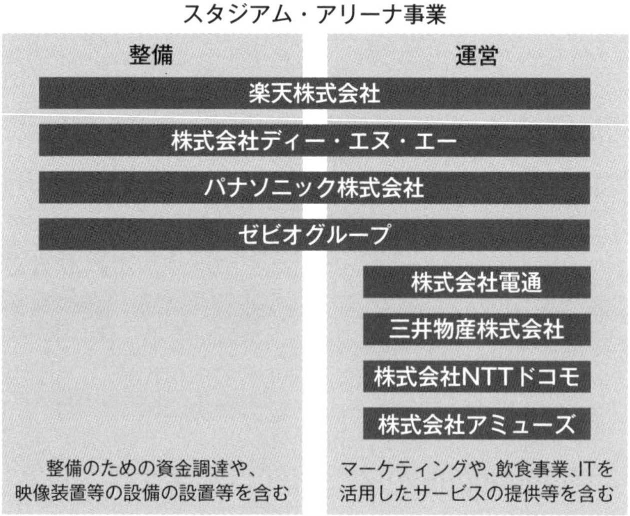

＜各企業の動向＞

1 楽天株式会社

当社は、プロ野球チーム「東北楽天ゴールデンイーグルス」を運営する株式会社楽天野球団やプロサッカークラブ「ヴィッセル神戸」を運営する楽天ヴィッセル神戸株式会社の親会社であり、「東北楽天ゴールデンイーグルス」のホームスタジアム「楽天生命パーク宮城」においては宮城県から株式会社楽天野球団が、「ヴィッセル神戸」のホームスタジアム「ノエビアスタジアム神戸」では神戸市から楽天ヴィッセル神戸株式会社が、都市公園法に基づく管理許可を取得しスタジアム運営に取り組んでいる。例えば、「楽天生命パーク宮城」では観覧車やメリーゴーランド、スポーツクライミングウォールといった試合時に観戦以外でも楽しめる施設を整備し、「ノエビアスタジアム神戸」ではVIP個室ルーム、ファミリーシートやヴィッセルラウンジを設置したりするなど、顧客の体験価値や利便性を高めるための改修・運営への投資をスピーディに実施することにより、集客を増やし、サステナブルな交流拠点や地域活性化を実現している。スポーツチームを活用したブランド構築や知名度の向上、スタジアムのキャッシュレス化などにより、スポーツビジネスのプロフィットセンター化のみならず、本業のインターネットショッピングやオンラインサービス、カード事業の顧客への訴求も幅広く行っている。その他、スポーツコンテンツの動画配信サービスを開始したり、スペインのプロサッカークラブ「FCバルセロナ」やアメリカのプロバスケットボールチーム「ゴールデンステート・ウォリアーズ」のパートナーにもなるなど、様々なスポーツ関連事業やプロスポーツチームとのパートナーシップにも取り組んでいる。

2 株式会社ディー・エヌ・エー

当社は、プロ野球チーム「横浜DeNAベイスターズ」を運営する株式会社横浜DeNAベイスターズやプロバスケットボールクラブ「川崎ブレイブサンダース」を運営する株式会社DeNA川崎ブレイブサンダースの親会社である。2016年には横浜DeNAベイスターズのホームスタジアム「横浜スタジアム」の運営会社である株式会社横浜スタジアムをTOBにより株式会社横浜DeNAベイスターズの子会社とし、

スタジアム飲食の充実、個室観覧席の設置、座席の増席等を実施している。横浜スタジアムのホームタウンである横浜市とは包括連携協定を締結し、「コミュニティボールパーク構想」を掲げてスタジアムを核としたまちづくりを行っている。また、横浜スタジアムの隣接地である横浜現市庁舎街区活用事業において、三井不動産株式会社を代表者とする事業予定者コンソーシアムの構成員として、2024年度末よりライブビューイングアリーナの運営を行う予定である。

こうしたまちづくりへの取組や、スポーツチームを活用したブランド構築、知名度の向上等により、モバイルゲームやSNS運営、eコマースなど他事業の顧客への訴求も行っているとみられる。川崎ブレイブサンダースのホームアリーナに関しては、新アリーナ建設計画を検討中である。

3 パナソニック株式会社

当社は、プロサッカークラブ「ガンバ大阪」を運営する株式会社ガンバ大阪の親会社であるほか、自社内でも野球やラグビーなどの企業スポーツチームを有する企業として知られている。近年、ガンバ大阪のホームスタジアムであるパナソニックスタジアム吹田の整備に係る資金調達や設備整備に協力し、スタジアムを核とした地域活性化を目指している。

同時に、スタジアム内に自社製品である大小ビジョンをふんだんに盛り込むことで、いわゆる「ショーケース」として、また当社が所有する技術の様々な実証実験の場として、スタジアムを活用している。具体的な商材としては、スタジアムを演出するプロジェクターやデジタルサイネージ、放送・中継・制作システムなどの設備機器であるが、近時、ハードだけではなくスタジアムの映像演出やICカードやQRコード等の電子チケットに対応した入場管理システム導入による観客データマーケティング等のサービス提供にも取り組んでいるところである。

4 ゼビオグループ

スポーツ用品小売店のゼビオグループでは、2012年に仙台市にて同社所有運営のアリーナ「ゼビオアリーナ仙台」をオープンしており、ゼビオアリーナ仙台でのアリーナ事業経験を活かして、八戸市にもゼビオグループの整備運営による多目的ア

リーナ「FLAT HACHINOHE」を2020年4月にオープンしている。このアリーナはゼビオグループ保有のアイスホッケークラブ「東北フリーブレイズ」のホームアリーナとして利用されるほか、八戸市が一定の施設利用枠を有償で借り受けて市民利用等に活用するといったユニークな官民連携スキームとなっている。

アリーナの集客や市民へのエンターテインメント提供等による地域活性化を目指すとともに、アリーナへの来場者の店舗への誘客や、店舗のプロモーション等を行うことにより、本業のスポーツ用品販売の発展も目指している。

5 株式会社電通

当社は、国内外の各種スポーツ／エンターテインメント団体との長年に渡る強固な関係と各種スポーツ／エンターテインメントイベントの開催・大会運営実績を強みに、横浜文化体育館再整備事業におけるPFI事業者構成員（統括管理、運営）、有明アリーナにおけるコンセッション方式によるアリーナ運営事業のコンソーシアム代表企業（統括管理、運営・誘致）、SAGAサンライズパークの管理運営業務を担う指定管理者の代表企業など、次々とアリーナ等のスポーツ／エンターテインメント施設の運営業務を獲得している。いずれも、実際の管理運営業務はこれからであるものの、アリーナというハコを得て、当社の強みを最大限に活かしたコンテンツの展開を図りながら、スマート・ベニューの思想を土台とした、「複合的な機能を組み合わせたサステナブルな交流施設」を展開する運営を行うとみられる。

6 三井物産株式会社

当社は、一人でも多くの人がスポーツに触れ、楽しむ機会を創り、人々の健やかな生活への貢献を目指し、スポーツ&エンターテイメント事業に取り組んでいる。具体的には関連会社と共に、スポーツチームやスタジアム／アリーナ等の施設保有者に対し、チーム運営から施設運営支援までの総合サービスプロバイダーとして事業に取り組んでいる。

株式会社広島東洋カープへは、スタジアム構想策定時から支援を行い、現在は、子会社三井物産フォーサイト株式会社（以下、「MBF」）、関連会社エームサービス株式会社（以下、「エーム」）と共に「MAZDA Zoom-Zoomスタジアム広島」にお

けるフードサービス業務やスポンサーシップマーケティング（以下、「スポンサーシップ支援」）を実施、また、他球団へも同サービスを一部提供している。

Jリーグ所属「ジュビロ磐田」を運営する株式会社ジュビロとは、ICT活用によるマーケティング戦略の企画・実行支援やスポンサーシップ支援を実施している。

Bリーグ所属「アルバルク東京」を運営するトヨタアルバルク東京株式会社の社長は当社からの出向であり、MBFによる出資やスポンサーシップ支援等も行っている。

また、「シーホース三河」を運営するシーホース三河株式会社にも、MBFからの経営人材の派遣やスポンサーシップ支援、グッズ制作・新アリーナ建設支援等の複合サービスを提供している。

当社グループの連携と強みを活かしたサービス提供により、スポーツチームや施設保有者の価値向上を図る「総合サービスプロバイダー」としての地位確立の実現を通じて、豊かな生活を営める社会への貢献を目指している。

7 株式会社NTTドコモ

当社は、ラグビートップリーグクラブ「NTTドコモレッドハリケーンズ」を保有し、また、Jリーグのトップパートナーであり、鹿島アントラーズのホームであるカシマスタジアムをはじめとするJリーグのスタジアムで、高密度Wi-Fiやキャッシュレスサービスの提供による「スマートスタジアム」化を進めている。また、5Gの提供開始にあわせて、スタジアムでライブでマルチアングルでの視聴を楽しめるサービス等も計画中である。

有明アリーナのコンセッション事業においては、株式会社電通グループコンソーシアムのICT推進業務を担う構成員として、高密度Wi-Fi等の最先端技術の提供により、顧客体験価値や利便性の向上を目指している。

その他、スポーツ映像配信サービス「DAZN」を提供するPerformグループと提携し、サッカーや野球のみならず国内外の様々なスポーツコンテンツをライブやオンデマンドで観ることができる「DAZN for docomo」を提供している。

8 株式会社アミューズ

　当社は、1978年に創立以来、総合エンターテインメント企業としてアーティストマネージメントを軸に様々な事業を展開している。さらに2017年よりスポーツビジネス市場に本格参入し、国内外にてアスリート・エージェント事業、IPプロデュース事業、そしてエリアマネージメント事業に取り組んでいる。

　エリアマネージメント事業の一角として、有明アリーナのコンセッションに参画し、株式会社電通グループコンソーシアムの運営・誘致業務を担う構成員として、トップアーティストのコンサート誘致やイベント開催などにより、スポーツ以外のアリーナへの集客に貢献することでアリーナの収益拡大や地域活性化を図り、サステナブルな交流拠点施設を目指す取り組みを行う予定である。

　また、2017年3月には株式会社横浜アリーナの株式を取得し、横浜アリーナの運営に参画するほか、従来通り所属アーティストのライブを含むコンテンツを実施することにより、横浜アリーナにおける多彩なコンテンツの実現や、稼働率の維持向上に貢献している。

3 - 補論1 アスリートのセカンドキャリア

本節では、アスリートに対するセカンドキャリア支援の必要性と現在実施されている取り組みや、昨今広まりつつある、現役中から引退後を見据え、同時並行的に異なるキャリアを走らせる「デュアルキャリア」の考え方、そしてアスリートのキャリア形成支援に期待される効果について解説する。

本節で述べる「アスリートのセカンドキャリア」とは、「アスリートが選手としての第一線を退いた後のキャリア」のことを指す。ほとんどのアスリートはいずれ競技を引退し、その後に新たなキャリアを歩むことになるが、引退後のキャリアを過ごす期間のほうが長くなることが一般的である。

プロスポーツかアマチュアスポーツ（いわゆる企業スポーツ）かを問わず、引退後のキャリア移行がアスリートにとって大きな壁になっていることが徐々に知られるところとなり、セカンドキャリア支援の必要性が強く認識されるようになった。

■1 セカンドキャリア支援の必要性と背景

アスリートのセカンドキャリアについて述べる上で、本節では基本的に、競技種目やプロ・アマを問わず、日本のトップレベルでプレーするアスリートを対象とする。具体的には、以下に該当するような選手である。

・クラブ等と専属のプロ契約を結んでプレーする選手（プロ野球、Jリーグ、B
　リーグ）
・企業に所属しつつ、企業から支援を受けて競技活動する選手（Vリーグ、ラグ
　ビートップリーグ等）
・個人でプロを宣言し、スポンサー等の支援を受けて活動する選手（体操、マラ
　ソン等の個人競技者）
・国や競技管轄団体によって強化選手の指定を受けて競技活動する選手

競技種目を問わず、上記に該当するような選手は、現役生活中、起きている時間の多くを練習や大会、あるいはその為の移動や心身のケアに費やし、日々、多大なエネルギーを自らのパフォーマンスの向上に注いでいる。

彼らは引退後、アスリートとしてのキャリアに代わる新たなキャリアを探すこと

になる。その際、一般企業への就職を望む場合は、基本的には転職市場において、他の中途採用希望者と同様に扱われる。しかしながら、元アスリートは一般の転職者と違い、転職市場で重視される前職場での実績や社会人経験が乏しいことが多く、その点において他の転職者から一歩後れを取ることになる。加えて、さまざまな要因によって、キャリアチェンジに際しアスリートならではの苦労や挫折を経験する者も多いのが実情である。例えば以下のような場合が考えられる。

・競技一本に集中してきた現役時代からの環境変化に適応できないケース
・（一定の成功を収めたアスリート等の場合）給料の落差を受け入れられないケース
・ケガによる競技継続の断念や成績不振等を理由とした契約終了、チームの解体等により突如キャリアチェンジを迫られるケース
・（企業チーム所属の場合）現役中は競技中心の生活のため、企業の業務に従事する時間が短く、業務経験の蓄積が遅れ、引退後の継続雇用を諦める、または望まないケース

　本来であればいつかは引退することがわかっているため、個々人が事前に準備しておくことが望ましい。しかしながら、現役中は競技のみに集中すべきという考え方が一般的だったこれまでの日本のスポーツ界や、ジュニアアスリート等が自らが身を置く社会以外の社会を知らないまま育ってしまう、といった環境的な要因により、なかなか引退後のキャリアを自ら意識し、予め準備することができないのが実情である。

❷ セカンドキャリア支援の具体的な取り組みの状況

　引退したアスリートがスムーズに次のキャリアに移行できることが理想であり、スポーツを管轄する団体や民間企業等で就職支援をはじめとするセカンドキャリア支援に取り組むところは、徐々に増えつつある一方で、企業スポーツの分野等、あまり取り組みが進まないところもある。

①プロスポーツの場合

　Jリーグでは、サッカー選手の引退年齢が他の競技と比較して若かったこともあり、1993年のリーグ設立当初からセカンドキャリアに対する問題意識が高かった。

そこで、2002年にJリーグ独自の予算で「キャリアサポートセンター」を設立し、引退する選手の就業先を見つけるサポートを提供してきた。なお、2014年からは、同事業は選手協会に引き継ぎ、2019年現在、Jリーグでは別の取り組みを進めており、それについては後述する。

　野球界では、チームが民間の人材紹介会社と連携して就業支援を行ったり、所属チームの枠を超えた支援を提供すべく、新たに独立したキャリア支援の会社を設立するなど、引退する選手のライフプランをフォローする体制の整備に力を入れている。

②企業スポーツの場合

　一方で、いわゆる企業スポーツによって成り立っている競技については、セカンドキャリア支援の必要性に対する理解そのものが遅れがちである。これは、企業スポーツの場合、引退後もその企業に継続雇用されることが一般的であることや、多くの競技においてキャリア支援に予算をつけるほど資金に余裕がないこと等が要因として挙げられる。結果、若手アスリートは競技の継続を早々に諦め、それにより選手が減っていくことで、競技人口の減少や強化の停滞が生じ、ますます資金が入ってこなくなる、という悪循環に陥ることになる。

③民間企業の場合

　民間企業でもセカンドキャリア支援の取り組みが広がっているが、そのあり方はさまざまである。アスリートマネジメント全般を主たる事業とし、現役アスリートに対してはスポンサー獲得を、引退後は就労先を、というように一貫してライフプラン形成を支援する企業や、元アスリートが、自身の引退時にセカンドキャリア移行に苦労した経験を持ち、自らセカンドキャリア支援企業を立ち上げ、比較的小規模に活動しているケースもある。こうした企業が増えることは、これから引退を迎えるアスリートのスムーズなキャリア移行のよりどころとなり、一定の効果が期待できる一方で、支援する側の一層の充実を図るためには、企業が個々に支援に取り組むのではなく、企業間を横断した連携や情報交換が必要と言える。

❸「セカンドキャリア」から「デュアルキャリア」へ

　近年では、アスリートのセカンドキャリア支援は引き続き重要であるとした上で、引退移行期に次のキャリアを考えるのではなく、現役時代から引退後のキャリアについて準備すべき、という「デュアルキャリア」の考え方が注目を集めている。「デュアル」とは、2つのものを一対として用いたり併存させたりすることを意味する。

　アスリートに対する引退後の就職や就学に対する支援は、いわば、「対症療法」的な取り組みであるのに対し、デュアルキャリアの形成に係る支援は、早期から引退後に備えるという意味で、「予防療法」として捉えることができる。

　国もデュアルキャリアの形成を率先して支援しており、スポーツ庁では、「スポーツキャリアサポート戦略」として、スポーツに関わる多様な人材の育成に対する支援事業と合わせて、引退後のキャリアの事前準備に係る支援事業を、JSCや、一般社団法人日本トップリーグ連携機構といった団体に委託している。

　スポーツを管轄する団体や民間企業においても、デュアルキャリアの形成に係る取り組みが進められているが、その際、大きく分けて2種類の意味でこの言葉が用いられている。

①「競技と学業」、「競技と仕事」のように、現役のうちから二重のキャリアづくりを行うこと。
②アスリートとして培った技能や精神の価値をスポーツ以外の視点から捉え、スポーツ以外のキャリアの土台として活かすこと。

　①は、しばしば「パラレルキャリア」と同義で用いられる。著名なものとして、日本オリンピック委員会（JOC）が提供する「アスナビ」がある。これは、現役でオリンピック・パラリンピックをめざすアスリートと民間企業とのマッチングを支援するもので、2011年に第1号の就職先が決まって以来、2020年4月入社の内定者まで、マッチングが成立したアスリートは300名を超えている。

　この他、民間が行うものでは、大手人材紹介会社の株式会社マイナビが提供す

る、現役アスリートに特化した就職支援サービス「マイナビアスリートキャリア」等が該当する。

　競技をしつつ何らかの資格を取得する場合等もこれに当たる。なお、企業側としても、社業に役立つ知識や技術を事前に取得していることは、採用を前向きに検討する要素となり、歓迎されることは言うまでもない。

　一方の②は、人としてのあり方を「キャリア」の一つと捉え、その考え方や心構えに重きを置いている。いささか抽象的に思われるこの考え方は、次世代のトップアスリート候補が自発的に「学び、気付き、考える」きっかけになるとして、教育現場や、ジュニアや若手世代の育成現場において取り入れる動きが見られる。

　これに関する具体的な取り組みとして、Jリーグは、文部科学省より「スポーツキャリア形成支援事業」を業務受託し、「キャリア・デザイン・サポートプログラム」を実施してきた。これは、プロのアスリートをめざす人材にとって適切な"キャリア"についての考え方や心構え、社会人として適切な就労観や職業観の醸成を目的に実施するもので、将来、地域で活躍、貢献できる人材の育成をめざすとしたものである。

　また、自らが取り組むスポーツを単なる競技としてだけでなく、例えば組織マネジメント論、データの収集・分析対象、あるいは地域振興や地域貢献の要素、といった別の視点から捉えて知見を養うことも、デュアルキャリアの②に該当すると思われる。これについては、競技と結び付けて考えることにより、親しみを持ち、理解しやすくなる等の心理的なメリットだけでなく、実践に活かすことができるため、競技力向上というメリットも期待できる。

　アスリートに対するセカンドキャリア支援とデュアルキャリア形成支援は、いわば車の両輪であり、その目的は、アスリートが豊かな競技人生とその後の人生を歩めることの達成にある。アスリートがデュアルキャリアを備えることは、彼らのセカンドキャリアに対する不安の解消、軽減の一助となるだけでなく、スポーツ以外の視点や論理的思考力を身に付けることに繋がる。その結果としてアスリートとしてのパフォーマンスが向上するとの期待の声もある。

　デュアルキャリアという考え方に対する理解が、日本のスポーツ界に浸透していくことが求められている。

4 今後に向けた課題と期待

デュアルキャリアが当たり前の世の中になるためには、現役世代もさることながら、次世代のアスリートを取り巻く環境を変えていく必要がある。しかしながら、実際に彼らを育成する現場では、まだまだデュアルキャリアに対する理解が十分であるとは言い難い。この理由としては、スポーツ活動だけに注力した結果として現在の地位を得たという指導者や、自らの在籍中に結果を残すことにとらわれがちな指導者もいまだに多く存在するためと考えられる。また、保護者側へのデュアルキャリアに対する理解の周知が進んでいない（その機会がない）ということもある。

まずは、デュアルキャリアについて、必ずしも競技と並行してまったく別のスキルを取得するというものではなく、スポーツでの活動を最大限活かしつつ、違う力を伸ばしていくという考え方があるということを示していく必要がある。

スポーツ管轄団体等が中心となり、公の場での発信や、場合によっては元アスリート等の協力を得つつ、選手を育成する現場に広めていく地道な努力が続けられている。

日本では、東京オリンピック・パラリンピック競技大会開催決定を契機として、スポーツ産業市場規模の拡大と、「する」スポーツの振興、スポーツの国際競争力強化を目指している最中にある。

こうした目標を達成するための取り組みの一環として、アスリートが競技に専念できる環境の整備も求められており、アスリートのキャリア支援も、環境整備の中の一つにすぎない。しかしながら、キャリアに対する不安から解放され、より競技に専念できる環境となることで、選手のパフォーマンスが向上すれば、その競技全体での競技力の向上や、競技人口の拡大が見込めるのではないか。

また、競技人口が増えれば、それに伴い指導者やトレーナーといった、「する」スポーツを支える立場への需要も連動して増加するであろう。この結果、引退後にアスリートが競技に関わり続ける機会も新たに創出されるという好循環が生まれる可能性もある。

キャリア形成支援は、単に引退後のアスリートのための就業支援にとどまらず、我が国の継続的なスポーツ振興に資する、大きな役割を果たすはずである。

3 – 補論2 一般社団法人大学スポーツ協会（UNIVAS）について

■1 一般社団法人大学スポーツ協会（UNIVAS）の設立

UNIVASは、大学スポーツのさらなる発展のために、"大学スポーツの振興により、「卓越性を有する人材」を育成し、大学ブランド強化及び競技力の向上を図る。もって、我が国の地域・経済・社会の更なる発展に貢献する。"を設立理念として、2019年3月1日に設立された。本稿では、UNIVASの設立の概要・背景・流れと設立にあたり参考とされた全米大学体育協会（NCAA）について記載した後に、UNIVASの役割や取り組みと今後の課題・展望について記載する。

①設立概要

UNIVASは、大学スポーツのさらなる価値を発揮させるために設立された大学横断的かつ競技横断的統括組織である。2020年1月10日時点で、222の大学、34の競技団体が加盟している。

②設立の背景

「日本再興戦略2016」の発表後、スポーツの成長産業化に注目が集まる中で、スポーツを核とした地域活性化の取り組みの一つとして、大学スポーツの成長産業化が注目され、日本版NCAA創立の機運が高まった。

日本では、海外伝来のスポーツを広める役割を大学が担い、自主独立した組織として発展してきた。そのような歴史もあり、学校横断的、競技横断的な組織である「公益財団法人全国高等学校体育連盟（高体連）」、「公益財団法人日本中学校体育連盟（中体連）」とは異なり、大学では、各学生連盟が競技種目別に設立されており、運動部全体での一体性を有していない現状があった。

また、大学運動部活動は、課外活動であるから、教育研究と比較して、大学からの支援が必ずしも手厚いとは言えない状況であった。例えば、運動部活動の監督やコーチがOB会に直接雇用されており、大学の指揮命令系統に属していないため、

何か問題が発生した際に大学が指導できない恐れがあるなどガバナンスに関する問題が指摘されていた。

加えて、大学OB（潜在的観戦者）の観戦によるファン層の拡大や、企業とのコラボレーションなど大学スポーツ資源の潜在力が十分に発揮されているとは言い難い状況があった。

そこで、大学スポーツのさらなる価値を発揮させるために、大学や学生競技連盟を核とした大学横断的かつ競技横断的統括組織創設の検討が開始された。

③設立の流れ

2016年4月、当時の文部科学大臣であった馳浩議員のリーダーシップの下「大学スポーツの振興に関する検討会議」が発足した。大学、学生競技連盟、産業界が集った「日本版NCAA創設に向けた学産官連携協議会」や大学及び競技団体が中心となり具体的な準備を進めた「大学横断的かつ競技横断的統括組織設立準備委員会」における検討を経て、2019年3月1日にUNIVASが設立された（図表3-105）。

図表3-105　設立経緯

	2016年度	2017年度	2018年度	
会議体	大学スポーツの振興に関する検討会議	日本版NCAA創設に向けた学産官連携協議会	日本版NCAA設立準備委員会	2019年3月1日 一般社団法人 大学スポーツ協会（UNIVAS）設立
内容	設置に向けた方向性を決定。2018年度中の創設をめざすことに決定	制度設計、機運醸成。日本版NCAA設立準備委員会の委員公募実施	定款及び事業計画の作成、賛助会員の募集、プラットフォームの形成にあたり、共有化すべき情報の検討、ガイドライン策定等にあたっての大学スポーツの実態調査などを実施	
	方向性の確認	課題の抽出／対応策の検討	課題解決／実務の整備	

出所：「第1回日本版NCAA設立準備委員会」資料より筆者作成

❷ 全米大学体育協会（略称：NCAA）

①概要

　NCAAは、「National Collegiate Athletic Association」の略称で、1906年に設立された米国の大学スポーツ全般を統括する大学横断的かつ競技横断的統括組織である。1900年前後に、大学スポーツ、特にアメリカンフットボールにおいて死亡事故が多発したことから、学生選手（スチューデント・アスリートの邦訳。米国ではNCAAに加盟している運動部の部員をスチューデント・アスリートと呼ぶ）の安全確保に真剣に取り組んでいこうとする大学の主導によりNCAAが創設された。

　NCAAは、2018年時点において、1,102大学が加盟しており、奨学金や各種制限の違いにより、3つのDivisionに分かれている。Division Ⅰには351大学、17万9,200人の学生選手、Division Ⅱには308大学、学生選手数は12万1,900人、Division Ⅲは443大学、学生選手数は19万900人が所属している（図表3-106）。

　加盟大学の多くは、カンファレンスと呼ばれるリーグを形成している。日本で言えば野球の東京六大学やアメリカンフットボールの関東学生アメリカンフットボールリーグをイメージしてもらえればよいだろう。リーグが競技ごとに形成されている日本の大学スポーツに対して、米国におけるカンファレンスは競技横断的である場合が多い。もっとも、近年は人気の高いアメフトにおいて、カンファレンス間での有力大学の引き抜き合戦が激しく、同じ大学でもスポーツによって所属カンファレンスが異なることもある。バスケットボールのみのカンファレンス、ホッケーのみのカンファレンスなども存在する。

　また、各大学には、体育局（Athletic Department）が置かれており、Division Ⅰの強豪大学ともなると、プロスポーツチームのように、スポーツ活動を行うチーム運営部門と組織全体の運営部門に分かれていることもある。そうした強豪大学では、各業務（医療関連やマーケティングなど）のスペシャリストにより構成されている。そのため、スポーツビジネスの専門家が施設管理や大学のブランド価値を高める広報戦略などに携わっている。

　NCAAは、競技会の開催や大学間の調整、主催大会のテレビ放映権の管理など

も行っている。NCAAは、もっとも人気のある大学スポーツであるアメフトの試合に関する権利は一切持っておらず、主催大会の中で最大のものは男子バスケットボールの全国大会である。カンファレンスでのリーグ戦を経て68大学によって、春休みに2週間かけて行われる同大会は、マーチ・マッドネスの愛称で、全米の注目を集めている。

実際、NCAAの年間収入1,100億円のほとんどが、このマーチ・マッドネスからのものである。また、マーチ・マッドネスの売上の80%を占めているのが放映権料である。

NCAAと加盟大学は、得られた収入や寄附を元に、合わせて毎年18万人以上の学生選手に約35億ドルの運動奨学金を授与している。

その他NCAAの収益は、加盟大学に分配され、大学教育やスポーツ振興に再投資されている。

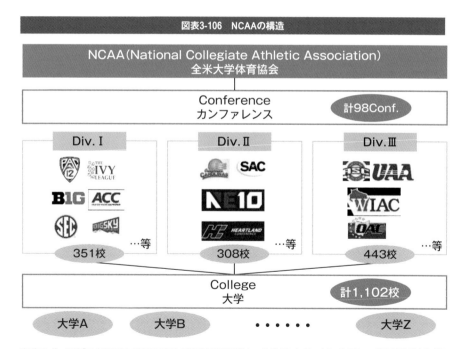

図表3-106　NCAAの構造

出所：スポーツ庁「日本版NCAA創設に向けた学産官連携協議会マネジメントワーキンググループ（第1回）配布資料5 事例紹介」をもとに、大学数を2018年時点に修正し作成

②運営理念、目的

NCAAは、「ACADEMICS（学業）」、「WELL‒BEING（安全・健康）」、「FAIR-NESS（公平性）」を3つの柱に運営している。

NCAAは、競技の条件を同じにすることが基本理念の一つになっており、各大学は、スポーツにかける予算の大小に応じて、自ら所属するDivisionをⅠ〜Ⅲから選択する。Division Ⅰのほうが施設の充実度や競技レベルも高く、テレビ等での露出度も高くなる。

また、Divisionごとに、選手の登録人数・練習時間・練習に参加できる学業基準が設定され、統一されている。

③取り組み内容

（1）ACADEMICS　学業面

学業基準（成績、年間最低単位数、学位取得に向けた進捗状況等）が設定されており、NCAAが定める成績評価値（GPA）が基準の成績より下回ると、練習・試合などの運動部の活動に参加できなくなったり、運動部の全体練習の時間が制限されるなどのルールが定められている。

そのため、Division Ⅰの強豪大学ともなると、体育局が学生選手のために、教育支援専門のアカデミックサポートセンターを設けており、学生選手の学習支援を行うアドバイザーや科目ごとに指導を行うチューターやチーム専任のアカデミックコーチなどがいる。1対1の個別指導から数名のグループ指導まできめ細かな支援が提供されている。

NCAAが発表したDivision Ⅰの大学アスリートの卒業率は、統計を開始した2003年の74％から大幅に増加して、2019年には89％となり過去最高となるなど、学業面での支援の成果が着実に表れている。

（2）WELL‒BEING　安全・健康面

設立の経緯もあり、学生選手の安全確保に対してとりわけ熱心に取り組んでいる。

大学生選手の心身両面での安全性、卓越性、健康を生涯にわたり促進することを目的として、スポーツ科学研究所が設置されている。

スポーツ科学研究所は、優先的に取り組む9個のテーマ（脳震とうの防止、ドー

ピングと薬物乱用の防止等）を定め、調査研究及び学生選手への支援を行っている。

　また、スポーツにおけるさまざまなケガや障害のリスクを回避するために、ケガのリスクが高い激しい練習（アメリカンフットボールのフルコンタクト練習等）が制限されている。

（3）FAIRNESS　公平性

　NCAAは、学生選手やファンに公平で充実した環境を提供することに取り組んでいる。

　従来、ケガ等により現役続行が難しくなった場合には、奨学金が停止されていたが、2015年からDivision Iの65校では、運動能力やケガなどに関係なく奨学金の支給が保証されるようになり、学生選手の負担を軽減している。

　また、学生選手、コーチ、その他関係者の民族及び人種の多様性、ジェンダーの公平性及び包括性の確保にも取り組んでおり、2016年の活動開始以来、700人以上の大学学長と100以上の組織から幅広い支持を得ている。

　男女平等という観点では、タイトルIX（男女教育機会均等法、1972年に可決された米国の連邦公民権法）の順守に加えて、女子学生選手の活躍機会拡大のために「Emerging Sports for Women」というプログラムを実施し、1994年と比して女子学生選手数をほぼ倍増させている。

④米国における大学スポーツの特徴

　米国における大学スポーツは、アマチュアスポーツにもかかわらず以下の特徴を備えることで、米国4大スポーツに匹敵するほどの経済規模を持つに至っている。

・アマチュア規定

　NCAAでは、アマチュア規定の下で、学生選手が、プレーの対価として金銭的な権利を得ることを禁じている。その他、入学前の高校生選手との接触、奨学金等の選手の便益についても、明確な基準を設けており、この規定に違反した選手や団体には、大会参加資格の剥奪や勝利数の剥奪、奨学金の制限などの厳しい罰則が設けられている。大学が選手に奨学金として支給できる費用は、教育費用に係る実費

及び必要経費（学費・寮費・食費等）に限定されている。

　そのためNCAAでは、プロチームやクラブ等で必要となる選手の年俸の支払いの必要がない。一般的なプロチームやクラブは、売上の一定割合を選手の年俸の支払いに拠出しているが、NCAAでは、そのコストを負担せず、放映権や選手の肖像権等から莫大な収入を得ている。

　そこで選手は無報酬という仕組みは、労働力の搾取ではないかとの声が上がった。実際に、2014年には、その後ワシントンDCの本部で再検討の末に破棄されるものの、全米労働関係委員会（NLRB：National Labor Relations Board）シカゴ支局は、学生選手はプレーと引き換えに奨学金という賃金を受けている「労働者」であるとして学生選手に団体交渉権を認める判断を下した（再検討においても、学生選手が労働者かどうかの判断は行わなかったため、学生選手の労働者性が否定されたわけではない）。

　さらに2016年には、連邦高等裁判所がNCAAの選手に対する金銭保証を禁止するアマチュア規定は学生選手への収益分配を不当に制限するものであり、反トラスト法違反に当たるとした。

　このような流れを受けて、NCAAは、2019年には、学生選手が氏名や肖像権などのパブリシティー権を使って収入を得ることを容認する方向に転換。ただし、選手らが氏名や肖像などから収入を得る機会を認める一方で、「学生であることが第一」とし、入部やプレー内容などへの対価は認めないというガイドラインを打ち出している。

・カンファレンス、加盟大学間での競争システム

　NCAAは、マーチ・マッドネスなどの収益を生んでいる主催大会については、その収益を各カンファレンスの同大会での成績、興行実績（つまり人気）等によって、分配金の配分率を変えているため、分配金が少ないカンファレンスから他のカンファレンスに移籍する大学も珍しくない。

　また、NCAAでは、競技ごとに大学が設定できる奨学生の数の上限が決まっている。これにより、保有できる有力選手数を大学間で統一し、各大学の戦力を均等にすることで、視聴者の「観る」楽しみを増大させている。

　このようなことから、各大学・各カンファレンスのチーム能力、経営能力が常に試される競争システムが形成されている。

・プロ、アマスポーツの棲み分け

米国スポーツでは、プロ・アマスポーツの棲み分けがなされており、協調関係が構築されている。例えば、アメリカンフットボールのテレビ放映では、金曜日の夜には高校生フットボール、土曜日は大学フットボール、日曜日と月曜日は、プロ（NFL）というようにテレビ放映の時間帯が分かれている。

テレビ放映時間が分かれることにより、視聴者の共食いを阻止でき、重要な収入源である放映権の価値を高めることに成功している。

3 UNIVASの役割・取り組みと今後の課題・展望

①目的

UNIVASは、大学スポーツを総合的に振興し、学生の誰もが学業を充実させながら安全に競技スポーツを実践するための基盤的環境を整備するとともに、地域に根差す大学スポーツの多様な価値を高め、我が国の力強い発展と卓越性を追求する人材の輩出に寄与することを目的としている。

②役割・取り組み

UNIVASでは、「学業充実」、「安全・安心」、「事業マーケティング」を提供サービスの3つの柱として据えている（図表3-107）。

（1）学業充実

学生選手が競技力向上に邁進（まいしん）しながら、学生の本分たる学業にもしっかりと注力できる環境を整備することを目的として入学前教育プログラムの策定・普及、学業基準の導入可能性の検討やキャリア形成支援プログラムの策定や各競技の大会日程が一覧できるカレンダーの策定等を検討している。

2019年8月には、学業基準の設定及び基準順守を遂行するためのシステム構築を目的とし、「学業基準設定部会」が設置されている。

（2）学生たちの安全・安心の確保

学生選手が安心して競技に取り組める条件や仕組みの整備を目的としている。安

全・安心ガイドラインの策定・普及、競技大会へのメディカルスタッフの派遣、ハラスメントなどの相談窓口の設置等を検討している。

2019年10月には、大学スポーツに健全に取り組むことができる環境を整えるために、UNIVASのオフィシャルサイト内に「UNIVAS相談窓口」が設置され、各種ハラスメントや不正行為（試合の不正操作やドーピング等）について、加盟大学または加盟競技団体に所属もしくは所属後3年以内の選手、その親族、指導者、チームスタッフが相談できるようになっている。

（3）事業マーケティング

大学スポーツへ注目が集まり応援されるようなムーブメントを起こすことを目的としている。試合映像のインターネット上でのライブ配信、競技成績でポイントを競う競技横断型大会「UNIVAS CUP」の開催、地域ブロックにおける大会運営へ

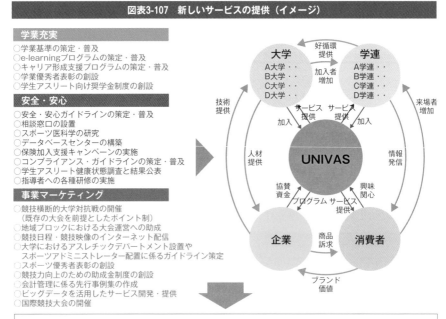

図表3-107 新しいサービスの提供（イメージ）

学業充実
○学業基準の策定・普及
○e-learningプログラムの策定・普及
○キャリア形成支援プログラムの策定・普及
○学業優秀者表彰の創設
○学生アスリート向け奨学金制度の創設

安全・安心
○安全・安心ガイドラインの策定・普及
○相談窓口の設置
○スポーツ医科学の研究
○データベースセンターの構築
○保険加入支援キャンペーンの実施
○コンプライアンス・ガイドラインの策定・普及
○学生アスリート健康状態調査と結果公表
○指導者への各種研修の実施

事業マーケティング
○競技横断的大学対抗戦の開催
　（既存の大会を前提としたポイント制）
○地域ブロックにおける大会運営への助成
○競技日程・競技映像のインターネット配信
○大学におけるアスレチックデパートメント設置や
　スポーツアドミニストレーター配置に係るガイドライン策定
○スポーツ優秀者表彰の創設
○競技力向上のための助成金制度の創設
○会計管理に係る先行事例集の作成
○ビッグデータを活用したサービス開発・提供
○国際競技大会の開催

UNIVASが、大学、学連と密に連携し、企業や消費者との核となり繋ぐことで、好循環サイクルを実現

出所：スポーツ庁「一般社団法人大学スポーツ協会（UNIVAS）設立概要」公式サイト

の助成、優秀な学生アスリートや取り組みを行った大学、競技団体を表彰する制度「UNIVAS AWARD」の創設、ビッグデータを活用したサービスの開発等が検討されている。より地域との密着度を高めるために、現在のセントラル方式主流から、プロ野球のようなホームアンドアウェー方式への変更も検討されている。

　大学、学生、競技団体、パートナー企業等、UNIVASには、多種多様なステークホルダーが存在する。各ステークホルダーのUNIVAS加入へのメリットは、以下のように示されている。今まで各運動部、各競技団体の自治に任されていた業務をUNIVASが、正式な中央競技団体として一括して行うことで、適正化・効率化が図れるという「集合による価値」が大きく発揮される見込みである（図表3-108）。

③今後の課題・展望

　2019年3月1日の発足時から、いくつかの有名大学がUNIVASへの加盟を見送るなど足並みの乱れが懸念されている。各競技団体と大学が同列の立場で、UNIVASに加盟することへの批判や事業化を巡る立場の違いが浮き彫りになっている。日本の大学スポーツの興行権や学生選手の肖像権等の多くの権利は各競技連盟に帰属している。そのため、各競技連盟のUNIVASへの加盟なくして、今回の構想の実現は難しいと思われる。

　文部科学省の「令和元年度学校基本調査」によると全国に大学は786校あり、UNIVASには、222校が加盟しているため、全体の4分の1以上の大学が加盟している。4年制大学のうち運動部活動をしっかり行っている大学はもっと少ないであろうから、UNIVASの影響力は、小さくないと思われる。

　UNIVASが大学スポーツの進展に取り組んでいくにあたっては、現在競技団体がほぼ独占している試合の権利や選手の肖像権等の各種権利の調整や、各競技団体と大学との役割の整理が必要となるであろう。

　今後、未加盟の大学や競技団体もUNIVASに加盟し、大学スポーツ振興のためにUNIVASを通じたルールづくりをしていくことが必要と思われる。

　そのルールづくりの過程では、大学スポーツの成長産業化はもちろんのこと、その中心となる学生選手の安全・安心な競技環境の整備、学業との両立を図り、学生選手の引退後も含めた人生の充実を図ることを念頭に置くべきと考えられる。

図表3-108　ステークホルダーのメリット

学生にとってのメリット

安全・安心

相談窓口の整備や安全対策の実施などにより、ケガ後の心配などをすることなく、安心して競技に専念することができます

学修環境とキャリア形成

体育会所属の学生が自らの人生を設計し歩んでいけるキャリアプログラムの提供や、学修環境を提供します

競技環境向上

表彰制度などを通じて学生生活に必要な資金援助等を行い、学生がスポーツや学修に集中できる支援を行います

コミュニティの形成

スポーツやさまざまなプログラムを通じて一般学生やOB・OGとの交流を大学の枠を超えてつくれるコミュニティ形成の場を提供します

先端技術や知識の提供

大学や企業間の連携を促進することでOB・OGの知識や経験、最先端の技術に触れる機会を提供します。競技力向上の機会を確保します（最先端技術の提供）

貴重な機会と体験

スポーツを通じた成功体験のみならず、海外体験や社会貢献プログラムなど学生生活にとってかけがえのない機会と体験を提供します

大学の加盟メリット

ブランド向上

スポーツを活用した大学のブランディング、資金獲得を図ることができ、地域活性化にも貢献できます

外部資金獲得

大学が学業両立、安全・安心なスポーツ実践環境を学生に提供するにあたって、UNIVASの提供するプログラムや資金を活用することができます

指導者研修

大学のスポーツ管理部門の整備（指導者への研修を含む）に対する支援を受けることができます

表彰制度

学生が学業やスポーツの成績優秀者に対する表彰を受賞することができ、教育効果の向上を促します

研究推進

UNIVASが構築するデータベースセンターを利用して、各種データを活用し、さまざまな研究をすることができます

映像配信

競技のインターネット配信を通じて、大学の知名度を上げることができます

競技団体の加盟メリット

安全・安心対策

安全対策にUNIVASが提供するサービスや資金を活用することができます（例：医療関係者の試合への派遣）

助成金獲得

地域ブロックにおける大会運営に対する助成金を受けることができ、競技力向上にも繋がります

観客数増加

競技横断的大学対抗戦（ポイント制）、インターネット配信等により大学スポーツ全体の活性化を図ることができます。特にマイナースポーツ団体にとっては、競技及び観戦人口の増加が期待されます

負担軽減

UNIVASが提供するサービスによって、競技団体の負担を軽減できます（例：チケットのオンライン販売のサポートをはじめ、各種事務負担の軽減）

海外交流

将来的には、世界大会や海外交流戦を予定しており、競技力の向上、マーケットの拡大をすることができます

映像配信

競技のインターネット配信を通じて、競技自体の知名度を上げることができます

産業界・企業の協賛のメリット・意義

人材の育成

地域社会や国際社会をはじめとして、この国の国際競争力を高めるために何より必要な人材育成に貢献できます

イメージ向上

大学スポーツを支援することで、さまざまな場面で企業名やサービスが露出され、企業イメージが向上します

人材の獲得

心身ともに鍛えられた体育会学生との接点の創出となり、リクルーティングに効果的です

商品・サービスのPR・販売促進

UNIVASと連携することで、商品名・サービス名のPRや、具体的な販促活動に繋がるようなアクティベーションを提供します

データ研究への参加

UNIVASが管理する予定の全競技者データを活用した、さまざまな研究へ参加することができます

出所：スポーツ庁「一般社団法人大学スポーツ協会（UNIVAS）設立概要」公式サイト

第**4**章

スマート・ベニューの
先進事例

4-1 日本国内の先進事例

0 はじめに

　本節では、日本国内のスタジアム・アリーナ等の先進事例を紹介する。「3-1　スタジアム・アリーナ実現のための段階論」において提示した、各発展段階の事例として、第3〜6各段階の4事例を掲載している。各段階における事例は以下の通りである。

　　第3段階（ホームチーム（関連企業含む）による管理運営）：桜スタジアム
　　第4段階（ホームチーム（関連企業含む）による建設・所有・管理運営の一体経
　　　　　　営）：FLAT HACHINOHE
　　第5段階（公共施設や商業施設等との複合施設化）：福岡PayPayドーム（福岡
　　　　　　ドーム）
　　第6段階（その先へ）：横浜スタジアム

　事例調査は、日本政策投資銀行及び日本経済研究所のこれまでの知見をベースに、文献調査で補足を行い、まとめたものである。ここで取り上げた事例以外でも、実際に構想が整備・管理運営段階まで進むスタジアム・アリーナ事例には次のような傾向がみられた。

①資金調達の工夫　→　初期投資の回収が難しい施設においては、多様な資金調達に取り組んでいる

- ・ここで取り上げる桜スタジアムやFLAT HACHINOHEなどが好事例であるが、寄附金で整備する、あるいは、官からの利用料収入といった長期安定した償還原資として固定的な償還資源を確保するなど、多様な資金調達に取り組んでいる。
- ・一方で、米国のような、カジノ上納金の充当や、スタジアム・アリーナ整備のための目的税の創設、学生の学費への上乗せといった、フレキシブルかつイン

パクトのある資金調達は難しいのが現状である。

②設計の工夫　→　進化しつつも、欧米との比較においてはデザイン面で改善の余地あり

・ピッチに客席を近づける、VIPエリアの設置、ファミリーシート・ペアシート等の客席の多様化など、顧客体験価値を高める工夫はなされつつある。

・アリーナスポーツとアイスリンクの両立など、多様な利用方法への工夫なども進みつつある。

・一方で、欧米のような、洒落た商業施設や高級ホテルのようなデザインのスタジアム・アリーナは少なく、エンターテインメントの観点や、まちの交流拠点を前提としたデザインは道半ばと思われる。

③運営の工夫　→　進化しつつも、欧米との比較においてはエンターテインメント空間、非日常感で改善の余地あり

・ホームチームやその関連会社が運営を担うことにより、ゲーム開催時の飲食の質の向上や、多様なスポンサーシップ、選手との触れ合い、関連ビジネスの実施（スポーツジム、クリニック等）など、スポーツコンテンツと連携した新たなサービスが生まれつつあり、顧客体験価値の向上や、交流拠点化が実現し始めている。

・また、飲食の予約等のスタジアムサービスと連携したアプリケーションの提供や、Wi-Fiサービス、キャッシュレス化など、ITサービスも推進され始めている。

・一方、これらの施策が進みつつあるのは限られたスタジアム・アリーナであり、また、欧米のVIPサービスやグレードの高い飲食サービスの提供のような非日常感のあるエンタメ空間の演出やサービスが実施されているスタジアム・アリーナは未だ少ない。

④収益化の工夫　→　改善の余地あり

・施設運営をホームチームやその関連企業が担うようになってから、収益が大きく向上したスタジアム・アリーナもある。

・一方、米国のような、スタジアム・アリーナ運営のプロフェッショナル企業

が、アマチュアスポーツを含む多様なスポーツコンテンツの収益化、付帯サービス（飲食や駐車場など）における収益化、コンサート・イベントの誘致に取り組むような、スタジアム・アリーナの収益力向上に向けて様々な方策を検討・実行するような動きは、我が国ではまだ限定的である。

⑤地域にもたらす効果

・欧米では、スタジアム・アリーナを核として周辺都市開発が進み、治安の向上や定住人口の回帰につながるケースが多く見受けられるが、我が国ではそのような効果はあまり聞かれない。

・我が国では、スタジアム・アリーナの効果というよりは、そこでプレーするホームチームのもたらす社会的効果の認知の方が進みつつあるように思われる。

⑥その他

・我が国では、スタジアム・アリーナ改革の流れは確実にあり、一部のホームチームや関連企業等の収益力向上への経営努力や多様な資金調達への努力には、目を見張るものがある。

・一方で、欧米と比べると、地域あるいは国内外におけるスポーツコンテンツの有するブランド力、収益力、社会への影響力はまだ低く、そのため、ハコであるスタジアム・アリーナの初期投資や運営資金が限定的になっていると思われる。

・プロフェッショナルな運営企業の存在もまだ限定的である。

・我が国のプロスポーツビジネスが進化してきたように、我が国のスタジアム・アリーナ事業は、今後も様々な局面で進化していくと思われるものの、欧米のようなダイナミックな施設整備や運営を実現するためには、スポーツそのものの価値向上がカギになると思われる。

第3段階（ホームチームによる管理運営）
1 桜スタジアム

　長居公園内にある大阪市立長居球技場を大規模改修し、J1規格に適合させるとともに、多機能スタジアム化を図るもので、興行日以外も人が集うスタジアムを目指

す。一般社団法人セレッソ大阪スポーツクラブが維持管理・運営を行うことで、スタジアムとクラブの一体経営を想定している。

①建設・改修経緯

1928年、大阪市が野球場や陸上競技場を備えた総合公園の整備計画を決定し、1940年、現在の長居公園の原型が完成した。戦後、1964年に長居陸上競技場が完成、続けてスポーツ施設や市立自然史博物館等の文化施設が整備され、1993年、長居第2陸上競技場の整備をもって、現在の長居公園が完成した。

大阪市立長居球技場はフットボール専用球技場として、1987年に完成し、供用を開始した。

2009年、当時、隣接する長居陸上競技場を本拠地としていた、Jリーグクラブのセレッソ大阪が、長居球技場も併せて本拠地とすることを大阪市に提案し、協議を経て承諾された。

観客席とフィールドの近さを活かした、臨場感と一体感のあるスタジアムをめざし、2009年から2010年にかけて第1期改修工事、2011年から2014年にかけて第2期改修工事が実施された（図表4-1）。

2015年、セレッソ大阪は、長居球技場を、地域、サポーター、スポンサー、選手そしてクラブがともに持続した成長を遂げるための「育成型複合スタジアム」へと改修する、「セレッソの森スタジアム構想」を発表した。これは、第3期改修工事に位置付けられるもので、セレッソ大阪は、この工事により、長居球技場をJ1のスタジアム基準を満たす施設へと改修し、本拠地の完全移行を図る計画である。

図表4-1　これまでの改修工事

	期間	費用	内容
第1期改修工事	2009年8月～ 2010年8月	約1.6億円	・観客席新設 ・トイレ、更衣室など改修 ・防音壁の新設 ・人工芝→天然芝　　　等
第2期改修工事	2011年～ 2014年	約5.32億円	・観客席改修・新設 ・トイレ、通路の改修・新設 ・音響・映像装置の新設、改修 ・バリアフリー対応　　　等

2017年にはこの構想を発展させ、改修費用約66億円を全額寄附によって賄うという「桜スタジアムプロジェクト」を公表、「桜スタジアム建設募金団体」を設立し、精力的に寄附を募りつつ、2021年3月の完成をめざし、段階的な改修工事を実施している。

②施設概要

施設名称	桜スタジアム(大阪市立長居球技場)
所在地	大阪府大阪市東住吉区長居公園1-1
規模	地上5階建
建築面積	14,179㎡(内、改修部分 7,221㎡)
延床面積	30,753㎡(内、改修部分 16,803㎡)
収容人数	約25,000人(予定)
主要設備	球技専用スタジアム
駐車場	長居公園全体で約750台分
竣工	2021年3月(予定)
建設費	約66億円
土地所有者	大阪市
建物所有者	大阪市
運営者	一般社団法人セレッソ大阪スポーツクラブ(予定) ※大阪市立長居球技場は現在、「長居公園スポーツの森プロジェクトグループ」が運営する。同グループは、一般社団法人セレッソ大阪スポーツクラブ、一般財団法人大阪スポーツみどり財団、株式会社NTTファシリティーズ、関西ユニベール株式会社、シンコースポーツ株式会社、モリタスポーツ・サービス株式会社、タイムズ24株式会社、の計7つの団体・企業で構成される
ホームチーム	セレッソ大阪

観客席からの観戦イメージ
出所:セレッソ大阪スポーツクラブ提供

スカイボックス(個室観覧席)イメージ
出所:セレッソ大阪スポーツクラブ提供

③資金調達

改修資金の調達について、第2期改修工事の際は、一部スポーツ振興くじ（toto）の助成金を活用している。

第3期改修工事にあたっては、約66億円の改修費用を全額寄附により賄う計画とし、桜スタジアム建設募金団体を設立、法人・個人への寄附を呼び掛けている。寄附者全員にメモリアルカードが贈られる他、50,000円以上の寄附をした場合は、ネームプレートをスタジアム内に掲示する、という返礼が受けられる。なお、近年はふるさと納税を活用した資金調達が、寄附者にとってメリットが大きいとあって人気を博している。スタジアム建設への寄附について、「ふるさと寄附金」として確定申告を行うことにより、所得税や住民税から寄附金控除を受けられるもので、寄附額のうち、2,000円を超える部分が控除適用の対象となる。パナソニック スタジアム 吹田（市立吹田サッカースタジアム）を建設する際にも同様の手法が用いられた。この制度の適用のためには、施設所有者が公共となる必要があり、これにより、税制上、「国等に対する寄附金」の取り扱いとなる。

④設計の工夫

第3期改修工事では、新たに観客席に屋根を設ける。これにより、特に雨天時における観戦環境が大幅に改善され、悪天候による動員力低下が緩和されるだけでなく、他の収益イベントの誘致がしやすくなることが期待される。さらに、単純な席数増よりも客単価向上を視野に、VIPルーム等も導入予定である。

また、セレッソ大阪は、「育成型複合スタジアム」のコンセプトとして以下の4つを掲げており、これらにのっとった改修がなされる。

・クラブの成長に応じた段階的改修

・日本一の親近感

・地域のための都市型スタジアム

・みんなで育む

具体的には、既存建築物を最大限活用して継続的に改修し、最新設備を導入して省エネ性に配慮したエコスタジアムとする。次に、観客席とフィールドが近い専用球技場ならではの特徴を活かし、臨場感と一体感を追求し、誰もが楽しむことがで

きる施設とする他、桜の植樹を行う等、緑に囲まれたスタジアムとする。

さらに、「地域のためのスタジアム」となるべく、スポーツ施設機能だけでなく、防災拠点としての機能を備える他、スタジアムが中心となって地域のにぎわいを創出するような機能の付加も計画している。

⑤運営

長居球技場の改修により誕生する桜スタジアムは、改修部分が市に寄附され、セレッソ大阪スポーツクラブが指定管理者となることにより、スタジアムとチームの一体経営が行われる予定である。なお、2019年12月現在、大阪市は長居球技場を含む長居公園全体に指定管理者制度を適用しており、同クラブを代表企業とするグループが業務を受託し、運営に当たっている。

⑥収支

桜スタジアムの運営にあたり、大阪市による委託費の支払いは予定していない。指定管理者は、維持管理に係る費用は利用料金収入をはじめとするスタジアム収入で賄う予定である。現状の試算では黒字は少額で、収入の減少リスクなども加味すると、収支改善を図る必要がある（図表4-2）。

桜スタジアムでは今後、スタジアムの命名権や広告による収入も指定管理者の収入とする方向で進んでおり、指定管理者をめざすセレッソ大阪では、これらの価格の引き上げや顧客体験価値の向上による客単価アップの道を模索している。

⑦官民連携

セレッソ大阪は大阪市をホームタウンとする協定を市との間で締結している。クラブは施設の設備環境改善に向けた提案を精力的に行うとともに、自らも支出し、市側もそれを支援する姿勢で、積極的に連携してきた。第1期改修工事で実施した天然芝への張り替えは、セレッソ大阪の自己負担によるものである。

また、先述の通り、桜スタジアムの運営においては、市側の指定管理料負担をゼロにする一方で、施設から得る広告料等を指定管理者の自主財源とする予定である。

　市は、長居公園の管理のあり方について、従来型の指定管理者制度から、民間投資を前提に、市民サービスの向上を図る運営手法へと移行する方針で、大阪城公園や天王寺公園で実施したように、事業者の創意工夫が最大限発揮され公園の魅力が高まる運営ができるよう検討を続けている。2020年中に事業者の選定を予定しており、セレッソ大阪スポーツクラブは事業者に選定されることをめざし、情報収集と提案準備に励んでいる。

⑧効果

　施設の規模拡大と設備改善の効果として最優先でめざすべきことは、Jリーグの動員増による収益増であるが、これに加え、Jリーグ以外の大規模な大会やイベントを誘致、定着させていくことができれば、安定した収入の確保と来訪目的の多様

図表4-2　収支前提の考え方

項目	金額 (単位:万円)	根拠
収入		
利用料金収入	9,700	現利用料金収入＋1,000万円
飲食物販事業収入	0	直営による物販事業想定なし
テナント賃貸収入	3,100	複合施設テナント37,000円/㎡・年
駐車場収入	1,200	付帯駐車場等350,000円/台・年
命名権・広告収入	8,500	命名権6,500万円・広告2,000万円
公共からの委託費	0	指定管理代行料0円
合計	22,500	
支出		
維持管理・運営費	20,100	現経費＋7,300万円
修繕費	0	維持管理・運営費に含む
水道光熱費	2,100	現経費▲400万円
所有関連税	0	
支払利息	0	寄附による資金調達のため支払利息なし
公租公課	0	市に寄附するため固定資産税なし
減価償却費	0	市に寄附するため減価償却費なし
合計	22,200	
収入－支出	300	

出所：スポーツ庁、経済産業省「スタジアム・アリーナ改革ガイドブック〈第2版〉」

化に繋がるだろう。

　桜スタジアムの運営にあたっては、長居公園全体の活性化も視野に、多様な目的で訪れる利用者の利便性向上のため、園内施設の改修や収益施設の設置といったスタジアム外への投資も行うことで、桜スタジアムを起点に生まれたにぎわいが周囲に伝播し、公園全体での魅力と満足度の向上が見込まれる。

　なお、セレッソ大阪は、運動データの収集や分析をはじめとする、これまで選手強化のために培った技術をもって、地域に還元することをめざしており、サッカー以外のスポーツや健康維持のために公園を訪れる人たちもこうした恩恵を受けられるよう、取り組みたいと考えている。

第4段階
（ホームチーム（関連企業含む）による建設・所有・管理運営の一体経営）
❷ FLAT HACHINOHE

　主にスポーツ小売事業を手掛け、アイスホッケーチーム「東北フリーブレイズ」を保有するゼビオグループのグループ企業であるクロススポーツマーケティングが

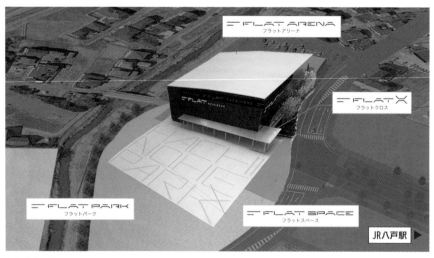

全体イメージ
出所：FLAT HACHINOHE公式サイト

主導して多目的アリーナの整備・維持管理運営を行う。「東北フリーブレイズ」の
ホームリンクとして使用する他、八戸市が一定の利用時間枠を借り受け、市民利用
に充てる予定であり、官民連携によるアリーナ運営の新しい手法である。

　※FLAT HACHINOHEとFLAT ARENAについて
　　FLAT HACHINOHEはクロススポーツマーケティング株式会社が主導して八戸市とともにJR八
　　戸駅西地区に整備する多目的エリアの名称である。スケート文化をはじめとする、スポーツを核と
　　した地域活性化の拠点とすることを目的とする。FLAT ARENAは同エリアの中核となるアリー
　　ナを指す。

①建設・改修経緯

　八戸市では1997年から八戸駅西地区で土地区画整理事業を実施してきた。同事業
において、たくさんの人を集める施設を立地させるため配置した駅前の土地（15,000
㎡）については、長年具体策が無かったが、クロススポーツマーケティングから市
に対しアイスアリーナの整備が提案された。そして、アリーナの建設と運営は同社
の主導で行うこととし、市は、この土地を取得した上で30年間無償で貸与し、施設
整備後は年間約1億円（税別）の利用料を支払い、2,500時間/年の施設利用枠を得
るという事業スキームとした。利用料の支払期間も30年を予定しており、これにつ
いての債務負担行為及び土地の無償貸付が八戸市議会で承認され、本格的に事業が
動きだした。また、FLAT HACHINOHEの安定的な施設保全と施設運営機能強化
を両立する観点から、クロススポーツマーケティングは商号変更し、施設所有に特
化した法人「XSM FLAT八戸株式会社」となり、さらに新たにクロススポーツ
マーケティング株式会社を新設分割し、同社が施設を運営する形となった。FLAT
HACHINOHEの整備は順調に進んでおり、2020年4月にオープンしている。

　土地区画整理事業開始から20年以上を経て、駅前広場やシンボルロードも整備さ
れたことにより駅前地区の土地利用ができる状況となり、商業施設立地の期待が高
まっている。

②施設概要

施設名称	FLAT HACHINOHE
所在地	青森県八戸市大字尻内町字三条目7-7、他
規模	地上2階建
敷地面積	約15,000㎡
建築面積	約5,150㎡
延床面積	約7,200㎡
収容人数	アイスホッケー利用時　約3,500人 バスケットボール利用時　約5,000人
主要設備	アイスリンク、多目的スペース、他
竣工	2020年4月1日
建設費	非公開
土地所有者	八戸市
建物所有者	XSM FLAT八戸株式会社
運営者	クロススポーツマーケティング株式会社
ホームチーム	東北フリーブレイズ（アイスホッケー）

出所：FLAT HACHINOHE公式サイト

③資金調達

　FLAT HACHINOHEの整備に際し、土地は市がXSM FLAT八戸に30年間無償で貸与する。

　FLAT HACHINOHEは主に、通年型アイスアリーナのある「FLAT ARENA」、屋外公共空間の「FLAT SPACE」、エントランス部分の多目的スペース「FLAT-X（クロス）」、周辺の学校や居住地域と繋がる公園「FLAT PARK」の4つのスペースで構成される。このうち、FLAT ARENA、FLAT-X、FLAT SPACEについてはXSM FLAT八戸が、FLAT PARK（公園部分）については市が、それぞれ整備する。なお、エリア全体に関わる設備の整備費に関しては、一部を市が助成する（後述）。

　また、FLAT HACHINOHEの整備に際して、XSM FLAT八戸は日本政策投資銀行及び複数の地域金融機関等による出資・融資を受けることとなった。日本政策投資銀行は、FLAT HACHINOHEの特徴的な設計や施設運営、新たな官民連携事業スキーム等を評価して特定投資業務による出資を行っている。

④設計の工夫

アリーナはアイスホッケー、フィギュアスケート、スピードスケート（ショートトラック）等、さまざまなスケート競技の通年での利用が可能なアイスリンク機能を有する。

アリーナスポーツ利用時は、氷の上に移動式フロアを設置することで、床に転換が可能で、スポーツに限らずコンサート等のイベントや、マルシェや展示会といった地域密着型の催事等にも幅広く利用することができる。

アリーナのエントランスに当たる、通称「FLAT-X」はフレキシブルな多目的スペースとしての活用を想定し、意匠を工夫している。また、同スペースは外と中を隔てるのではなく、繋がりや交流が生まれる空間としての役割を持つことになる。

施設内の演出機器は、興行利用での華やかな演出を可能とするべく、使いやすさに配慮したものを導入する。

⑤運営

運営はクロススポーツマーケティングが行う。ゼビオグループ保有のアイスホッケーチーム「東北フリーブレイズ」がホームアリーナとして使用する他、八戸市が

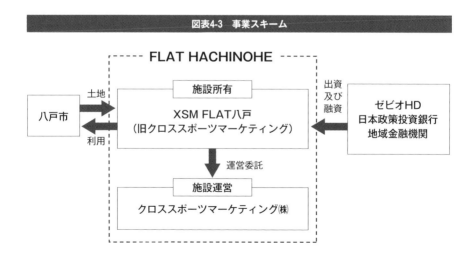

図表4-3　事業スキーム

利用する2,500時間/年の枠（全利用枠の約1/3）以外について、他のアイススポーツ興行や、移動式フロアを敷設してコンサート等のエンタメ系イベント用に貸し出し、利用料金を収受する。

⑥官民連携

FLAT HACHINOHEは八戸市が1997年から進めてきた土地区画整理事業の施行区域内にある。

アリーナが供用を開始する2020年度から30年間、市は、XSM FLAT 八戸に対し、年間約1億円（税別）の施設利用料を支払い、2,500時間の利用枠を得る。この利用枠を市民利用や学校教育利用に充当する。

公共性の高い体育施設は、これまで、地方自治体が整備し、直接または指定管理者により運営することが一般的であったが、FLAT HACHINOHEは民間が自己資金や調達資金によって施設を整備・運営し、一部を地方自治体に貸し出すという官民連携の新しいビジネスモデルである。

市は施設利用料として30年間で30億円（税別）を負担することとしており、施設整備時に集中する建築費等の支出や、施設を所有することで発生する維持管理・運営に係る費用の負担がなく、さらにアイスリンク機能を保有する多目的アリーナを市民や学校教育のために確保できることは、八戸市にとって大きなメリットである。

一方のXSM FLAT 八戸も市から土地の無償貸与を受けることにより、施設整備時のコストを抑えつつ、「東北フリーブレイズ」のホームリンクを整備でき、運営

写真1．アリーナ外観
出所：FLAT HACHINOHE提供

イベント時の会場イメージ
出所：FLAT HACHINOHE公式サイト

時には新たな設備の導入や入れ替え等も自らの裁量で行うことができる。また、年間2,500時間、30年間の施設利用契約を結ぶことにより、収支の見通しが立てやすくなるため、資金調達がしやすくなると考えられる。この他、コンサート等のイベントを誘致することにより、稼働率100%をめざすことが可能との見方を示している。

FLAT HACHINOHE内の施設について、より公共性の高い公園は市が整備する等、役割分担をしながら、協働で整備を進めている。また、市は、「フラットアリーナ設備導入補助金」として、アリーナ外壁のプロジェクションマッピング設備導入に対し約5,000万円、アイスリンク設備及び施設を多目的に利用できる設備導入に対しては約1億5,000万円を補助している。

両者が、地域に根差したアイススポーツという文化を的確に捉え、そこに新たな価値を付加していくという考え方を共有すること、そして、地域の将来的なあり方について同じ絵を描けていることは、官民の適切な役割分担と円滑な進捗のためのポイントと言える。

⑦効果

八戸市は、八戸駅西地区について、アリーナを核とした「スマート・スポーツシティ」とする計画を2019年3月に公表している。FLAT HACHINOHEによって、地域経済の活性化を図り、交流人口の増加や地域の消費拡大等に繋げることを期待している。

市によると、FLAT HACHINOHEは多目的エンターテインメント化することにより集客力を向上させ、また、駅から同エリアに至るまでのシンボルロード等も含む一帯でエリアマネジメントを導入することで、エリア価値向上と地域活性化を目指すとしている。

市民はアリーナの整備により、トップリーグの水準に適合した施設を安価な利用料金で使用することが可能になる。

また、民間のノウハウとネットワークを活かし、多様なイベントが誘致されれば、市民に限らず、県内外から多くの人がFLAT HACHINOHEを訪れることも予想される。これにより、同エリアを拠点に駅周辺の交流人口が増えれば、近隣の商

店街や商業施設等も潤い、それが税収として市にも還元されるという、エリア全体での好循環に繋がるだろう。

アリーナや公園を活用し、多彩な「する」スポーツプログラムの提供やイベントが開催されることで、市民の健康意識が向上し、健康増進が図られれば、医療費が抑制される等、間接的な効果も期待される。

FLAT HACHINOHEプロジェクトは、地域の価値を高めるまちづくりの、新しい選択肢を示している。

第5段階（公共施設や商業施設等との複合施設化）
3 福岡PayPayドーム（福岡ドーム）

福岡PayPayドーム（以下「本球場」という）は、福岡ソフトバンクホークス株式会社が保有する日本唯一の開閉式屋根を備えた全天候型ドームで、プロ野球団「福岡ソフトバンクホークス」の本拠地である。野球開催時以外には、最大50,000人を超える大規模コンサートや屋内展示スペースともなり、様々なコンベンションやセレモニー、多種多様なスポーツイベントが開催されている。

①建設・改修経緯
株式会社ダイエーが1988年に南海ホークスを買収して本拠地を福岡市の平和台球場に移転し、球団名も「福岡ダイエーホークス」と改めた。

福岡市では、1989年に「よかトピア」（福岡市制100周年を記念したアジア太平洋博覧会）が開催され、その跡地に、フェーズ1として福岡ダイエーホークスの新本拠地となる福岡ドームを、フェーズ2としてホテルを、フェーズ3としてテーマパーク兼商業機能を有する複合施設「アミューズメントドーム」を建設するという「ツインドームシティ計画」という再開発計画に基づき、ダイエーグループ企業である株式会社福岡ダイエー・リアル・エステートが建築主となって建設を進め、1993年4月に「福岡ドーム（1991年4月着工）」が、1995年4月に「シーホークホテル＆リゾート」が開業した。なおその後、「アミューズメントドーム」の構想は無くなり、ショッピングモールを設置する方針に転換し、2000年4月に「ホークスタウンモール（モール1）」が開業している。

その後、ダイエーは業績悪化に伴い、本球場、ホテル、ショッピングモールの3施設をアメリカの投資会社コロニー・キャピタル（コロニー福岡有限会社）グループに売却、さらに2007年4月にはシンガポール政府系の投資会社「シンガポール政府投資会社リアルエステート（以下、「GIC」という。）に売却されている（なお、2005年1月には「福岡ダイエーホークス」の営業権を株式会社ダイエーがソフトバンク株式会社（現 ソフトバンクグループ株式会社）に譲渡し、球団名が「福岡ソフトバンクホークス」となっている。）。

2012年3月、ソフトバンクグループは、本球場、ホテル、ショッピングモールのうち、本球場について870億円で取得したことを発表した。2015年7月には、福岡ソフトバンクホークス株式会社が本球場の保有者となっている。

2018年4月10日、球団は「FUKUOKA超・ボールパーク宣言」を公表した。2018年は球団創設80周年、2019年は球団が本拠地を九州の福岡に移転して30周年という節目の年である。この記念事業として、本球場では大規模改修を実施し、スタンド席の増席、会員の専用ラウンジやバーの新設、映像装置の大型化や最先端スピーカーの導入、コンコースの全面刷新等が実施された。また、球場に隣接して複合エンターテインメントビル「E・ZO FUKUOKA／イーゾ フクオカ」を建設し、2020年（時期未定）のオープンを予定している。なお、記念事業における総投資額は100億円を超える見込みである。

②施設概要

施設名称	福岡PayPayドーム（福岡ドーム）
所在地	福岡市中央区地行浜2丁目2番2号
規模	地上7階建
建築面積	70,000㎡
延床面積	176,000㎡
収容人数	40,122人（野球興行時）
主要設備	野球場、諸室、VIPルームその他、フードコート
駐車場	約1,700台
竣工	1993年
総事業費（信託受益者）	760億円（当初建設費）
土地所有者（信託受益者）	三菱UFJ信託銀行株式会社（福岡ソフトバンクホークス株式会社）
建物所有者	三菱UFJ信託銀行株式会社（福岡ソフトバンクホークス株式会社）
運営者	福岡ソフトバンクホークス株式会社
ホームチーム	福岡ソフトバンクホークス

③資金調達

本球場は、ダイエーグループによる自己資金や金融機関からの借入調達により整備された。

2019年以降整備を進めている記念事業は、ソフトバンクグループによる自己資金や金融機関からの借入調達により整備される見込みである。

④設計の工夫

2012年に本球場をソフトバンクが取得して以降、付加価値の高い座席の設置や、スタジアム演出を盛り上げる映像機器の導入、追加等、さまざまな改修を施してきた。公式サイトでは、本球場の施設について紹介している。

・より天然芝に近い外観、感触、プレー性能を実現する、ロングパイル人工芝「フィールドターフHD」

・座席幅や座席前後幅に余裕を持たせ、長時間座っても疲れない劇場型シート、グラウンドレベルで観戦ができるシート、テーブル付きや升席構造のシート等、豊富なバリエーションのスタンド席

・ビュッフェを楽しみながら観戦もできるという新しい観戦スタイルシート

・両翼の119室の特別観覧室スーパーボックス（バルコニーシート付ルーム）及び専用エントランスとレセプション
・世界最大の屋内大型映像システム「ホークスビジョン」

「E・ZO FUKUOKA ／イーゾ フクオカ」整備に当たっては、「FUKUOKA超・ボールパーク宣言」に基づき、従前のボールパークの枠にとどまらない、1年365日のすべてで、非日常・革新的な次世代型の複合エンターテインメントを体感できる空間を創出するべく、

・現代の日本文化の象徴でもあるアイドルコンテンツの提供（HKT48劇場）
・福岡に今まで無い、ここでしか食べることができないフード等の展開により、革新的な「食」のエンタメを演出する、テラス席を備えた複数テナントによるフードホールエリア
・王貞治ベースボールミュージアム
・学際的なウルトラテクノロジスト集団「チームラボ」の作品によるデジタルコンテンツの提供
・「スポーツ」×テクノロジー等の体験型コンテンツの提供
・eSportsの大会を開催する劇場

等を整備する計画である。

⑤運営

　本球場は当時球団を保有していたダイエーが自ら整備したもので、ダイエー子会社の株式会社福岡ダイエー・リアル・エステートが保有し、運営は同じく子会社の株式会社福岡ドームが行った。整備当初、球場と球団の運営はダイエーグループの下で一体化されていたことになる。球場整備に続いて、隣接地にはホテルも建設された。

　その後、ダイエーの業績悪化等を受け、2003年12月、球場はホテルとともに、アメリカの投資会社のコロニー・キャピタルに売却され、一方で球団は2004年にソフトバンク株式会社（現ソフトバンクグループ株式会社）に売却された。これにより、一旦、球場と球団は異なる管理者の下に置かれた。

ソフトバンク株式会社は、ダイエー本体が保有する球団株98％を50億円で取得し、同時に、コロニー・キャピタルとの間で、球場の興行権を150億円で買収する、契約期間30年（当初20年+10年の延長あり）、年間約50億円の使用料を支払う、という契約を締結することにより、球場の管理・運営権を取得した。この使用料は他のプロ野球球団と比較しても突出して高い金額である。最終的に、ソフトバンク株式会社は2012年4月に、球場を870億円で取得することとした。

　ソフトバンク株式会社は、「球団を保有して以来、知名度と好感度が飛躍的に高まり、グループ企業と球団でのサービス連携を行う等、ソフトバンクグループにおいて不可欠な存在になっており、さらに充実したファンサービス、球団強化を図るため、球場についてもグループで保有することとした」と説明している。

　本球場の取得に伴い、高額の使用料負担削減と球団と球場の一体経営による収益力向上が実現した。現在では、プロ野球12球団の中で唯一、球団が球場を保有している事例である。

⑥官民連携

　福岡市と福岡ソフトバンクホークスは、2011年7月7日に包括連携協定を締結し、スポーツ振興、青少年の健全育成支援、地域の活性化などの地域協働事業に取り組んでいる。

　また、球場周辺では、イベント時の路上駐車や渋滞の解消が課題となっていたことから、福岡市や福岡運輸支局、福岡県警察、開発事業者等の関係機関が連携して

写真1．スタジアム外観
出所：福岡ソフトバンクホークス提供

E・ZO FUKUOKA イメージ
出所：福岡ソフトバンクホークス提供

適宜対策をとっている。

2019年は「福岡市」が誕生して130周年、また、先述の通り球団も福岡に移転して30周年の節目であることから、これらを記念した協働事業として福岡移転30周年記念ユニフォームのプレゼントや、球場内モニターでの福岡市事業の広報等が行われた。

2017年12月には、福岡ソフトバンクホークス株式会社が、経済産業省から今後の地域経済を牽引することが期待される企業として「地域未来牽引企業」に選定されたことを受け、福岡県の地域特性を活用した事業を一層推進し、地域経済の発展に寄与すると表明している。

⑦効果

球団の保有がグループ全体の知名度向上に貢献したことは、ソフトバンク株式会社が公表した通りである。また、球場の命名権は戦略的に活用され、系列企業が提供するサービスの周知に貢献している。

ソフトバンクグループ株式会社は、球場の買収によって年間約50億円の使用料負担がなくなった上、球場の収益性向上等の事業に投資することができる。さらに、球団が球場の管理者となることにより、時代や地域のニーズに合った事業を、より迅速に進めることが可能となった。

また、全天候型、かつ人工芝であるため多様なイベントの誘致が可能なことは、福岡PayPayドームならではの特長である。

球団が「FUKUOKA超・ボールパーク宣言」の事業として実施する周辺収益施設整備や、野球興行以外のイベント開催の相乗効果によって、交流人口を増加させ、球場を中心にエリア一帯のより一層の魅力向上が進むものと思われる。

第6段階（その先へ）
4 横浜スタジアム

日本の大手IT企業である株式会社ディー・エヌ・エー傘下のプロ野球チーム、横浜DeNAベイスターズと、球団本拠地を運営する株式会社横浜スタジアムによる、球団と球場の一体経営によって収益の最大化のみならず、まちづくりへの貢献をめざすボールパークである。

①建設・改修経緯

　横浜DeNAベイスターズの本拠地である横浜スタジアム（以下、「本球場」という）は、関東大震災復興事業の一環として整備された「横浜公園平和野球場」（「横浜公園球場」→「ゲーリック球場」→「横浜公園平和野球場」と変遷）が前身である。同球場が老朽化して施設の利用が制限されることとなり、1972年に横浜平和球場再建推進協議会が約186,000人の署名を集め球場再建陳述書を横浜市長に提出した。

　1977年2月、横浜市民の出資によって株式会社横浜スタジアムが設立され、4月にスタジアムの整備に着工、1年に満たない工期で、球場は1978年3月に竣工した。同年に供用が開始され、大洋ホエールズが本施設に本拠地を移転して以来、一貫してプロ野球1軍の本拠地となっており、現在は、大洋ホエールズを継承する横浜DeNAベイスターズのホームである。

　球団の経営権は2011年に株式会社ディー・エヌ・エーによって取得され、株式会社横浜DeNAベイスターズが誕生、同社は2016年1月に株式会社横浜スタジアムも子会社化した。球団と球場を一体的に経営することで、両者の利益最大化を図るべく、「コミュニティボールパーク」化構想の下、段階的な球場改修を進めている。

写真1. 改修後のイメージ　©YDB
出所：横浜スタジアム公式サイト COMMUNITY BALLPARK PROJECTページ CONCEPT

②施設概要　※調査時点（2019年12月）の公表情報による

施設名称	横浜スタジアム
所在地	横浜市中区横浜公園
規模	地上4階建
建築面積	約15,500㎡（改修後約23,250㎡）
延床面積	約46,000㎡（改修後約45,500㎡）
収容人数	約29,000人（改修後約35,000人）
主要設備	野球場、諸室、VIPフロア、レストラン、屋内練習場
駐車場	横浜公園内に来場者向け駐車場はない
竣工	1978年3月
建設費	約49億円（当初建設費）
土地所有者	国
建物所有者	横浜市
運営者	株式会社横浜スタジアム
ホームチーム	横浜DeNAベイスターズ

③資金調達

　本球場の当初建設費は、約49億円である。これは横浜市と市民による出資によって調達されており、出資単位は1口250万円から、出資者には口数に応じてオーナーズシートが割り当てられた。

　横浜市と市民の出資により、株式会社横浜スタジアムが設立され、同社が施設を整備後、横浜市に寄附し、代わりに市から使用許可及び管理許可を受けることで、施設の維持管理・運営を行うというのが当初の事業スキームである。

④設計の工夫

　すり鉢型の形状が特徴的な本球場だが、人気上昇による慢性的な座席不足が生じており、この解消が喫緊の課題となっていた。また、同じ頃、本球場を東京オリンピックの野球・ソフトボールの主会場として利用することが決定した。こうした事情を踏まえ、株式会社横浜スタジアムは、2017年11月から2020年2月まで約3年間かけてスタジアムを世界に誇れるボールパークとすることを目指し、主にシーズンオフ期間中に段階的な増改築を実施している。座席については約6,000人分増席し、収容人数を約29,000人から約35,000人とし、バリアフリー化等も併せて実施する予

定で、2017年3月15日に横浜市に計画を提出した時点での増改築費用は約85億円を見込んでいる（図表4-4）。

　既に終了済みのものとして、新設のバックネット裏スタンドの3階、4階にバルコニー付き個室観覧席「NISSAN STAR SUITES」を整備し、2019シーズンから利用を開始している。同エリアでは、横浜ベイシェラトン ホテル&タワーズの専属スタッフによるきめ細かなサービスを受けることができ、ホテルとコラボしたメニューを味わうことができる。

　また、新設したライト側スタンドにフードエリア「BAYSIDE ALLEY」を設けた他、オフィシャルショップ「BAYSTORE PARK」を新たに開店させる等、店舗の意匠やメニューにこだわり、顧客体験価値の向上に繋がるような施設を整備している。

⑤運営

　施設の運営者は株式会社横浜スタジアムである。プロ野球興行は球場の主たる収益源だったものの、球団は一利用者としての位置付けであった。

　2011年に球団が株式会社ディー・エヌ・エーの傘下に入ると、2016年に横浜DeNAベイスターズが球場運営会社である株式会社横浜スタジアムに対し友好的

図表4-4　増改築計画概要

	既存	増築	計
建築面積	15,550㎡	7,700㎡	23,250㎡
延床面積	32,000㎡	13,500㎡	45,500㎡
収容人数	29,000人	6,000人	35,000人
改修費用	約85億円		
付帯施設	エレベーター、トイレなど		
工期	2017年11月25日〜2020年2月末		
事業者	清水・馬淵・大洋共同企業体		

建築主	株式会社横浜スタジアム
設計	清水建設株式会社一級建築士事務所
施工	清水・馬淵・大洋共同企業体
CM（コンストラクション・マネジメント）	株式会社山下PMC

TOB（株式公開買い付け）を実施し、株式会社横浜スタジアムは2016年1月より株式会社ディー・エヌ・エーの連結子会社となった。これにより、球場と球団の一体的な経営の第一歩をようやく踏み出すことになる。

なお、TOBに際し、横浜市は本球場の公共性に鑑み、引き続き運営に関与することが必要との考えから、株式を継続保有している。

⑥収支

球場事業及び球団事業の個別の収支は公表していないが、両事業を主要サービスとする株式会社ディー・エヌ・エーのスポーツ事業セグメントの収益は、同セグメントが設定された2016年の約76億円から順調に増加し、2018年は約138億円の売上収益を上げている（なお、2019年度からは、Bリーグの川崎ブレイブサンダースの事業も同セグメントに加わっており、それ以前との単純な収益比較が困難である）。

⑦官民連携

株式会社横浜スタジアム設立にあたり横浜市は同社に出資しており、球場自体も負担付寄附を受けて横浜市の所有である。市は、出資者兼施設所有者の立場で、公共施設として適切な球場運営がなされるよう監督しつつ、運営に関わってきた。

TOB成立時も、横浜市は球団とこれまでと同様に協力していく旨を公表した。

その後は、本球場がオリンピックの競技会場に決定したことも追い風となり、球団・球場が掲げるスタジアムの改修計画について、承認にかかる庁内の意思決定を従来よりも迅速に進める等、確実に後方支援を行っている。

株式会社横浜DeNAベイスターズは、2017年1月、既に進めていた「コミュニティボールパーク」化構想と並行し、スタジアムが位置する横浜市の関内・関外エリアを中心とした「横浜スポーツタウン構想」を発表、まちづくりのプロジェクトに関わることを公表している。この中核を担うのが、球場と、歴史建造物を活用した「THE BAYS」である。「THE BAYS」は「スポーツ×クリエイティブ」をテーマに、ライフスタイルの提案や産業を生み出していく「創造都市・横浜」の新たな活動拠点として、株式会社横浜DeNAベイスターズが運営する施設である。この、「THE BAYS」事業においても、横浜市は耐震補強及び軀体改修工事を実施し、建

物及び中庭を一括して定期建物賃貸借契約（15年間）により貸し付けている。

ディー・エヌ・エーグループ（株式会社ディー・エヌ・エー、株式会社横浜DeNAベイスターズ、株式会社横浜スタジアム）と横浜市は、2017年3月に、スポーツ振興と地域経済活性化等に関する包括連携協定（通称「I☆YOKOHAMA協定」）を締結した。これは、グループが手掛けるスポーツ事業の資産を活用した観戦型スポーツ興行及び参加型スポーツ振興を軸として、まちづくり事業へ参画し、新たな人の流れの創出やそれに伴う地域経済活性化をめざすものである。

このように、両者はスポーツをまちづくりにおいて不可欠な要素として取り入れる中で、着実に相互連携を強化している。

⑧効果

改修による増席で、2019年度、横浜DeNAベイスターズの1試合当たり平均入場者数は31,716人（前年比+12.6％）と、球団新記録を更新した（実数の発表を開始した2005年以降）。これはセントラルリーグの中でトップの増加率である。また、2020年のシーズンシート5,600席も完売する等、来期の集客についても滑りだしは順調である。

球場と球団の一体経営に本格的に着手して以降、スタジアムの椅子も球団カラーの青に統一、球場内店舗も意匠にこだわりつつ、横浜DeNAベイスターズを前面に押し出すことで、来場者の高揚感を引き出し、球場、球団、さらにファンの一体感が醸成されるスタジアムとなっている。一方で、スタジアムの外に展開する事業に

写真2. 個室観覧席 ©YDB
出所:横浜スタジアム公式サイト
COMMUNITY BALLPARK PROJECTページ CASE

写真3. BAYSIDE ALLEY ©YDB
出所:横浜スタジアム公式サイト
COMMUNITY BALLPARK PROJECTページ CASE

関しては、球団色は抑える等、野球に関心がない人にとっても気軽にライフスタイルに取り入れ、親しめる工夫をしている。

　官と民がめざすものを共有し、球場の中と外でコンテンツの出し方を変えてメリハリをつけ、横浜市が持つ歴史や景観に配慮した事業を展開することにより、確実にスポーツを軸としたまちづくりを進展させている。

4-2 海外の先進事例

0 はじめに

　本節では、米国・欧州のスタジアム・アリーナ等の先進事例を紹介する。

　米国の事例においては、地方都市におけるアリーナ事業や、近年大きく成長したメジャーリーグサッカーのスタジアムの事例を取り上げた。欧州の事例においては、世界唯一のスポーツ分野専門銀行といわれる、イタリアスポーツ信用銀行の調査を実施した。

　事例調査は、文献調査に加え、現地実査及びヒアリング調査により実施した。実際には、本節に紹介する施設以外の調査も行っており、それらも踏まえた調査結果として、以下のような傾向がみられた。

①資金調達上の工夫　→　初期投資の回収が難しい施設は、初期投資に償還不要な資金を充当

- 投資回収が難しいアリーナは、カジノからの上納金や、ネーミングライツフィーの前払い金、特別目的税の創設による資金を建設資金に充当するなど、多様かつ償還不要な資金調達を行っている。

②設計の工夫　→　「スポーツ施設」よりは「洒落た商業施設や高級ホテル」に近い

- 設計には、スタジアム・アリーナ設計のプロフェッショナル企業を起用し、機能的で洒落たデザインを施しつつも、シンプルなトイレや、むき出しのままの天井の配管など、コストを抑える工夫がなされている。
- 施設内部は、全体的にゆとりある空間が形成されている。例えば広々としたコンコース、トイレ、駐車場などである。
- 地方都市のスタジアム・アリーナにおいても、VIPルーム、VIPラウンジ、商業エリア、ホール等、収益を生み出すためのさまざまな施設が付帯している。
- 内装のデザインが凝っており、体育館というよりは、洒落た商業施設や高級ホテルを思わせる。

③運営の工夫　→　柔軟な官、実績豊富で能力の高い民間事業者

- ・運営にも、スタジアム・アリーナ運営のプロフェッショナル企業を起用している。例えば、全米で140カ所以上の実績を持つ事業者が、他の運営施設と連携しながら、アーティストのツアーを組むなどして、コンサート・イベントを着実に実施し、安定的な収入に貢献している。
- ・スタジアム・アリーナ運営の人材を教育し登録する機関もあり、官直営の施設の場合も、こうした機関からプロフェッショナル人材を雇用することが可能となっている。
- ・運営事業者は当初こそ競合があるものの、良好な運営を継続していれば、契約更新時も、入札やプロポーザルにさらされることなく自動更新される。事業者交代のリスクが減り、官側・民側にとり各種手続の手間やコスト削減になっている。

④収益化の工夫　→　我が国が収益化できていないような施設やコンテンツの収益化

- ・例えば、2つ目の事例として挙げるCurtis Culwell Centerは、我が国で言えば、学校の「講堂」のような役割が主目的の施設で、通常はコストセンターになりがちな施設と言えるが、利用料金やチケット売上以外でも、VIPエリアの貸し出し、ネーミングライツ、飲食、駐車場等による収益化を図ることで黒字運営を達成している。
- ・高校生のアリーナスポーツ（バスケットボール、レスリング等）でも集客し、約17,000人のアリーナにおいてチケットを完売するケースもある。
- ・野球はマイナーリーグでも黒字運営を達成している。

⑤地域にもたらす効果　→　主たる効果は再開発効果だが、社会的な効果もあり

- ・スタジアム・アリーナへの集客により、周辺にホテルや商業施設、住宅等が整備され、治安の向上や定住人口の回帰に繋がっている。
- ・マイナーリーグは、レジャーの少ない地方都市において、自らの存在意義を地域貢献や地域のレジャー創出と認識している。選手もファンサービスを怠らない。

⑥その他

- 米国では、スタジアム・アリーナにおける収益化のためのさまざまな工夫や、設計・運営面におけるプロの起用、これらによる収益向上の努力は「当たり前のこと」と見なされている（収益化を諦めない）。
- 米国では、スポーツは魅力あるコンテンツとして強く認識されており、スポーツへの投資は、企業にとって当然の選択肢と認識されている（スタジアム・アリーナの初期投資、長期にわたるネーミングライツ、VIPルームの賃貸、看板広告等）。

1 Wells Fargo Arena（米国）

　建設費の大宗をカジノからの納付金で賄うことにより、初期投資回収の必要がなく、設計・運営のプロを起用することにより、魅力的で快適な空間づくりと管理運営の黒字化に成功しているアイオワ州都のまちなかアリーナである。

写真1. 施設外観

写真2. 内部全景
出所：IOWA EVENTS CENTER公式サイト

写真3. アイスイベント
出所：IOWA EVENTS CENTER公式サイト

写真4. バスケットボール試合開催時
出所：MUSCO Lighting公式サイト

①建設経緯

1954年に建設された前身の施設が更新時期を迎えたこと、本計画がポーク郡の再開発計画の一部に位置付けられたことから、2005年に現施設が建設された。旧施設は、約10,000人収容であったが、利用実績からさらなる集客が可能と見込み、収容席数を約17,000席へと拡大した。

②施設概要

施設名称	Wells Fargo Arena(ウェルズファーゴアリーナ)
所在地	Des Moines, Iowa
竣工	2005年7月
建設費	117,000,000ドル
設計会社	HOK
土地所有者	Polk County
建物所有者	Polk County
運営者	Spectra Venue Management社
人口(Polk County)	430,640人(2010年国勢調査)
ホームチーム	Iowa Wild(AHL)、Iowa Wolves(NBA G League)
収容人数	16,980席
面積	約1,626㎡
駐車場	1,300台(周辺駐車場を含めると10,000台)
主な設備	アイスリンク、VIPルーム(スイートルーム39室、ログボックス20室)
年間稼働日数	125日
主な用途	アイスホッケー、バスケットボール、インドアフットボール、コンサート、各種イベント

本施設は、IOWA EVENTS CENTERの一部であり、2005年に米国の設計会社Hellmuth,Obata & Kassabaum社(HOK)を起用し、総工費117,000,000ドルをかけて建設された。土地と施設はポーク郡が所有しており、施設の運営管理は、独立採算によりSpectra Venue Management社が担っている。アイスリンクの使用を中心としたアリーナで毎年9月から翌年4月まで氷を張っている。アイスリンクを使用しないイベントの場合は、厚さ3cmの特殊な板を敷いて通常のイベントも行える設計のため、年間を通じて多様なイベントを誘致し、収益を確保している。

本施設は、NBA G League(National Basketball Association Gatorade League)

（NBAの下部リーグ）のIowa WolvesとAHL（American Hockey League）（NHLの下部リーグ）のIowa Wildの本拠地であり、インドアフットボール、コンサート等でも使用されており、年間125日程度稼働している。イベント時のステージの設置や演出などは、イベント主催者の担当となっている。

　イベント誘致に力を入れており、人口200,000人程度のデモイン市に立地するアリーナでありながら、テイラー・スウィフト等の著名なアーティストのコンサートやディズニーオンアイス、モンスタージャム（大型のタイヤを装着した自動車が、レースやアクロバティックな動きを見せるイベント）などのファミリーショーを開催している。

③資金調達

　ポーク郡にはカジノがあり年間27,000,000ドルが郡へ納付されており、本アリーナの建設資金の大部分は、このカジノからの納付金で賄われた。建設費には、アリーナの命名権料も充当されている（図表4-5）。

　また、命名権については、Wells Fargo社と20年間で総額11,500,000ドルの命名権契約を締結し、契約金を初年度に多く納付してもらうことにより建設費に充当することを可能とした。

④設計の工夫

　建設時には、HOKというアリーナ設計のプロを起用して設計を行うことで、凝った内装となっており、随所に美しく洒落たデザインが施されている。

図表4-5　資金調達スキーム図

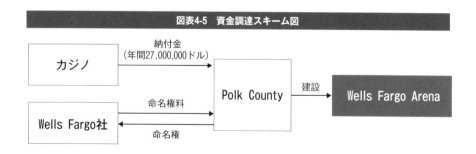

　アイスホッケーやバスケットボールの試合で満員になることは見込めないが、コンサートなどのイベントでは13,000人以上を集客可能と見込み16,980席とした。

　ステージ設備等を搬入し、イベントを実施できるようにするために、搬入口上部の客席の一部を撤去可能なものにし、巨大な搬入路を確保している（写真5）。モンスタージャムで使用するモンスタートラックもこの搬入路から直接侵入可能である。

　また、VIPルームの客席前の仕切りガラスは、高さが低くなっており、臨場感を味わえる設計となっている（写真6）。

　本施設には、NBAとNHLの約30チームの試合会場で納入実績がある業界大手Musco Sports Lighting社のLED照明が設置されている。来場者・映像視聴者に試合を魅力的に見せること及び映像配信での収益増加につながることを目的とした照明設計となっている。

　また、配光を制御して競技面を重点的に照らす設計を行うことで照明台数を少なく抑えて、エネルギー消費量を既存照明比で72%削減し運営費の抑制にも貢献している（写真4参照）。

⑤運営

（1）イベント誘致

　本施設は、人口200,000人程度のデモイン市に立地しており、米国においては比較的小規模なアリーナではあるが、前述の通り著名なアーティストのコンサートを誘致している（写真7）。運営者であるSpectra Venue Management社は、全国で約140カ所のアリーナの運営管理を実施しており、その実績とネットワークを活かし

写真5.　搬入路確保のため、上部の座席は、撤去可能となっている

写真6.　臨場感のあるVIPルーム

て、プロモーターに対し、別の大規模アリーナでのコンサート実施と引き換えに、本施設のような小規模のアリーナでも著名なアーティストのコンサートを誘致することに成功している。著名なアーティストのコンサートを開催する場合は、所要時間2時間圏内（対象人口は、約600,000人）からの集客をターゲットとし、多くの来場者が自家用車で来場している。

　イベント主催者やイベントの内容に合わせて施設の開館時間を調整しており、イベントがない日でも、20人程度が出勤し、24時間職員が常駐する運営体制となっている。

（2）スポーツでの利用
　本施設では、ホームチームのアイスホッケーの試合で4,500人、バスケットボールの試合では2,500人程度を集客している。

　近隣の高校のスポーツ大会での利用獲得にも成功しており、バスケットボール（写真8）やアイオワ州で人気のレスリングの決勝戦を本施設で開催し、チケットを完売させている。近隣の高校スポーツの決勝戦等の集客可能な試合を誘致することで、各スポーツの聖地化（我が国の高校野球における甲子園球場のようなもの）が行われ、地域における当アリーナの知名度を上げることに成功している。

　市民の「する」スポーツのニーズは、他の市民向けのレクリエーション施設で満たしており、「観る」スポーツと「する」スポーツの施設が分かれている。そのため本アリーナでの市民利用はないが、年間40日程度、地元の子どもたち向けにスケートのレッスンが行われている。

　ホームチームの利用日は、事前に試合日程等を把握し確保しているが、コンサー

写真7．来場アーティストの掲示

写真8．高校生バスケットボールに関する掲示

トとチームの利用日が重なる場合は、チームと協議の上、使用権を買い戻すことで柔軟な対応を可能としている。

⑥収支

（1）全体

　運営会社であるSpectra Venue Management社は、近隣の2つのコンベンションセンターの運営も受託している。アリーナは収入の変動があまりないのに比して、コンベンションセンターは収入が安定的ではないため、アリーナは独立採算、コンベンションセンターは市が運営費を支援する形で運営している。

　2018年度は、アリーナでは、約12,000,000ドルの収入があり、約2,000,000ドルの利益があった。

　コンベンションセンターは、約13,000,000ドルの収入があり、約100,000ドルの利益があった。

　各スポーツチームの利用料金は、平均して1試合当たり5,000ドル程度に設定されており、コンサートなどのイベントでの利用料金は、1回当たり60,000ドル程度に設定されている。ホームチームの利用料とイベントでの利用料に大きな乖離があるが、これは、ホームチームがマイナーリーグ所属で支払い能力が限られていることに比し、イベント主催者は、興行収入とイベントスポンサーからの収入もあり支払い能力が高いとの判断から決定されている。

（2）ネーミングライツ

　ネーミングライツの収入は、ポーク郡に入っており、施設のリノベーションコストに充当されている。

　ネーミングライツの契約期間は、ポーク郡の希望で、契約更新の手間を省くために、20年間という長期で設定されている。

（3）VIPルーム

　VIPルームは、1部屋当たり年間約73,400ドル〜約82,600ドルで販売している。利用契約には、本施設で開催されるすべての試合とイベントのチケットが含まれてお

り、「アリーナを年間を通じて楽しめる権利」というイメージに近いものである。契約待ちの企業もあり、契約待ちリストが作成されているほどである。

　スイートルームの契約目的は、ビジネスパートナーへの接待と自社の福利厚生としての利用が主である。契約企業には、銀行・飲料・保険などの一般消費者向けの企業が多い。

⑦官民連携

　本施設の運営管理は、5年ごとの更新制でSpectra Venue Management社がポーク郡から請け負っている。5年間の運営に特に問題がなければ、入札等は実施せずに、自動的に契約が更新され、官民ともに入札やプロポーザルにかかる工数やコストが省けている。

⑧経済的及び社会的効果

　本施設は、再開発計画の一部として位置付けられたこともあり、建設後は、週末を中心として人が集まるようになり、若干寂れていた街に再びにぎわいを取り戻すことに成功している。アリーナ建設後には、周辺にホテル（20年間で1,000室増加）や集客施設が新設され、25～35歳人口の増加が見られるという。

2 Curtis Culwell Center（米国）

　いわゆる学校の「講堂」のような施設でありながら、設計段階から、卒業式などの学校イベント以外の通常のイベントも誘致できるように設計された多目的アリーナ。初期投資を市民から徴収した特別目的税（Garland ISD Bond 2002）で賄うことにより初期投資回収の必要がなく、駐車場売上やVIPエリアの貸し出し及び飲食販売により管理運営の黒字化に成功している。

①建設概要

　Garland Independent School Districtが所管する学校の共用の施設として、2005年に建設された。米国では、公教育に関しての権限が連邦政府ではなく、州政府に委ねられており、各州の中で細分化された学校区（School District）という行政単

位で実務が行われている。

　Garland Independent School Districtは、テキサス州で最大の学校区である。本施設は、学校区の合同の「講堂」のようなものであるが、卒業式などの学校関連イベントだけでなく、スポーツイベントや音楽イベント、会議等での利用もできる多目的な施設として建設された。そのため、「講堂」といえば通常はコストセンターとなりそうな施設だが、各種イベントの利用料に加え、イベント開催時の駐車場利用料金を確保するなどして、プロフィットセンター化に成功している。

②施設概要

施設名称	Curtis Culwell Center（カーティスカルウェルセンター）
所在地	Garland, Texas
竣工	2005年12月
建設費	31,500,000ドル
設計会社	HKS
土地所有者	Garland Independent School District
建物所有者	Garland Independent School District
運営者	Garland Independent School District
ホームチーム	なし
収容人数	8,500席（固定席6,860席）
面積	約1,587㎡
駐車場	1,700台
主な設備	アリーナ（アイス対応）、VIPルーム（アリーナビュースイート6部屋、ホスピタリティスイート2部屋）、カンファレンスセンター（講堂、会議室、宴会場）
年間稼働日数	320日（アリーナ：140日＋カンファレンスセンター：180日）
主な用途	卒業式、コンサート、講演会、スポーツ大会

写真1. 施設外観

写真2. 内部全景

本施設は、AT & T StadiumやU.S.Bank Stadiumなどを手掛け、国内では、「北海道ボールパーク」建設工事を株式会社大林組と共同で受託している全米最大手の建築設計事務所の1つであるHKSの設計で、2005年に総工費31,500,000ドル（建物：約26,500,000ドル、内装：約5,000,000ドル）をかけて建設された。土地・施設をGarland Independent School Districtが所有しており、アリーナの運営も当School Districtが自ら行っている。

　アリーナには、6,860席の固定席があり、アリーナ南側の壁には、イベントで、映像を流すことにも使える大きなLEDビデオボードが設置されている。

　アリーナと隣接するカンファレンスセンターには、講堂や会議室が設置されており、卒業式の前後のパーティールームとして使用されている（写真3）。

　学校施設とは思えないほど売店等が充実しており、売店への商品搬入やイベント時の備品搬入のために、ゴルフカートを積載可能な大型のエレベーターが設置されている。

写真3.　カンファレンスセンターのパーティー利用風景　写真4.　ホスピタリティスイートルーム
出所：Curtis Culwell Center公式サイト

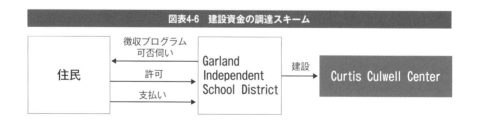

図表4-6　建設資金の調達スキーム

③資金調達

　資金調達にあたっては、初期投資償還の負担がないようにGarland Independent School Districtが校区の各家庭からGarland ISD Bondというプログラムに基づき、税金に上乗せして数ドルを徴収した。Garland Independent School Districtは、数年に1回使い道を明示した上で、住民に徴収の是非を問い、可決されれば税金に上乗せして、各家庭から徴収する仕組みとなっている（図表4-6）。

　本施設は、2002年に徴収したプログラムの資金にて建設された。2002年は、385,000,000ドルを集め、本施設の建設の他に6校以上の学校の新設や管轄している学校のPCの更新、学校施設のリノベーション等にも使用された。

　Garland Independent School Districtは、徴収プログラムの執行についての情報公開にも力を入れており、Garland Independent School Districtの公式サイト上で、資金使

図表4-7　Garland ISD Bond 2014プログラムの説明資料

Budget Breakdown

Technology
- $50,000,000 – Computer replacement
- $25,000,000 – 1:1 devices at secondary schools

Program Management
- $14,555,215 – Company to manage program (Jacobs)
- $500,000 – Procurement staff
- $10,000 – Bid package advertising

Project Budgets
- $365,434,785 – Labor & materials, architect & engineering fees, permits, escalation, contingency, etc.

BOND DOLLARS AT WORK:

Computer replacement at all campuses	$15,049,548
Ready 1:1 launch at high schools	$15,535,755
Lights and restroom additions at baseball and softball fields	$11,808,775

NEW CONSTRUCTION:

Garland ISD's new Gilbreath-Reed Career and Technical Center, located across from Naaman Forest High School, will offer more than 90 advanced-level CTE courses taught by industry experts in a state-of-the-art learning environment. **Classes begin August 2017.**

The Natatorium is currently scheduled in Phase 3. Location and design details will be released on the district website as they become available.

- On Feb.13, Trustees voted to transfer project savings from Naaman Forest High School to the Gilbreath-Reed Career and Technical Center to assist with purchasing furniture and priority 1 materials
- On Feb. 28, Trustees voted to combine Phases 3 and 4. This new timeline is expected to save money in addition to a year on the schedule
- New city ordinances may require storm shelters for buildings or additions constructed in Phases 2 and 3

GISD BOND 2014
GARLAND · ROWLETT · SACHSE

For more information, please visit:
WWW.GARLANDISDBOND.COM

Edited 03-09-17

出所：Garland Independent School District公式サイト

途やプロジェクトの進捗状況、建設現場の写真などを公開している。このような充実した情報公開が、住民から資金を徴収するために必要なことだと推察できる（図表4-7）。

④設計の工夫

本施設は、多様な種目・演目に対応することで収益を確保することを目的として、コート面積の大きいアイスホッケーに対応した設計となっている。

施設の外観は、学区の前向きなイメージを反映したユニークで現代的な外観にしたいというGarland Independent School Districtの希望をHKSが設計に反映し、ガラスと明るい色の素材を多用したものとなっている。

教育機関の施設であることから、主な利用用途を卒業式やステージを使用するイベントと想定したため、アリーナの1面をステージとし、U字型の観客席となっている。U字型の観客席とすることで、ステージが見えない席をなくすことに成功し、よりイベントを誘致しやすい設計となっている（写真5）。

また、イベントの規模によりアリーナをカーテンで仕切り、ハーフコート（3,700席収容）に変更することも可能である（写真6）。

本施設は、入り口から客席までが同じ階にあり、客席とアリーナの距離が近く、客席からアリーナ全体を視認しやすい設計となっている。一般用の入り口とは別に、段差がなく車椅子等で入場しやすいバリアフリー型の入り口も設置されている。

コンコース等の内装（写真7）は、シンプルだが、清潔感と開放感に溢れたものになっており、カンファレンスセンターのロビーは、ホテルを思わせるような高級

写真5．U字型観客席（アリーナ内部全景）

写真6．アリーナ分割時の配置例

感のあるデザインになっている（写真8）。

⑤運営

（1）運営体制

本施設の運営責任者は、IAVM（International Association of Venue Managers）というスタジアム・アリーナ運営のプロが登録する協会から Garland Independent School District が雇用した人物である。運営スタッフは、十数名おり、全員がGarland Independent School District に雇用されている。

イベント使用時のステージ等の設置は、運営者側に設営人員がいないため、利用者が機材や人員を用意し設営している。

（2）稼働内訳

アリーナは年間140日、カンファレンスセンターは年間180日間稼働している。アリーナの使用用途としては、卒業式やステージを使用したコンサート等の利用が主であり、スポーツでの利用は全体の10〜15％程度となっている。わずかではあるが、市民利用もある。

（3）スイートルーム

本施設は、複数スイートルームを所有しているが、年間契約での販売は行っていない。通常の貸し切りができるOPEN AIR SUITE（写真9）に加えて、HOSPITALITY SUITE（写真10）は、試合やイベントのチケットに加えて50ドル程度の

写真7．コンコース

写真8．カンファレンスセンターのロビー

入場チケットを購入することで、席の場所やグレードに関係なく誰でも入室できる仕組みになっている。他の施設とは異なり、独占的に使用する契約者がいないために、企業ロゴなどの装飾はなくシンプルな内装となっており、多様な使い方ができるデザインとなっている。

⑥収支

　本施設の運営費は、イベント収入等で賄えているが、施設修繕費等は賄えていない状態である。

　Garland Independent School Districtは、本施設で開催されるイベントのチケットの印刷から販売までを手掛けており、その手数料が収入となっている。

　本施設においてもっとも収益力があるものは駐車場である。そのため運営者は、集客力のあるイベントを数多く誘致し、駐車場を使ってもらい、かつ場内の飲食店で消費してもらうことで売上を拡大する戦略をとっている。各種イベント時に使用するケータリング会社からは、売上の一部を徴収している。

　自らの学校区の卒業式では、使用料、駐車場代は徴収していないが、近隣の学校区の学校行事で使用する場合は使用料を徴収している。

　駐車場の利用料金は、イベントによって変えている。学区内の教育イベントの利用料は無料で、学区外の教育イベントの場合は、通常のイベントでの利用料の半額程度で貸し出している。

　施設から遠い場所に駐車した利用者や高齢者には、施設までゴルフカートで送迎を行っている。

写真9. OPEN AIR SUITE

写真10. HOSPITALITY SUITE

⑦経済的及び社会的効果

もともと本施設周辺は良い学校区という評判であったが、本施設建設により、ますます人気の学校区となり、周辺に住宅地が形成されファミリー層の移住が活発化した。

Garland Independent School Districtは、本施設建設により、学校区の活性化及び施設運営による収益を獲得している。学校の講堂に近い施設の性質上、本来ならばコストセンター化するところを、初期投資回収の必要がない市民からのボンドで建設し、初期投資償還を不要とし、黒字運営することでプロフィットセンター化している。地域のニーズに合った運営により、学校区の人気を高めることで、さらに集客しやすい環境を創出するという好循環を築いている。

3 Chase Center（米国）

行政による資金拠出なしでの建設を実現し、サンフランシスコのミッション・ベイに溶け込むことに成功した2019年9月に開業した最新鋭の多目的アリーナである。

①建設経緯

NBAの名門チームであるGolden State Warriorsが本拠地をカリフォルニア州オークランドのOracle Arenaから移転をするにあたり、同州サンフランシスコのミッション・ベイに新設アリーナを整備したもの。Golden State Warriorsは、1962-63シーズンから1970-71シーズンまでの間はサンフランシスコを本拠地とするSan Francisco Warriorsという名のチームであったため、Oracle ArenaからChase Centerへの移転は、サンフランシスコへの"再"移転という見方もできる。

当初、Golden State Warriorsがサンフランシスコ市に対して移転を打診した際に、サンフランシスコ市側からはオークランド・ベイブリッジ周辺の土地の提案を受けたが、同地には約1億8,414万ドルの追加地盤工事が必要であったことに加え、軍・州・市所有の土地が混在し、相応の調整期間を要したことから同地での開発を断念し、最終的にはSalesforce社がサンフランシスコのミッション・ベイに保有していた土地を購入したという経緯がある。

②施設概要

施設名称	Chase Center(チェイスセンター)
所在地	San Francisco, California
起工	2017年1月
竣工	2019年9月
面積	900,000 square feet(83,612 m²) うち、580,000 square feet(53,883 m²)はオフィス用、 100,000 square feet(9,290 m²)は小売り用
建設費	16億ドル
建設会社	Landscape: SWA Group Interiors and design architect: MANICA Architecture, Gensler等合計6社
保有者	Golden State Warriors(ホームチーム)
運営者	Golden State Warriors
席数	18,064席
イベント数	年間200回 (Golden State Warriorsのホームゲームのみならず、コンサート等も含む)

③資金調達

　Chase Centerは行政による財政拠出に頼らず、民間資金のみで建設されたアリーナである。米国でもこの20年間以上、民間資金のみで建設されたスタジアム・アリーナは存在しないことから特筆すべき事例である。

　開業前の調達資金は20億ドルに達しており、各種スポンサーシップ契約、プレシーズンチケット、スイートルーム等が含まれている。

写真1. 3rd Streetから見たChase Center
街に溶け込んでいることがわかる
出所：SWA公式サイト
https://www.swagroup.com/projects/chase-center-entertainment-district/

写真2. サンフランシスコ上空から見た Chase Center

　特にスポンサーシップ契約が資金調達に寄与した影響は大きく、Golden State Warriors代表を務めるRick Welts氏は「スポーツへ投資をしたい企業は多い」と述べている。

　Chase Centerのスポンサーは下記の通り、世界的な大企業が名を連ねる。

■命名権付きスポンサー（20年契約）：JPMorgan Chase
■協賛スポンサー：Adobe joins Accenture, Google Cloud, Hewlett Packard Enterprise, Kaiser Permanente, Oracle, PepsiCo, Rakuten, RingCentral, Ticketmaster, United Airlines

　商業施設、オフィス等と一体となった施設であるため、アリーナ収益だけでなく、周辺施設の収益が重要となっている。

写真3．Chase Centerアリーナ外観
出所：SWA公式サイト
https://www.swagroup.com/projects/chase-center-entertainment-district/

写真4．アリーナの外でイベントが行われる様子

写真5．Chase Center アリーナ内部

写真6．Chase Centerスコアボード

また、一般席とは別に、図表4-8に記載のスイートルーム等を完備（写真9）。スイートルーム等は5～10年間の契約期間であり、安定的な収入に寄与している。

④設計の工夫

　Chase Center はサンフランシスコの湾岸に面し、西側はカリフォルニア大学サンフランシスコ校の施設や医療関係の施設が立ち並び新しく開発が進む「まちなか」に存在する。西側に隣接する3rd. Streetを北上すると徒歩15分ほどでメジャーリーグベースボール（MLB）のサンフランシスコ・ジャイアンツのホームスタジアムであるOracle Parkにたどり着き、さらに北上を続けるとダウンタウンの中心地にあるユニオンスクエアへ行き当たる。このような「まちなか」において巨大なアリーナはまちに圧迫感を与える可能性があるが、街からはアリーナの存在感を全く感じさせず観客を明快に誘導する屋外空間のつくりと、アリーナに入るとファンを驚かせる様なつくりになっており、洗練されたデザイン、良質なファン体験、多種多様な観客席、フレキシブルで多様なスケールのオープンスペース、自然環境や地域景観への配慮といった近年のアリーナ開発の流れを汲み、その土地の魅力を絶妙に融合させた今日のサンフランシスコのシンボルとなっている。

　建築は米国の設計事務所であるMANICA Architecture、ランドスケープ・屋外空間はSWA Groupによる巧みな設計によるものである。注目すべきことは、4エーカーもある美しいスチールの楕円のアリーナがいとも簡単にまちから見えなくなっていることである。Chase Centerへの主要動線は3rd Streetにあり、3rd StreetからChase Centerへの視線は、Uber Technologies社のグローバル本社ビルなどのモダンな建築に遮られている。アリーナは車道・歩道（3rd. Street）より2.4mほど高

図表4-8　スイートルーム等の概要

種類	個数	年間金額
コートサイドラウンジ(ハイエンド)	8	225万ドル
コートサイドラウンジ(ローエンド)	24	130万ドル
スイートルーム	44	100万ドル
シアターボックス	60	35万～52万5,000ドル

いレベルに配置され、意図的にまちから直接Chase Centerが見えないように設計され、デザインも圧迫感を与えない、まちとの繋がりを感じられるデザインとなっている。また、3rd Street とプラザの間にはThe Gatehouseと呼ばれるメディア用のスタジオと大階段があり個性的で官能的な楕円形の建築がアリーナを囲みこむことによって街に溶け込むアリーナを実現している。また敷地全体の建物の配置上、風の通り道になってしまうプラザをこのGatehouseを作ることで守っているという機能的な役割も果たしている。逆に、東側の建築、ランドスケープ空間は、海への眺望と、将来的に計画されている公園へ開かれた設計となっており、ベイや道路からChase Centerの存在感が魅力的に感じられる創りとなっている。

　内装についての最大の特徴は、アリーナ内部に設置されたバスケットボールのスコアボードである（写真6）。LEDディスプレイ製で、面積は9,699square feet、メートル換算で901㎡というNBA最大のスコアボードであり、音楽イベント等でスコアボードを使用しない際には天井に収容することも可能である。

　アリーナの外にはフレキシブルなオープンスペースがあり、地域住民はThe

写真7．The Gatehouse
出所：©David Lloyd/SWA、©Bill Tatham/SWA

写真8．意図的にまちから直接見えない設計
出所：©David Lloyd/SWA、©Bill Tatham/SWA

写真9．Chase Center スイートルーム等の写真

Gatehouseのスロープに腰かけてのんびりと過ごすことが出来るだけでなく、サンフランシスコらしさを打ち出したレストラン棟が併設されているなど、アリーナの外でも楽しめる仕掛けを多く配置していることから、試合のない日でも地域住民が楽しめる空間づくりを実現している。

多数あるスイートルーム等にも高級感があり、1つのルームでスタッフが常時接客対応を行い、スポーツ施設というよりは一流ホテルのような格式があり、非日常感を存分に味わうことができる仕様となっている。

⑤効果について

本施設は16億ドルという高額の建設資金を行政の財政拠出に依拠しない民間のみで資金調達を行うことが出来たアリーナであり、今後のチケット収入、スイートルーム等による収入等を踏まえると相応の経済効果があったのみならず、サンフランシスコのミッション・ベイエリアにおけるインフラ再構築、改善等を促す大きな効果があったと考えられる。

また、SWA Groupの秀逸なランドスケープデザイン、プラザ・歩行空間・テラスの配置の妙とスケールの多様さ、これらの要素が全体の空間体験を豊かにしていることにより、「まちなか」に溶け込むことに成功し、試合のない日でも地域住民が利用出来るように設計された本施設は、地域住民の交流促進に寄与しているものと考えられる。新しいGolden State Warriorsの本拠地であるChase Centerはこれまでの単なるアリーナ開発とは一線を画し、実際にイベントに参加するかどうかに関わらず、街に溶け込んだ物理的・意匠的な親しみやすさは、アリーナ単体開発のみでは実現しえない長期的な見返りと周辺地域の魅力や価値向上へ大きな期待をさせてくれる。

４ Banc of California Stadium（米国）

メジャーリーグサッカー（MLS）所属のLos Angeles Football Club（LAFC）が、自ら土地の選定及び賃貸、建設・管理運営・施設所有を担い、徹底したブランド戦略とマーケティングを行うことで、効果的な集客及び収益を可能としているスタジアム。土地は南カリフォルニア大学から賃借し、初期投資の資金調達は、金融機関からの融資によって賄っている。

①建設経緯

2014年に、ロサンゼルス市を本拠地とするサッカークラブ、Club Deportivo Chivas USAが解散したことに伴い、同年に同市を本拠地とする新たなサッカークラブとして、LAFCの創設と、2018年度よりMLSへの参戦が発表された。

新チームは、ロサンゼルスの新たな象徴として、サッカー専用のホームスタジアムを計画した。新スタジアムはExposition Park内に位置し、Los Angeles Memorial Coliseum（1984年のロス五輪の開会式開催地）に隣接する、Los Angeles Memorial Sports Arena（NBAチームであるLos Angeles LakersやLos Angeles Clippersのかつての本拠地）を解体して、2016年8月起工、2018年4月に竣工した。

②施設概要

施設名称	Banc of California Stadium(バンクオブカリフォルニアスタジアム)
所在地	Los Angeles, California
起工	2016年8月
竣工	2018年4月
面積	211,000 square feet(約19,600m²)
建設費	3.5億ドル
設計会社	Gensler
所有者	Los Angeles Football Club(ホームチーム)
運営者	Los Angeles Football Club
席数	22,000席
イベント実績	サッカー、ラクロス、ボクシング、eスポーツ、地域イベント、コンサート等

③資金調達

本施設の建設費は、約3.5億ドルである。主な資金調達としては、Goldman Sachsからのシンジケートローン1.8億ドル（融資期間25年）とBanc of Californiaからのネーミングライツ1億ドル（15年契約）がある。

Goldman Sachsは、世界各地のスタジアムファイナンスを手掛けており（直近では2019年竣工の英国・ロンドンのTottenham Hotspur Stadiumにも大型のファイナンスを行っている）、近年はMLS所属クラブのスタジアムファイナンスにも注力している。LAFCによれば、Goldman Sachsには、（1）チームの将来価値、（2）ク

ラブのエンターテインメント性、(3) スタジアムにおけるスイートルーム等の多様
な取り組み、が評価されて、ファイナンスに至ったという。なお、Goldman Sachs
のスポーツ金融部門担当のGreg Carey氏は、近年のMLSへの投資の理由として、
近年におけるMLSクラブの人気上昇とそれによる幅広いファン層（特に若年層）
やスポンサーシップの獲得、を挙げている。

　収入については、主に放映権収入とスポンサー収入、入場料収入がある。
　スポンサー収入については、主に、下記が挙げられ、LAFCの資金調達に大きく
貢献している。
　　■命名権付きスポンサー（15年契約）：Banc of California
　　■協賛スポンサー（Golden Boot Club Partners）：
　　　Delta & Aero Mexico, Heineken, Kaiser Permanente, Target, Toyota,
　　　YouTube TV

　入場料収入については、試合によって変動するが、一般席で1試合平均約55ドル
（最安値の立ち席であるサポーター席は、1試合22ドル）。また、一般席とは別に、
図表4-9に記載のスイートルームを完備（計35室）。パーティースイート以外のス
イートルームは3〜10年間の契約期間であり、安定的な収入に寄与している。

　下記スイートルームの他にも、プレミアムシートが複数種類あり、スイートルー
ムを含めたプレミアムシートで約3,000席分となるが、プレミアムシートで年間入
場料収入の約30％を占める。例えば、試合ごとに契約・購入が可能な (4)・(5) に

図表4-9　スイートルームの概要

種類	個数
(1) フィールドレベルスイート	10
(2) ファウンダーズレベルスイート	12
(3) サンセットデッキスイート	10
(4) パーティースイート（ファウンダーズレベル）	2
(5) パーティースイート（サンセットデッキ）	1

ついては、試合ごとに価格は変動するが、およそ7,700～11,000ドルである。

④設計の工夫

　スタジアム全体を通じた特徴としては、チームカラーでもある「黒」と「金」で統一されたカラーリングとなっており、使っている資材にかかわらず、高級感のあるデザインとなっている（写真2）。また、本施設は、スポーツ利用としてはサッカー専用スタジアムでありながら、コンサート等を想定したイベント用ステージを設営できる構造となっており、幅広いイベント需要に対応できるスタジアムとなっている。

　ステージの設営については、客席の一部を収納して、設営のためのスペースを確保、ステージを仮設することができる（写真7）。これにより、ステージの死角となってしまう席を減らすだけでなく、設営時にフィールドの芝を傷めることがないため、コンサート利用からサッカー利用への再転換を速やかに行うことができる。

　客席については、34度というMLSのスタジアムでももっとも勾配のついた座席

写真1. 街から見たスタジアム

写真2. スタジアムエントランス
チームカラーである「黒」と「金」を基調としたデザインとなっている

写真3. スタジアム客席内観

写真4. イベントの様子

となっているが、これによって、最もピッチから遠い客席でもピッチから135フィート（約41m）以内となり、どの席からもフィールドが見やすくなっている。そして、スタジアムの北東部分においては、ロサンゼルスのダウンタウンに位置するスカイラインとサンガブリエルバレーがスタジアム内から見ることができるように、街側に開かれた設計となっている。

　LAFC及びメインバンクであるBanc of Californiaによれば、スタジアムの建設によって周辺地域である南ロサンゼルスに下記のような経済効果をもたらすという。

　　■年間1億2,900万ドルの経済効果
　　■1,800人の常勤雇用の創出
　　■年間税収250万ドルの増加

　また、クラブが世界中のファンを獲得することによるインバウンド効果が見込まれており、周辺地域におけるホテルの新築も進んでいる。

写真5．VIPエリア①

写真6．VIPエリア②

写真7．設計の工夫
客席を一部収納して、ステージを容易に仮設できるようになっている

写真は筆者撮影の他、
及びLAFC公式サイトより（https://www.lafc.com/）

5 スポーツ信用銀行（イタリア）

イタリアのスポーツ信用銀行は、他国に類を見ない、スポーツ分野への融資を専門とする銀行である。公共及び民間がスポーツ施設や器具等への投資を行う際に、そのプロジェクトの事業性を判断し、中立的な立場から融資を行っており、金融の側面から、イタリアのスポーツ振興における重要な役割を担っている。

①組織概要

1957年、イタリアで制定された法律第1295号により、公的機関としてのスポーツ信用銀行（ICS：Istituto per il Credito Sportivo）が設立された。以後、60年以上の活動の中で、イタリア国内のスポーツ施設の75%以上、約32,000のスポーツ施設に資金を供給し、イタリアのスポーツ産業の成長に貢献してきた。

また、2005年の法令改正では、スポーツに加え文化的活動への融資についても事業の範囲を広げた。さらに、2014年の法令改正では、資本構成と利益の配分等について再定義がなされ、より公益的な組織としての性格が強まることとなった。現在、資本の8割以上はイタリアの経済・財務省が有している（図表4-10）。

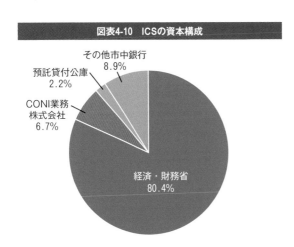

図表4-10　ICSの資本構成

その他市中銀行 8.9%
預託貸付公庫 2.2%
CONI業務株式会社 6.7%
経済・財務省 80.4%

ICSロゴ

出所：ICS「Bilancio periodo 1/3/2018-31/12/2018」

②融資分野

　ICSでは、スポーツを主たる分野とし、さらに文化施設等にも融資を行っている。ICSでは過去及び予測される信用リスクに基づき、顧客をリスク水準（低リスク／標準リスク）によって分類している（図表4-11）。

　顧客別の融資額を見ると、低リスクの地方公共団体向けの融資がもっとも多く、全体の60%程度に上る。次いで、標準リスクの民間企業向けが25%、低リスクのイタリアオリンピック委員会（CONI：Comitato Olimpico Nazionale Italiano）及び国内スポーツ連盟が約6%となっている。低リスクと標準リスクの別で見た場合は、低リスクが約7割、標準リスクが約3割となっている（図表4-12）。

図表4-11　リスク水準による顧客分類

リスク水準	主な顧客
低リスク	・地方公共団体 ・教会 ・大学 ・CONI及び国内スポーツ連盟
標準リスク	・民間企業 ・スポーツ関連非営利団体

出所：ICS提供資料

図表4-12　顧客別のICS融資額（2018年）

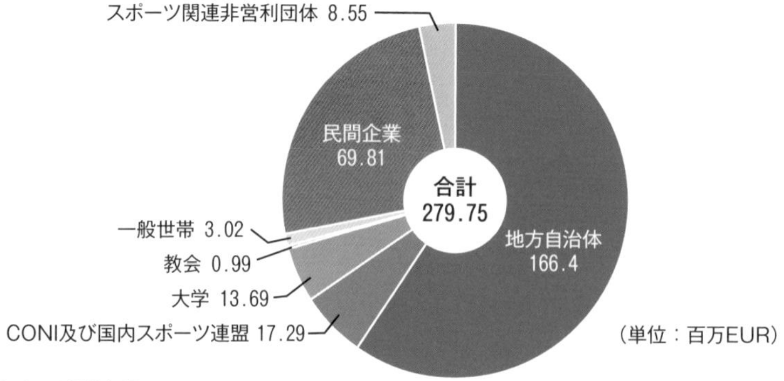

スポーツ関連非営利団体　8.55
民間企業　69.81
一般世帯　3.02
教会　0.99
大学　13.69
CONI及び国内スポーツ連盟　17.29
合計　279.75
地方自治体　166.4
（単位：百万EUR）

出所：ICS提供資料

　リスク水準別の顧客に対する融資の推移（図表4-13）を見ると、リーマンショック、欧州債務危機等の影響を受けた国内経済の失速により、2008年から2015年頃まで融資額は減少傾向にあった。また、同時期において、低リスク顧客への融資割合は低下し、相対的に利ザヤの大きい民間部門へ融資が流れた。このため、公的組織としての中立性を再定義すべく、2014年の法令改正と経済・財務省の株式保有割合の増加が決定されたものと言える。

　現在は、ICSの直近の融資の70%以上が低リスク顧客向けとなっており、ICSを媒介して、地方のスポーツインフラたるスポーツ施設等への再投資の健全化が図られている。

　なお、イタリアの民間部門におけるスポーツビジネスの規模は、30億ユーロ程度とされており、そのうちのほとんどをサッカーが占めている（図表4-14）。イタリアのサッカークラブは世界的に高い人気を誇っているが、国内においてもその存在感は大きい。

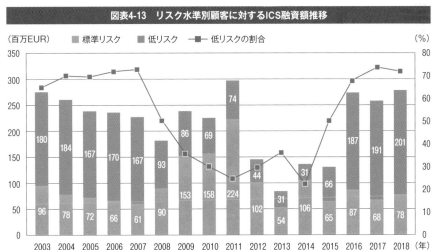

図表4-13　リスク水準別顧客に対するICS融資額推移

出所：ICS「Bilancio periodo 1/3/2018-31/12/2018」

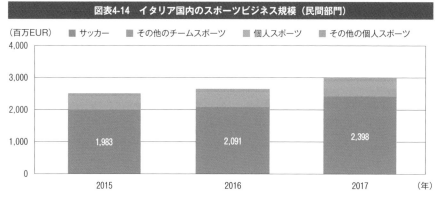

図表4-14 イタリア国内のスポーツビジネス規模（民間部門）

（百万EUR）　■ サッカー　　■ その他のチームスポーツ　　■ 個人スポーツ　　■ その他の個人スポーツ

出所：ICS「Bilancio periodo 1/3/2018-31/12/2018」

③2つの基金

　ICSは、2つの特別な基金を管理している。すなわち、"Fondo Contributi Negli Interessi"（利子補給に係る基金）と"Fondo di Garanzia"（保証に係る基金）である。

　Fondo Contributi Negli Interessiは、公共または民間企業が契約したスポーツ目的のローンに対する金利を補助するために使用される。

　Fondo di Garanziaは、法律第289号に基づく保証に係る基金であり、関連施設を含むスポーツ施設及び設備の建設、増設、改修、購入を目的とした融資に保証を提供するものである。

　ICSでは、自身のミッションを、融資によるスポーツへの貢献と、この2つの基金の運用にあるとしている。基金には、融資による利益と、経済・財務省の予算が割り当てられている。融資に関する決定と、2つの基金の運用に関する活動はICS内部で厳格に区別されており、監査も異なる機関が実施している。

　ICSの利益は株主である経済・財務省に還元されるが、それがまた、これらの基金を通してICSに戻ってくる仕組みになっていると言える。この仕組みは、「価値のチェーン」と呼ばれており、新たな資金供給を可能にしている。

④顧客ごとの融資の特徴

■地方公共団体

　市区町村に相当するイタリアの地方公共団体は、Comune（コムーネ）と呼ばれる。スポーツ施設等の新設、改修に係る一定の裁量は、地方公共団体が有している一方で、補助金の類いはあまり存在しない。したがって、地方公共団体は自らの財源（国からの交付金を含む）により、必要なスポーツ施設の新設、改修を進めなくてはならず、ICSのような金融機関の存在意義は、日本に比して大きいようである。

　地方公共団体によるスポーツ分野への投資規模は、直近で約4.6億ユーロであり、近年拡大している（図表4-15）。一方、その財源として融資が賄う割合は低下しており、自主財源での投資も活発化している模様である。また、地方公共団体による文化施設等への投資規模は、直近で4.1億ユーロ程度であり、2015年と比較すると減じているが、2018年までの3カ年は拡大傾向にある（図表4-16）。文化施設等への投資においても、融資により賄われる割合は低下している。

　ICSでは2015年から、前述のFondo Contributi Negli Interessiを用いて、地方公共団体向けに公募によるゼロ金利での融資も行ってきた。この融資は2015 ～ 2018年にかけて約5億ユーロを地方公共団体に供給し、その大部分はスポーツ施設の改

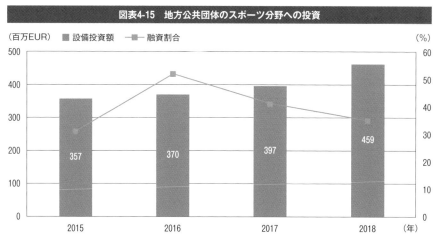

図表4-15　地方公共団体のスポーツ分野への投資

出所:ICS「Bilancio periodo 1/3/2018-31/12/2018」

修に充てられた。ICSによれば、こうした融資メニューがなかったために、長年にわたって地方公共団体のスポーツ施設は改修が滞っており、ここにICSの一つの大きな意義があるとしている。地方公共団体のスポーツ施設への設備投資に対して、融資により供給される資金の割合は、2001 〜 2014年までは年平均約8%であったところ、2015 〜 2018年では、平均約22%に増加しており、その融資の大部分は、ICSによるものである。

なお、ゼロ金利融資の金利分については、実質的に国がICSに対して補填する仕組みとなっている。ゼロ金利の融資メニューは、後述するスポーツ関連非営利団体向けにも用意されているが、いずれにしても、こうした融資を受けるにあたっては、精緻な事業計画を策定し、ICSの審査を通過する必要がある。

ICSによる融資は、単なる国の交付金や補助金と異なり、返済を前提として、地方公共団体がしっかりとした事業計画を策定し、事業管理を行うことにメリットがあるとしている。

■スポーツ関連非営利団体

イタリアにおいては、CONIが、国内のスポーツ組織を統括する権限を有する団体となっている。CONIは国内スポーツ連盟（FSN：Federazioni Sportive Nazionali）

図表4-16　地方公共団体の文化活動への投資

（百万EUR）　■ 設備投資額　━ 融資割合　　　　　　　　　　（%）

出所：ICS「Bilancio periodo 1/3/2018-31/12/2018」

などから構成されるが、当該連盟は、CONIの許可なく設立することができない。また、スポーツ関連非営利団体＝主に地元のスポーツクラブ等がNSFに加盟しようとする場合も、CONIの許可が必要となる。

ICSでは、スポーツ関連非営利団体には、次のような特徴があるとする。

- ✓ 正式な貸借対照表または損益計算書を作成していない
- ✓ 十分な担保を有していない
- ✓ 貸付履歴を有していない
- ✓ 組織内に経営の専門家が存在しない

そこで、ICSではこうした団体に特化した、比較的少額の資金需要に応じた融資メニュー "MUTUO LIGHT" を設けている。これは以下の特徴を有している。

- ✓ 融資額は60,000ユーロ以内
- ✓ リスクの80%はFondo di Garanziaが保証する
- ✓ 融資を受けるにあたり、当該団体は国内スポーツ連盟からの推薦状を提出する
- ✓ 定量要素と定性要素の両面から信用評価を行う
- ✓ ICSが有するクレジット-リスク スコアリングモデルにより、融資決定を行う

ICSの信用評価は、上記の半自動化されたモデルによって行われている。手法としては、シナリオを設定したストレステストを行うものであり、特定のスポーツ分野で測定されたデフォルト率と、5つの定性的項目のセットから設計されている。この5つの定性的項目はICSの経験に基づくものであり、以下の内容である。

ICSに設置されたオブジェクト
（ICSが融資した地方公共団体等のスポーツ施設改修プロジェクトを示している）

- ✓ 組織の年功
- ✓ 経営者の経験

✓　人材の傾向

✓　当該都市における市民1人当たりの平均収入

✓　（エリアごとの）スポーツ指数

　ちなみに、4つ目の項目は、小さな地方公共団体ほど不利になってしまう性質があるが、この数値が低いほど良い評価になるような運用がなされている。これにより、大きな地方公共団体ばかりに資金が流れることを防止している。

　全体の融資に占めるこうした団体への貸付額は大きくはないが、地域におけるスポーツ団体の存在は大きく、社会的な便益を広げるために、こうした団体にリーチできる融資メニューを有していることは、ICSの一つの意義であろう。そして、ICSは大きな成果として、上記の信用評価モデルを確立したことを挙げており、それはスポーツ専業銀行ならではのノウハウと言えよう。

■民間企業

　民間企業への融資を分野別で見ると、7割近くがサッカーとなっており、水泳や文化活動、多目的スポーツ施設等が続く（図表4-17）。

　ICSによれば、他のビジネスと比べたスポーツビジネスの特異性は、低い収益性と高いレバレッジにあるとしている。そうであるからこそ、公的な融資機関のサ

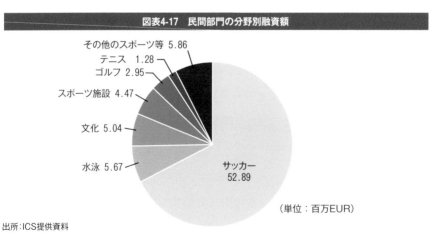

図表4-17　民間部門の分野別融資額

その他のスポーツ等　5.86
テニス　1.28
ゴルフ　2.95
スポーツ施設　4.47
文化　5.04
水泳　5.67
サッカー　52.89

（単位：百万EUR）

出所：ICS提供資料

ポートが必要であるとしている。そして、こうした分野への融資にあたって、次の戦略を掲げている。

- ✓ 十分な担保を持たないが堅実な事業計画を有する相手先には、Fondo di Garanziaを通じて投資を促す
- ✓ Fondo Contributi Negli Interessiを通じて金利を軽減する
- ✓ リスクの少ない投資の選択及び分割した融資によるリスクの軽減を目指した融資方針

また、スタジアム・アリーナプロジェクトへの融資にあたっては、いくつかの重視する要件を示している。

- a. 地元の地方公共団体が当該プロジェクトに大きく関与していること
- b. 投資に係る総費用の18-60%の間で、プロジェクトを支える収入が確約できること
- c. 担保があること

a.については、地方の小規模スポーツチーム・クラブは大きな事業リスクをはらんでおり、積極的な地方公共団体の関与がなければ、当該チーム・クラブが利用するスタジアム・アリーナには融資できない、ということである。b.についても、収入を確約する割合に比較的大きな開きがある主な要因は、地方公共団体の関与の度合いにある。また、民間企業のスタジアム・アリーナの収入確保策については、付帯施設等の整備が選択肢に入る（国も複合的、多目的なスタジアム・アリーナを整備することを認めている）。

c.については、ネーミングライツの設定等、様々な形での担保が必要となるし、当初の融資額を抑えるために、クラブのオーナー企業や地方公共団体による資金提供等も望まれる。特にサッカービジネスにおいては、オーナー企業の後ろ盾が重視されており、クラブの成績が悪い時等に、オーナー企業が手助けできるかどうか、融資の際、過去の実績や財務状態から判断している。

また、地方のプロジェクトにおいては、地方金融機関がICSに対して債務を保証

するケースもある。これは、地方のプロジェクトの状況は、当該地方金融機関が最もよく把握でき、リスクを取ることができる、という考えに基づいている。

⑤まとめ

　わが国においてスタジアム・アリーナを整備しようとする際、地方公共団体は資金調達にあたって、各種交付金、補助金等の獲得を目指すだろう。イタリアにおいて、ICSによる融資というかたちで資金調達が行われている点は、わが国と比較して大きな違いと言える。地方公共団体や非営利団体は、融資を受けるために、貸付審査を通過できるよう、綿密に事業計画を練ったり、担保となるものを用意したりすることを求められる。このプロセスを経ることで、当該プロジェクトは信用に足るものとなり、必然的に、市民や利用者等をはじめとする多くのステークホルダーの期待に応えられるスタジアム・アリーナとなるだろう。ICSの融資は、そうしたプロジェクトに対して、機動的な資金調達手段を提供していると言える。

　スポーツチーム・クラブをはじめとした民間企業等への融資においては、地方公共団体のバックアップや収入確保策、担保の設定等を求めており、プロジェクトに対する審査の判断基準は決して緩いものではない。しかしながら、二つの基金等を背景とした、国立の金融機関ならではの有利な融資メニューは、利益を生み出すスポーツプロジェクトに対して、これを強く後押しする方策であると言えるだろう。

　ICSの一つの意義は、スタジアム・アリーナのプロフィットセンター化という観点において、専門的、客観的に評価できる機能を提供している点にあると考えられる。ここで言うプロフィットとは、単純な資金回収ということだけでなく、スポーツプロジェクトが社会全体にもたらす効果も含むものであり、そうした効果を国が重要視しているからこそICSが存在している。わが国においても、こうした効果をよく認識し、スポーツにおける金融面に対して国等からサポートが行われることが望まれる。さらに、スポーツプロジェクトの価値を見出し、当該プロジェクトの事業性を判断できる金融機関等の育成も期待されるところである。

コラム①　Sankt Jakob-Parkの事例

　スイス・バーゼルのまちなかにあり、高齢者用住宅やオフィスビル、ショッピングセンターを併設することで、賑わいを創出することに成功した多機能複合型スタジアムである。

①施設の概要

施設名称	Sankt Jakob-Park（ザンクトヤコブパルク）
所在地	バーゼル運動公園内（スイス）
竣工	2001年（建替え）
建設費	CHF（スイスフラン）220,000,000 内、スタジアム部分のみの建設費は、CHF（スイスフラン）115,000,000
設計会社	ヘルツォーク＆ド・ムーロン
土地所有者	バーゼル市
建物所有者	ザンクト・ヤコブ・パルク協働組合
運営者	Fussball club Basel 1893（FCバーゼル）
人口（バーゼル）	173,000人
ホームチーム	Fussball club Basel 1893（FCバーゼル）
収容人数	38,512人
駐車場	680台（競技場内）、1,465台（隣接）
主な設備	大型ショッピングセンター、高齢者用住宅、オフィスビル、メディアセンター、ビジネスラウンジ、VIPルーム

　本施設は、UEFAから「4つ星スタジアム」（UEFAエリートスタジアム）に認定されているスイス最大のスタジアムであり、スイス1部リーグ（Raiffeisen Super League）に所属するFCバーゼルの本拠地である。設計は、後にアリアンツ・アレーナや北京国家体育場の設計を担当したヘルツォーク＆ド・ムーロンを起用しており、スタジアム内部は、FCバーゼルのチームカラーである赤と青で統一されたカラーリングとなっている（写真1）。

　本施設は、主要駅のバーゼル中央駅からトラムやバスにより、10分程度で来場できるバーゼル運動公園内に立地しており、公園内には、アリーナやテニスコートもある。試合日には、バックスタンドのコンコースに鉄道の臨時駅を設置し、アウェイチームの街からの直通列車を受け入れるなどアクセスが良好な環境を築い

ている。

②施設の特徴

　本施設の特徴は、高齢者用住宅（写真2）、ショッピングセンター、オフィスビ
ル、駐車場がテナントとしてスタジアムに付随していることである。

　高齢者用住宅（全107戸）は、メインスタンドに隣接しており、住民専用のラウ
ンジと住居からスタジアムに直接入場できる通路が設置されている。週末にサッ
カー好きの孫が祖父母を訪れ、一緒に試合を観戦するという世代間交流の創出にも
寄与している。

　ショッピングセンターは、約50店舗がスタジアムの1階と地下にあり、スイス北
西部で最大級の規模である。テナントとしてFCバーゼルのオフィシャルショップ
も入っている。また、ピッチ半面の地下は、駐車場として使用されている。

　さらに、本施設の特徴として環境都市バーゼルにふさわしく、環境に配慮された
施設であることも挙げられる。本施設では、屋根にソーラーパネルを設置し、売電
により収入を得ている。また、ごみ処理システムを保有しており、施設から出るご
みの90％は自前で処理するなど、建設段階から環境対策に留意されている。

③まとめ（スマート・ベニューの観点より）

　本施設は、スイス初の多機能複合型スタジアムとして設計され、まちの活性化や
交通の利便性、環境への配慮について強く意識されている。

写真1．スタジアム内観　　　　　　　　　　写真2．高齢者用住宅
出典：スポーツ庁「スタジアム・アリーナ改革ガイドブック＜第2版＞」

　その結果、ホームチームのFCバーゼルの活躍の影響も相まって、スタジアムが街のシンボル的な存在となっている。高齢者向け住宅やショッピングセンターが併設されていることで、試合が無い日でも人が集まる仕組みになっており、スタジアムを中心に「まち」を形成し、賑わいを創出することに成功している。

参考資料

・Jリーグ「スタジアムプロジェクト欧州視察報告2010報告書」
・Jリーグ「Jリーグ欧州スタジアム視察2014報告書」
・スポーツ庁「スタジアム・アリーナ改革ガイドブック」
・建設経済研究所「新たな展開を図る建設産業の現状と課題」
・沖縄県「Jリーグ規格スタジアム整備基礎調査事業報告書」
・新スタジアム構想検討員会「スタジアム整備検討に基づく構想書」
・FC Basel 1893ホームページ
　https://www.fcb.ch/de-CH/Stadion/Zahlen-Fakten#bersicht

コラム②　長崎シティプロジェクトの事例

　長崎都心地域で、Jリーグクラブ「V・ファーレン長崎」を運営するジャパネットグループがスタジアム、オフィスビル、ホテル等を整備する複合開発プロジェクトである。

①プロジェクト経緯

プロジェクト名称	長崎スタジアムシティプロジェクト
所在地	長崎県長崎市幸町（長崎駅から徒歩10分）
土地面積	68,746㎡ 58
土地所有者	株式会社ジャパネットホールディングス
建物所有者	株式会社ジャパネットホールディングス（予定）
建物運営者	株式会社リージョナルクリエーション長崎 （株式会社ジャパネットホールディングス100％出資子会社）
開発 コンサルティング	ジョーンズ ラング ラサール株式会社 JLLモールマネジメント株式会社
主な施設（予定）	サッカー専用スタジアム、アリーナ、オフィス、商業施設、ホテル、教育施設、駐車場
スタジアム収容人数 （予定）	23,000人
スタジアム設計	株式会社竹中工務店
ホームクラブ	V・ファーレン長崎 （運営会社：株式会社V・ファーレン長崎（株式会社ジャパネットホールディングス100％出資子会社））
竣工（予定）	2023年〜2024年
総事業費（予定）	700億円（土地購入費等含む）

　本プロジェクトの発端は、三菱重工業株式会社において長崎造船所幸町工場の全ての生産機能を、同社工場の再編に伴い他の拠点に移すこととなったことに始まる。

　同社により幸町工場跡地土地の活用事業者の募集が行われ、通信販売事業会社の株式会社ジャパネットホールディングスを事業主とするジャパネットホールディングスグループ（事業主：株式会社ジャパネットホールディングス、開発コンサルティング：ジョーンズ ラング ラサール株式会社及びJLLモールマネジメント株式会社、スタジアム設計：株式会社竹中工務店）が、株式会社ジャパネットホールディングスの子会社である株式会社V・ファーレン長崎が運営するJリーグクラブ

「V・ファーレン長崎」のホームスタジアムを中心とした街づくりを提案して優先交渉者に選ばれ、2018年10月には三菱重工業株式会社と株式会社ジャパネットホールディングスとの間で不動産売買契約が締結された。

②施設の特徴

　株式会社ジャパネットホールディングスでは、本プロジェクトを「長崎スタジアムシティプロジェクト」と命名し、2017年4月のV・ファーレン長崎運営会社の子会社化と合わせ、「スポーツ・地域創生事業」を従前からの「通信販売事業」に並ぶ二本目の事業の柱に成長させることを目指している。

　そして「長崎スタジアムシティ」プロジェクトでは総事業費700億円を投資し、「生活をより豊かに長崎全体が活性化され、地元長崎において、ワクワクできるかたちでプロジェクトの実現」を目指すとしている。

　スタジアムでは、公園の様に回遊して楽しめる広くて開放的なコンコースや日本一ピッチに近いVIPシート等の観戦客の臨場感を高められるスタンドを整備し、スタジアム以外では、約300室を有するスタジアムに最も近いホテル、ワンフロア600坪のオフィスビル、商業施設、教育施設などを整備する計画となっている。

　ジャパネットグループでは事業方針のひとつとして「自前主義」を掲げており、通信販売事業において、商品・サービスの企画からアフターフォローまですべてに責任を持つこととしている。今般の「長崎スタジアムシティ」プロジェクトにおいても、ジョーンズ ラング ラサール株式会社やJLLモールマネジメント株式会社からのプロジェクトへの助言や株式会社竹中工務店からのスタジアム設計サポートを得つつ、スタジアム、ホテルや商業施設等の各施設の所有・運営をジャパネットグループ自前で担う方針である。

　2019年6月には「長崎スタジアムシティ」の企画・運営を担う株式会社リージョナルクリエーション長崎を株式会社ジャパネットホールディングス100%出資子会社として設立した。

　さらに、2019年12月には株式会社リージョナルクリエーション長崎及び一般財団法人長崎ロープウェイ・水族館との共同事業体が、「長崎スタジアムシティ」予定地と浦上川を挟み向かい側の淵神社駅から稲佐岳駅を結ぶ長崎ロープウェイの指定

管理者に選ばれている。ジャパネットグループでは、将来的には渕神社駅から長崎スタジアムシティへのロープウェイの延伸も検討しており、実現した際には、「長崎スタジアムシティ」だけではなく、長崎市内における観光の魅力も一層増すものと思われる。

③まとめ（スマート・ベニューの観点より）

「長崎スタジアムシティ」プロジェクトは、V・ファーレン長崎を保有するジャパネットグループが、スタジアムだけではなく、試合のない日も賑わいを創出し収益化も目指す複合施設を自前で行うということで、クラブとスタジアムの一体経営、さらに複合施設も経営するという、スマート・ベニューの段階論では第5段階の事例となるものである。官民連携体制も整いつつあり、2019年8月より長崎県・長崎市が事務局となり「長崎スタジアムシティ」を含む長崎市内の都心地域を対象とした「長崎都心地域 都市再生緊急整備地域準備協議会」が立ち上がったほか、2019

出所：2019年6月11日「ジャパネットグループ新会社設立と長崎スタジアムシティプロジェクト進捗のご報告」
https://www.japanet.co.jp/shopping/jh/pressroom/pdf/190611.pdf　より

年12月には長崎商工会議所にて「長崎スタジアムシティ特別委員会」が発足しスポーツビジネスによる地域活性化の研究が始まっている。

　さらに先に記載した長崎ロープウェイの「長崎スタジアムシティ」への延伸も実現すれば、「長崎スタジアムシティ」のプロジェクト効果は、長崎市内の観光にもより大きなメリットをもたらすこととなり、スタジアムエリアだけではなく長崎市内エリアへも恩恵をもたらす、スマート・ベニューの段階論で第6段階となる「その先へ」にもなり得る可能性を秘めていると言えるだろう。

スマート・ベニューの実現に向けた提言・まとめ

日本政策投資銀行では、少子高齢化、中心市街地の空洞化、国や地方自治体の財政悪化に伴う住民向けサービスの低下を解決する方策の一つとして、スポーツ、特にスタジアム・アリーナのような地域の交流空間となり得る施設を核としたまちづくりとして、早稲田大学スポーツ科学学術院教授／早稲田大学スポーツビジネス研究所所長の間野義之氏を委員長とするスマート・ベニュー研究会とともに2013年8月に「スポーツを核とした街づくりを担う「スマート・ベニュー」〜地域の交流空間としての多機能複合型施設〜」として報告書を公表した。

その後も、海外のスタジアム・アリーナ事例を紹介した「欧米スタジアム・アリーナにおける「スマート・ベニュー」事例」を2014年7月に、ミクニワールドスタジアム北九州に対する開場前と開場後における市民・試合観戦者・商店街事業者の意識比較調査を行った「持続可能なスマート・ベニューの実現に向けて〜ミクニワールドスタジアム北九州の整備前後での比較調査を通じて〜」を2018年4月に公表している。

国においても、2015年10月のスポーツ庁発足、2016年6月に政府から公表された日本再興戦略2016以降、毎年公表される成長戦略においてスタジアム・アリーナ改革が提唱されたことで、全国の地方自治体などでスタジアム・アリーナのプロフィットセンター化への関心が高まった。プロスポーツリーグでは、2013年よりJリーグクラブライセンス制度が、2016年よりBリーグクラブライセンス制度が制定されたことにより、「観る」視点からのスタジアム・アリーナ整備構想が各地で企画されるところとなった。

日本政策投資銀行、早稲田大学スポーツビジネス研究所では、スポーツ庁や全国各地の地方自治体等が主催するスタジアムやアリーナの整備構想関連に係る官民連携協議会に委員出席し、また、株式会社日本経済研究所では各構想の支援業務等を受託する中で、多くのスタジアム・アリーナ整備構想が、関係者間で総論賛成、各論反対となって計画進捗が停滞することを思案し、本書籍の作成企画に至ったところである。

本書籍の作成にあたり意識した点は、執筆者がそれぞれスタジアム・アリーナの

整備構想検討議論への参画経験を踏まえ、スタジアム・アリーナ整備構想推進の企画者の視点に立って執筆したということである。

以下は企画者の視点に立って、まとめとして記載することとする。

まず取り組むべきは、スタジアム・アリーナ整備を構想計画する趣旨、目的を整理し、その上で、ラフな形でも構わないので、整備したいスタジアム・アリーナの事業計画（収支予想）を策定することである。

そうすると、大都市圏に整備するアリーナまたはプロ野球のスタジアム以外のスタジアム・アリーナ整備構想案件のうち、大多数の案件において収支予想が赤字ないしは低収益の計画となることが理解できると思われる。

その上で、次に検討するべき事項は、赤字または低収益が予想され経済的なプロジェクトベースに乗りにくいスタジアムやアリーナ整備構想について、どのようにして収益力を確保し、上げていくか、整備額や運営コストの負担軽減策を検討する、ないしは経済的には赤字または低収益であるとしても地域全体に社会的に意義・効果が認められる事業であるとして整備構想を進めるか、ということになる。

はじめに、収益力を確保し、上げる方策として、スタジアム・アリーナ実現のための段階論に沿ってどの段階の事業形態を取り入れたり、長期安定収入の確保、設備投資額や運営コストの負担軽減策としてとり得る事業手法、各種助成や優遇措置の適用、運営コストの補填策、を検討する。そして赤字または低収益でも整備構想を進める場合には、整備がもたらす社会的意義・効果が何かを検討し、可能な限りその定量化を行うことが望ましい。

次に、スタジアム・アリーナ整備構想を進める上で、先に述べた収益力向上、コスト負担軽減に貢献するステークホルダー、経済的・社会的意義や効果を享受するステークホルダーをリストアップし、原則、効果・貢献度合いの大きいと考えられる関係者から順に交渉し、構想の議論の中に入れ込んでいく。

さらに、ステークホルダーとの交渉・議論により得られる効果を踏まえ、事業計画（収支予想）の修正を行う。

これら事業計画（収支計画）の策定、事業形態や手法の検討、収益力確保や向上策の検討、構想に貢献するステークホルダーとの議論・交渉、その上での事業計画の修正、この所作を繰り返してスタジアム・アリーナ整備構想の事業化に近づけて

いくのである。

　そしてこの所作にあたっては、立地候補場所が定まっているほうがより具体的に事業検討できることは言うまでもない。

　さらにこの所作を繰り返す際に意識しなければならないことが、「官民連携」と「役割・リスク分担」である。

　収益力向上やコスト負担削減のためには、民間活力の導入や官による財政支出や助成金の活用、財政支出が難しい場合でも公有地賃料減免や税制優遇の措置を受けることが望ましい。

　また、「役割・リスク分担」の原則論は、スタジアム・アリーナ整備構想を推進したい組織、整備により経済的・社会的効果を享受する組織が事業リスクや資金を負担するべきである。

「本書の構成」において、スマート・ベニュー実現の前進が難しい構想の例を以下の様に記載した。

- ✓ 事業用地確保の目途がつかない構想
- ✓ 現実的な資金調達が検討されていない構想
- ✓ 運営時の収支計画に市場調査が反映されておらず、十分な検討がなされていない構想
- ✓ 地域住民、地方公共団体、ホームチーム（やその母体企業）など重要ステークホルダーの合意が得られていない構想
- ✓ プロジェクトを推進するリーダーや、実務を推進するプロジェクトマネジャー及び実務実施チームが不在の構想

　上記はすべて、適切な「官民連携」と「役割・リスク分担」に収れんすると考える。

　例えば「事業用地確保」は地方公共団体からの公有地提示により目途が付くケースが多くみられる。現実的な資金調達検討は、先に述べた各種効果を得られるであろう組織が資金負担の役割を担うという原則論の元、利害関係者間での検討を行うべきである。

　スタジアム・アリーナ整備構想を含むスポーツビジネスの新規検討においては、

他のビジネスに比べ、この原則論に沿っていないまま整備構想の議論がなされているケースが多いように見受けられる。

　新型コロナウイルス感染症の世界的な感染拡大を踏まえ、これからのスタジアム・アリーナでの観戦スタイル、スタジアム・アリーナビジネスは大きく変化していくことも十分考えられる。

　現在、そして今後、スタジアム・アリーナ整備構想を企画する事業者やプロジェクトマネジャーには、事業計画（収支計画）の策定、事業形態や手法の検討、ステークホルダーとの議論・交渉、その上での事業計画の修正の繰り返しと「官民連携」、「役割・リスク分担」を意識しながら事業構想を進めることにより、「良いスマート・ベニュー」に仕上げて頂けることを期待したい。

おわりに

　我が国のスポーツビジネスには、大きく3つの潮流があるように思われます。その1は、「見る」から「ファンも選手と一体となって楽しむ」への変化です。Jリーグ（サッカー）が一つの契機となり、その後もラグビー・ワールドカップ開催などによりファンの楽しみ方も大きく変わってきました。その2は、施設整備の変化です。単機能型から複合型への進化です。スタジアム・コンサートは昔からありましたが、今やバスケットやバレーボールの会場がコンサートホールやイベント会場に早変わりするスタジアム・アリーナが登場し、様々なビジネス機会を可能にしています。こうしたイベントが人の賑わいを産み、多様な商業機能も併設しています。その結果、スポーツ施設は広々とした郊外にあるものではなくて、「街中にあってまちの賑わいを生み出すもの」だという価値の転換も生じました。これが3つ目の変化です。21世紀の地域社会は、少子・高齢化が間違いなく進みます。私たちは、「スポーツや文化活動の拠点のみならず、商業活動や行政サービスの機能も併用した施設を市街地に整備することによって、社会の構造変化を先取りした、コンパクトで効率的なまちづくり」（スマート・ベニュー）が可能になると考えています。

　一方で、地方自治体や、民間事業者、経済団体の皆様からは、スタジアム・アリーナ事業をどのように進めればよいのか分からないとの声が上がっています。特に多くの自治体では、集客力や収益力が高く、まちづくりの核となるような事業の経験が乏しいことが大きな要因と考えられます。そうした状況を踏まえ、新たに国内外の先進的な事例の調査も実施し、魅力的なスタジアム・アリーナの整備・管理運営するための実務参考書として本書を作成しました。このハンドブックによって、少しでもスタジアム・アリーナ事業の全容を把握頂き、検討すべき事項や検討方法・手順について理解を進めて頂ければ幸いです。

2020年5月

株式会社日本経済研究所　代表取締役社長　髙橋　洋

謝 辞

　ラグビーワールドカップ2019日本大会では、日本代表が強豪国を打ち破り史上初のベスト8進出、日本中が熱狂したのは記憶に新しいところです。釜石市の鵜住居復興スタジアムでは、市民が東日本大震災からの復興支援への御礼の気持ちを込めた手作りの品を渡しながら観戦客を出迎えるという心温まる風景も見られました。

　このような、スポーツの持つ人々の心を動かす力を街作りに活かし、地域活性化に繋げていくのが「スマート・ベニュー」の狙いです。持続可能な街へと成長を続けるには、街の中核に位置するスタジアム・アリーナが、「多機能複合型・民間活力導入・街なか立地・収益性」を備えた施設である必要があります。その施設整備を具体的に実現するうえで必要な手続やキーポイント等に加えて、私たちが実際に現地に足を運んで集めた国内外の豊富な先進事例と共にまとめたのが本書です。

　本書発刊にあたりましては、共同著者の早稲田大学スポーツビジネス研究所及び株式会社日本経済研究所の執筆メンバー、監修を頂きました早稲田大学スポーツ科学学術院の間野義之教授のご尽力に深く御礼申し上げます。また、多くの貴重な資料や写真等をご提供頂き、国内外の先進的なスタジアム・アリーナ実査および関係者インタビューのアレンジを頂きました執筆協力者の皆様、日頃から貴重なアドバイスを頂いておりますスポーツ庁や経済産業省の皆様、そして編集・制作に多くの労を取って頂きました株式会社ダイヤモンド・ビジネス企画の皆様に心より感謝致します。皆様との「ワンチーム」の力なくしては本書の実現はなかったと確信しております。

　なお、執筆期間中に世界中に蔓延した新型コロナウイルスの影響により、イタリアのインタビュー先への連絡が困難となり、掲載予定原稿内容の承諾がとれないアクシデントに見舞われました。今回掲載出来なかったイタリアのスポーツチームの事例については、将来の続編発刊時に盛り込めればと考えております。

　日本政策投資銀行グループは、「スマート・ベニュー」実現を通じて、スポーツの成長産業化に向けて、引き続き情報面や金融面から貢献していきます。本書を通じて、読者の皆さまと、忌憚のない意見交換、情報交換等できましたら嬉しく思います。

2020年5月

株式会社日本政策投資銀行　地域企画部　担当部長　矢端 謙介

＜執筆者一覧＞

【責任編集】

杉元 宣文（すぎもと のりふみ）

株式会社日本政策投資銀行　常務執行役員

熊本県熊本市生まれ。東京大学経済学部卒業。1988年、日本開発銀行（現・日本政策投資銀行）入行。2000年ハーバード大学国際問題研究所、2011年内閣府参与、2012年地域企画部担当部長、2015年経営企画部長を経て、2018年より常務執行役員。

スポーツを活かした地域課題解決や地域活性化・地方創生へ向けて、国や地方公共団体、民間事業者、地域金融機関等と連携・協働しつつ、各種調査・情報発信やプロジェクト・メイキング支援などに幅広く取り組んでいる。スポーツ庁「スタジアム・アリーナ推進官民連携協議会」委員、（公財）東京オリンピック・パラリンピック組織委員会「街づくり・持続可能性委員会」委員　等。

【監修】

間野 義之（まの よしゆき）

早稲田大学スポーツ科学学術院　教授、博士（スポーツ科学）

神奈川県横浜市生まれ。横浜国立大学教育学部卒業、横浜国立大学大学院教育学研究科修士課程修了、東京大学大学院教育学研究科修士課程修了。

1991年、三菱総合研究所入社。2002年からスポーツ政策を専門として早稲田大学に勤務、2009年より現職。

スポーツ庁・経済産業省「スポーツ未来開拓会議」座長、スポーツ庁「スタジアム・アリーナ推進官民連携協議会」委員、（公財）東京オリンピック・パラリンピック組織委員会参与、同「街づくり・持続可能性委員会」委員、株式会社日本政策投資銀行「スマート・ベニュー研究会」委員長、一般社団法人日本トップリーグ連携機構常務理事、公益財団法人日本バスケットボール協会理事、公益財団法人日本財団「HERO's AWARD」審査委員長　等。

【執筆】

矢端 謙介（やばた けんすけ）

株式会社日本政策投資銀行 地域企画部 担当部長

群馬県前橋市生まれ。慶應義塾大学法学部卒業。1995年、日本開発銀行（現・日本政策投資銀行）入行。情報企画部、ロンドン駐在員、審査部、SMBC Europe出向、企業金融第5部（エネルギー業界）、広報室長を経て、2019年より地域企画部担当部長。

IT・国際・審査経験を活かし、スポーツのみならず、観光や官民連携の観点からも、地域活性化の実現に向けた情報発信やアドバイス等を行っている。日本政府観光局（JNTO）等「ジャパン・ツーリズム・アワード」審査委員　等。

桂田 隆行（かつらだ たかゆき）

株式会社日本政策投資銀行　地域企画部　課長

兵庫県西宮市生まれ。北海道大学法学部卒業、早稲田大学大学院スポーツ科学研究科修士課程修了。1999年、日本開発銀行（現・日本政策投資銀行）入行。

現在は地域企画部にてスタジアム・アリーナを活かしたまちづくりや我が国スポーツ産業経済規模についての企画調査等を担当しているほか、これまでに、スポーツ庁「スタジアム・アリーナ改革推進事業」先進事例形成支援専門委員、SHIMIZU S-PULSE OPEN INNVATION Lab.メンター　等を歴任。現在、全国各地のスタジアム・アリーナ整備関係の検討委員会に有識者として参画しているほか、さいたま市スポーツアドバイザー、宮崎市拠点都市創造アドバイザー、早稲田大学スポーツビジネス研究所招聘研究員　等を務めている。

浅井 健之（あさい たけゆき）

株式会社日本政策投資銀行　地域企画部　副調査役

三重県伊賀市生まれ。大阪大学工学部卒業、University College London Engineering with Finance MSc 修了。2015年、日本政策投資銀行入行。

2019年より同行地域企画部にて、スタジアム・アリーナを核としたまちづくり、インバウンド、伝統ものづくり産業等に関する企画・調査等を担当。

加納 堅仁（かのう けんと）
前 株式会社日本政策投資銀行　地域企画部　副調査役
千葉県成田市生まれ。成蹊大学法学部卒業。
2018年より地域企画部にて、スポーツを活かした地域活性化や産業活性化について企画・調査等を担当。

小原 爽子（おばら さわこ）
株式会社日本経済研究所　公共デザイン本部　インフラ部長
岩手県二戸市生まれ。北海道大学法学部卒業、神戸大学国際協力研究科国際開発専攻修了。1999年、日本経済研究所入所。
文化・スポーツ施設等のPPP・PFI案件に関する各種調査及び官側・民側アドバイザーを多数実施。近年はスタジアム・アリーナや公園におけるPPP検討業務を手掛ける。日本スポーツマネジメント学会所属。

秋田 涼子（あきた りょうこ）
株式会社日本経済研究所　公共デザイン本部　インフラ部　主任研究員
神奈川県相模原市生まれ。東京女子大学文理学部卒業。1983年、日本経済研究所入所。
文化・スポーツ施設等のPPP・PFI案件に関する各種調査及び官側アドバイザーを多数実施。近年はスタジアム・アリーナや公園におけるPPP検討業務や収支検討を手掛ける。

高平 洋祐（たかひら ようすけ）
株式会社日本経済研究所　公共デザイン本部　インフラ部　主任研究員
愛知県大府市生まれ。名古屋大学大学院環境学研究科都市環境学専攻修了。2010年、日本経済研究所入所。
スタジアム・アリーナや、上下水道、都市ガスといった、幅広いインフラストラクチャーのPPP/PFIに関し、調査及びアドバイザリー業務を手掛ける。

渋谷 智美（しぶや ともみ）
株式会社日本経済研究所　公共デザイン本部　インフラ部　主任研究員　弁護士
愛知県小牧市生まれ。同志社大学大学院司法研究科法務専攻修了。2012年、日本経済研究所入所。
専門分野は、PPP・PFI。スタジアム・アリーナや、文化ホール、空港、水族館等に係る各種調査・コンサルティング業務を担当。

森谷 優季（もりや ゆうき）
株式会社日本経済研究所　公共デザイン本部　インフラ部　研究員
山形県遊佐町生まれ。横浜市立大学国際総合科学部卒業。2015年、日本経済研究所入所。
スタジアム・アリーナをはじめとする文化・スポーツ施設のPPP/PFI事業に関し、調査・コンサルティング業務を担当する。

新川 隼平（しんかわ しゅんぺい）
株式会社日本経済研究所　公共デザイン本部　インフラ部　研究員
福岡県福岡市生まれ。上智大学法学部卒業。2019年、日本経済研究所入所。
文化・スポーツ施設におけるPPP検討業務や各種調査業務及び上下水道分野の官民連携に関する調査・コンサルティングを担当。

舟橋 弘晃（ふなはし ひろあき）

早稲田大学スポーツ科学学術院　講師、博士（スポーツ科学）。
2014年度早稲田大学大学院スポーツ科学研究科博士後期課程修了。日本学術振興会 特別研究員を経て、2015年度より早稲田大学で教鞭をとる。専門はスポーツの公共政策・経済学、スポーツマネジメント。日本スポーツ産業学会、日本スポーツマネジメント学会、日本体育学会などで受賞歴を持つ。早稲田大学スポーツビジネス研究所 研究所員・幹事。

菅 文彦（かん ふみひこ）

大阪成蹊大学経営学部スポーツマネジメント学科准教授、博士（スポーツ科学）
京都大学大学院農学研究科修士課程修了、早稲田大学大学院スポーツ科学研究科博士後期課程修了。早稲田大学スポーツビジネス研究所招聘研究員。
専門はスポーツが有する諸価値分析、スポーツによる経済社会の効果分析。
所属学会：日本スポーツ産業学会、日本スポーツマネジメント学会等。

永廣 正邦（ながひろ まさくに）

1960年熊本県生まれ。法政大学工学部建築学科卒業。1989年梓設計入社。現在、同社常務執行役員プリンシパルアーキテクト。スポーツ・エンターテインメントドメインドメイン長。
日本サッカー協会施設委員会委員。
＜主な作品＞
Kアリーナ、横浜文化体育館、エスフォルタアリーナ八王子、ナイスアリーナ、釜石鵜住居復興スタジアムなどのスタジアム・アリーナ設計の他、TOTOミュージアム、山梨市庁舎、つくばみらい市立陽光台小学校など数々の設計に従事。
＜受賞歴＞
BCS賞、日事連建築賞国土交通大臣賞、グッドデザイン賞、JIA環境建築賞・優秀建築選、サスティナブルデザイン賞、日本建築学会作品選集、東京建築賞最優秀賞、公共建築賞優秀賞他。

【執筆協力】※敬称略

上林 功（追手門学院大学　社会学部 社会学科 准教授）
奥田 哲也（BLUE UNITED）
奥村 武博（一般社団法人アスリートデュアルキャリア推進機構　代表理事）
神谷 猛士（HKS, Inc）
小林 至（桜美林大学　健康福祉学群　教授、一般社団法人大学スポーツ協会（UNIVAS）理事）
小松 幸夫（株式会社横浜DeNAベイスターズブランド統括本部マーケティング戦略部マーケティング戦略グループ グループリーダー）
佐藤 祐輔（株式会社MLJ　代表取締役社長）
左三川 宗司（一般社団法人日本経済団体連合会　ソーシャル・コミュニケーション本部 統括主幹）
ジャック K. 坂崎（90 PLUS WINE CLUB 代表。元J.坂崎マーケティング株式会社）
庄子 博人（同志社大学 スポーツ健康科学部 准教授）
高橋 玲路（アンダーソン・毛利・友常法律事務所　パートナー　弁護士）
田口 禎則（一般社団法人日本トップリーグ連携機構　理事　事務局長）
堤　道明（一般社団法人セレッソ大阪スポーツクラブ　理事　長居公園施設事業本部　事業本部長）
中村 考昭（クロススポーツマーケティング株式会社　代表取締役）
原田 宗彦（早稲田大学スポーツ科学学術院教授　一般社団法人日本スポーツツーリズム推進機構　会長）
René Bihan, FASLA（SWA Group, Managing Principal）
八尋 俊太郎（SWA Group, Associate Principal）
Curtis Culwell Center
Golden State Warriors
Musco Lighting
Istituto per il Credito Sportivo

【著者】

日本政策投資銀行　地域企画部

地域課題解決や地域活性化・地域創生へ向けて、国や地方公共団体、民間事業者、地域金融機関等と連携・協働しつつ、交流人口の増加、地域資源の有効活用、官民連携（PPP/PFI）といった切り口から、各種調査・情報発信・提言やプロジェクト・メイキング支援などに幅広く取り組んでいる。

日本経済研究所

日本政策投資銀行グループの一員として、PPP/PFIなどの官民連携、スポーツ施設の整備・運営、空港、上下水道、ガスなどのインフラ民営化、公共施設マネジメント等の分野に関する調査・コンサルティングを幅広く実施しており、地方公共団体や地域企業への取り組みにも力を注いでいる。

早稲田大学スポーツビジネス研究所

早稲田大学総合研究機構のプロジェクト研究所として、スポーツ環境の激変から生まれた社会的ニーズに対する解決策の提言や、新しいビジネスモデル構築・経済効果の研究・人材育成を通じ、多方面からスポーツ産業の発展のための研究に取り組んでいる。

日本政策投資銀行 Business Research

スマート・ベニューハンドブック

スタジアム・アリーナ構想を実現するプロセスとポイント

2020年5月13日　第1刷発行

著者 ──────── 日本政策投資銀行　地域企画部
　　　　　　　　　　日本経済研究所
　　　　　　　　　　早稲田大学スポーツビジネス研究所

発行 ──────── ダイヤモンド・ビジネス企画
　　　　　　　　　　〒104-0028
　　　　　　　　　　東京都中央区八重洲2-7-7 八重洲旭ビル2階
　　　　　　　　　　http://www.diamond-biz.co.jp/
　　　　　　　　　　電話 03-5205-7076（代表）

発売 ──────── ダイヤモンド社
　　　　　　　　　　〒150-8409　東京都渋谷区神宮前6-12-17
　　　　　　　　　　http://www.diamond.co.jp/
　　　　　　　　　　電話 03-5778-7240（販売）

編集制作 ──────── 岡田晴彦・安部直文
制作進行 ──────── 駒宮綾子
装丁 ──────── 村岡志津加
DTP ──────── 齋藤恭弘
印刷・製本 ──────── 中央精版印刷

アートの創造性が
地域をひらく

「創造県おおいた」の先進的戦略

「地方創生」が謳われて久しい中、経済の停滞・少子高齢化の渦中にある多くの地方自治体は将来展望を描けずにいる。本書は、文化芸術の創造性こそが「地方創生」の鍵であるとし、大分経済同友会が実地調査をした国内の芸術祭と海外の創造都市の先進事例を通して、実効性が高いアートプロジェクトの手法を紹介する。

日本政策投資銀行 Business Research シリーズ

日本政策投資銀行[編]

執筆者：小手川武史（日本政策投資銀行　経営企画部所属　副調査役）
　　　　佐野真紀子（日本政策投資銀行　大分事務所　副調査役）
　　　　三浦宏樹（大分経済同友会　調査部長、大分県芸術文化スポーツ振興財団　参与）

●A5判並製　●定価（本体2000円＋税）

http:www.diamond.co.jp